乡村振兴的

决胜之道

闫慧琴 著

山西出版传媒集团
山西经济出版社

图书在版编目（CIP）数据

新时代乡村振兴的决胜之道 / 闫慧琴著. -- 太原：山西经济出版社, 2025.6. -- ISBN 978-7-5577-1504-5

Ⅰ. F327.25

中国国家版本馆 CIP 数据核字第 20250KR269 号

新时代乡村振兴的决胜之道
XINSHIDAI XIANGCUN ZHENXING DE JUESHENGZHIDAO

著　　者：	闫慧琴
出 版 人：	贺　权
出版策划：	郭正卿
责任编辑：	丰　艺
装帧设计：	郑　奕
出 版 者：	山西出版传媒集团·山西经济出版社
地　　址：	太原市建设南路 21 号
邮　　编：	030012
电　　话：	0351-4922133（市场部）
	0351-4922142（总编室）
E-mail：	scb@sxjjcb.com（市场部）
	zbs@sxjjcb.com（总编室）
经 销 者：	山西出版传媒集团·山西经济出版社
承 印 者：	山西康全印刷有限公司
开　　本：	787mm×1092mm　1/16
印　　张：	18.5
字　　数：	278 千字
版　　次：	2025 年 6 月　第 1 版
印　　次：	2025 年 6 月　第 1 次印刷
书　　号：	ISBN 978-7-5577-1504-5
定　　价：	68.00 元

序　言

　　在新时代的浩荡春风中，中国正以前所未有的决心和力度推进乡村振兴战略，旨在实现农业强、农村美、农民富的宏伟目标。这一战略不仅承载着中华民族伟大复兴的历史使命，更寄托着亿万农民对美好生活的热切期盼。在众多探索与实践的浪潮中，山西省以其独特的历史底蕴、地理优势和丰富的资源条件，成为乡村振兴战略实施中的一颗璀璨明珠。

　　《新时代乡村振兴的决胜之道》一书，正是在这样的时代背景下应运而生。本书旨在深入挖掘山西乡村振兴的丰富实践，总结提炼其成功经验与创新模式，为全国乃至全球的乡村振兴事业提供有益的参考与借鉴。

　　山西，这片古老而又充满活力的土地，自古以来就是中华文明的重要发源地之一。从黄河岸边的农耕文明到太行山麓的革命老区，从煤海深处的工业重镇到绿水青山的生态旅游区，山西以其多元的文化景观和坚实的产业基础，为乡村振兴战略的实施提供了丰富的资源禀赋和广阔的发展空间。

　　近年来，山西省委、省政府积极响应国家号召，将乡村振兴战略作为推动经济社会高质量发展的重大举措。通过优化产业结构、改善农村环境、提升农民素质、加强乡村治理等一系列有力措施，山西的乡村振兴事业取得了显著成效。一批批特色小镇、美丽乡村如雨后春笋般涌现，不仅改善了乡村的整体面貌，更激发了乡村发展的内生动力。

　　本书在广泛调研和深入分析的基础上，系统梳理了山西乡村振兴的主要路径和典型案例。从产业兴旺、生态宜居、乡风文明、治理有效和生活富裕等多个维度，全面展示了山西乡村振兴的生动实践和显著成效。同时，本书还深入剖析了乡村振兴过程中存在的不足，并提出了针对性的对策建议，为未来的乡村振兴实践提供了有益的思路和启示。

《新时代乡村振兴的决胜之道》不仅是一部关于乡村振兴的理论著作，更是一部指导实践的行动指南。它凝聚了众多专家学者和基层工作者的智慧与心血，是新时代乡村振兴战略研究的重要成果。我相信，本书的出版将为推动乡村振兴事业贡献一份力量，也期待更多的读者能够从中汲取灵感与力量，共同书写乡村振兴的美好篇章。

在新时代的征程上，让我们携手并进，共同探索乡村振兴的广阔天地，为实现中华民族伟大复兴的中国梦贡献力量！

目　录

序言 / 001

第一章　新时代乡村振兴战略的背景与内涵 / 001

第一节　乡村振兴战略的提出 / 003

第二节　实施乡村振兴战略的内涵及意义 / 005

第二章　新时代乡村振兴战略的基本内容 / 015

第一节　总体要求 / 017

第二节　基本原则 / 019

第三节　乡村振兴战略的总目标与阶段性任务 / 023

第四节　山西省乡村振兴的目标任务、基本原则、指导思想和战略基础 / 025

第三章　山西省乡村发展现状分析 / 033

第一节　经济发展现状 / 035

第二节　生态环境现状 / 037

第三节　文化传承现状 / 042

第四节　社会治理现状 / 046

第四章　产业兴旺：乡村振兴的经济基础 / 051

第一节　农业现代化 / 053

第二节 农村产业融合发展 / 058

第三节 乡村旅游与休闲农业 / 062

第四节 农村特色产业培育 / 065

第五章 生态宜居：乡村振兴的绿色发展之路 / 071

第一节 农村生态环境保护 / 073

第二节 农村人居环境整治 / 078

第三节 生态农业与循环经济 / 083

第四节 农村特色产业培育 / 087

第五节 农业创新要素集聚与活力激发 / 091

第六章 乡村文明：乡村振兴的文化铸魂之路 / 097

第一节 乡村文化传承与创新 / 099

第二节 乡村体育活动普及 / 104

第三节 乡村道德建设与精神文明 / 108

第四节 乡村移风易俗与文明风尚 / 111

第五节 乡村文化队伍建设与公共服务提升 / 115

第七章 治理有效：乡村振兴的社会保障 / 117

第一节 推进乡村治理体系与治理能力现代化 / 119

第二节 农村基层党组织建设 / 122

第三节 乡村法治建设 / 125

第四节 乡村矛盾纠纷多元化解机制 / 128

第五节 乡村安全保障体系建设 / 131

第八章 生活富裕：乡村振兴的民生保障 / 135

第一节 加强乡村基础设施建设 / 137

第二节 乡村就业与社会保障 / 141

第三节 乡村医疗卫生事业 / 152

第四节 乡村教育事业发展 / 156

第五节 乡村养老事业 / 161

第九章 探索乡村振兴的实践途径与模式 / 165

第一节 乡村振兴国际经验与启示 / 167

第二节 探索国内乡村振兴的典型模式之县域篇 / 177

第十章 新时代下推进乡村振兴的路径选择 / 209

第一节 巩固拓展脱贫攻坚成果 / 211

第二节 推动农业特优发展 / 220

第三节 拓宽农民增收致富渠道 / 235

第四节 扎实推进宜居宜业和美乡村建设 / 244

第五节 健全党组织领导的乡村治理体系 / 256

第六节 强化政策保障和体制机制创新 / 264

第七节 科技创新赋能乡村振兴 / 266

结　　语 / 278

参考文献 / 280

后　　记 / 284

第一章

新时代乡村振兴战略的背景与内涵

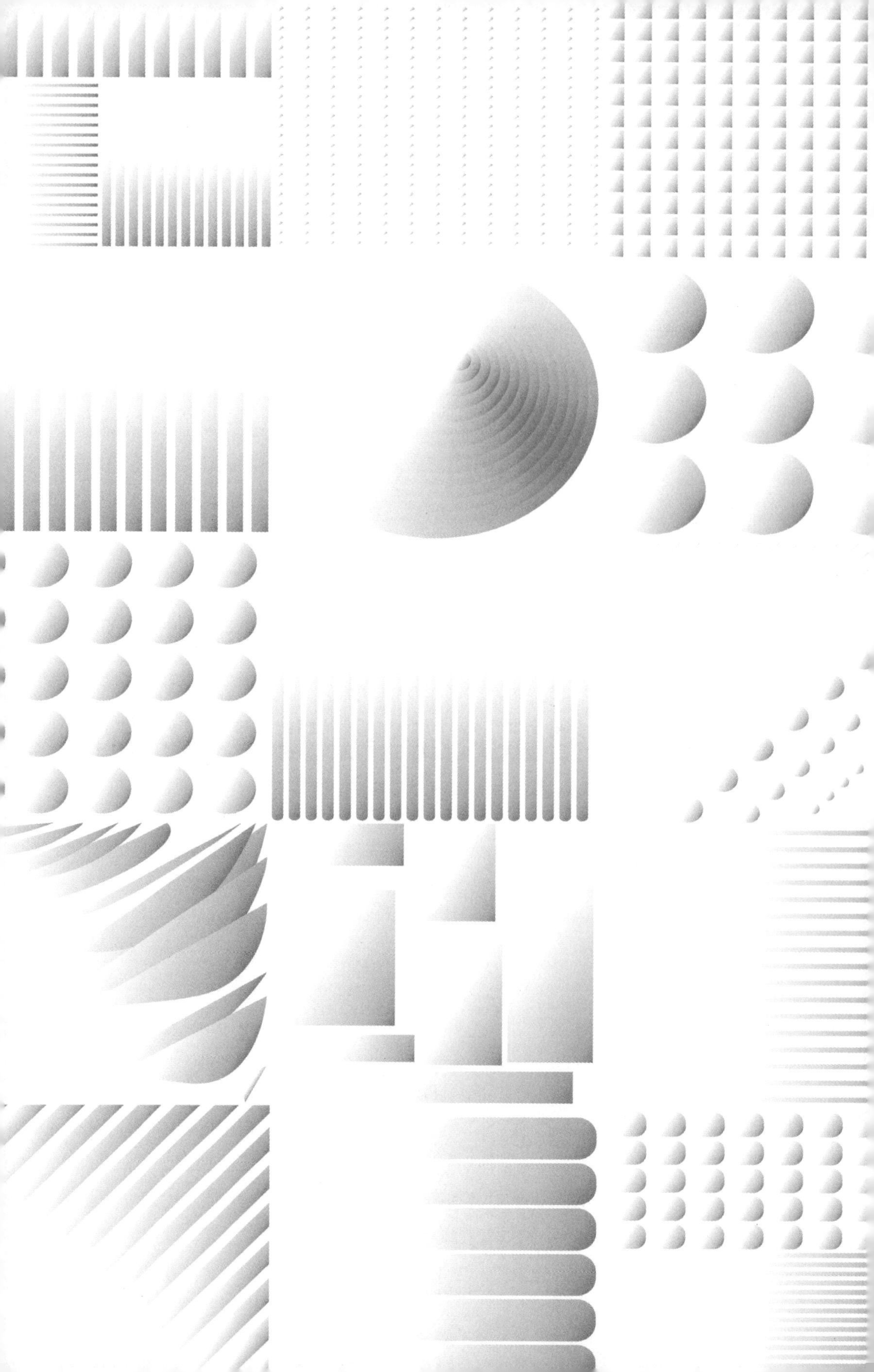

第一节 乡村振兴战略的提出

在迈向全面建设社会主义现代化国家的新征程中,乡村振兴战略的提出是党中央立足时代发展大势,洞察国内外形势后作出的一项意义深远、影响重大战略决策。它既是新时代"三农"工作的核心指引,也是推动国家整体发展的关键力量,其背后蕴含着深刻的时代背景与战略考量。

从国家发展全局来看,农业农村作为经济社会发展的根基,其重要性不言而喻。自改革开放以来,我国在工业化与城镇化领域成绩斐然,创造了举世瞩目的发展奇迹。但不可忽视的是,城乡发展不平衡、农村发展不充分的问题依旧突出,成为制约国家进一步发展的瓶颈。比如,农业基础较为薄弱,在应对自然灾害、市场波动时抵抗风险能力不足;农村资源要素持续外流,土地、资金、人才等向城市聚集,导致农村发展活力不够;农民收入增长缺乏强劲动力,与城市居民收入差距明显,这些不仅阻碍了乡村自身迈向现代化的步伐,还影响了国家发展的协调性和可持续性。党的十九大作出科学判断,中国特色社会主义进入新时代后,我国社会主要矛盾已转变为人民日益增长的美好生活需要和不平衡不充分的发展之间的矛盾。城乡发展差距过大,正是发展结构失衡的典型反映。在此形势下,解决发展不平衡不充分问题迫在眉睫,必须将乡村发展纳入国家整体发展布局之中。通过实施乡村振兴战略,推动乡村加速现代化进程,使农民能够共享改革发展带来的丰硕成果。

习近平总书记多次强调,乡村的振兴对于民族复兴而言至关重要,国家现代化的实现必然离不开农业农村现代化。我国作为拥有庞大农村人口的发展中大国,在推进现代化的进程中,必须坚定不移地坚持农业农村优先发展的原则。既不能重蹈"城市繁荣、乡村凋敝"的覆辙,也不能照搬其他国家"农村衰败"的发展模式。乡村振兴战略的提出，正是源于对我国国情和农业农村实际情况的透彻理解，将乡村与城市视为相互依存、相互促进的命运共同体。其目的在于重塑城乡关系，构建起工业与农业相互促进、城市与乡村相互补充、协同发展、共同繁荣的新型工农城乡关系，为全面建设社会主义现代化国家夯实根基。从应对风险挑战的战略高度审视，乡村是我国发展的战略大后方和回旋空间。在全球产业链供应链深度调整，国内外环境复杂多变，各类不确定不稳定因素显著增多的当下，农业农村作为国民经济的"压舱石"，在保障粮食安全、稳定经济基本盘、传承中华优秀传统文化、维护社会和谐稳定等方面，发挥着不可替代的重要作用。实施乡村振兴战略，既是夯实农业基础、确保粮食和重要农产品稳定安全供给的关键之举，也是拓宽农民就业渠道、促进农民持续增收、提升农村民生福祉的必然要求，更是增强国家发展韧性、有效应对各类风险挑战的战略抉择。

乡村振兴战略的提出，标志着我国"三农"工作迈入了全新的历史阶段。这一战略以习近平新时代中国特色社会主义思想为根本遵循，紧密贴合新发展阶段的时代特征，深度践行创新、协调、绿色、开放、共享的新发展理念，积极融入以国内大循环为主体、国内国际双循环相互促进的新发展格局。严格依照"产业兴旺、生态宜居、乡风文明、治理有效、生活富裕"的总体要求，全方位推动农业朝着现代化、高效化转型升级，促进农村在经济、文化、环境等各方面全面进步，助力农民在物质与精神层面实现全面发展。这不仅体现了党对"三农"工作规律性认识的进一步深化，更是以人民为中心发展思想的生动实践。它承载着亿万农民对美好生活的向往，肩负着中华民族伟大复兴的历史使命，为新时代中国乡村的发展指明了前行方向，描绘了一幅宏伟壮丽的发展蓝图。

第二节　实施乡村振兴战略的内涵及意义

一、乡村振兴的科学内涵

习近平总书记在党的二十大报告中特别强调："全面建设社会主义现代化国家，最艰巨最繁重的任务仍然在农村。"这一重要论述为我们在新时代新征程中，毫不动摇地坚持农业农村优先发展，加快向农业强国迈进指明了方向，也为夯实农业农村基础、推动全面建设社会主义现代化国家提供了根本行动遵循。

党的十八大以来，党中央高瞻远瞩，从实现中华民族伟大复兴的战略全局出发，结合复杂的世情、国情以及农业农村的实际状况，始终把解决"三农"问题当作全党工作的关键所在。在准确把握我国社会主要矛盾的基础上，将实施乡村振兴战略确定为新时代"三农"工作的总抓手，坚决贯彻农业农村优先发展方针，成功走出一条具有鲜明中国特色的社会主义乡村振兴之路。

习近平总书记运用大历史观来考量农业、农村、农民问题，以深刻的洞察力精准把握"三农"发展的内在规律与未来趋势，发表了一系列极具针对性和深远意义的"三农"工作重要论述。深刻理解习近平总书记关于乡村振兴重要论述的科学内涵，是新时代新征程全面推进乡村振兴、开辟中国式农业农村现代化新道路、加快农业强国建设步伐的重要前提。

（一）坚持党的全面领导是中国式乡村振兴的根本保证

推动乡村振兴的核心在于坚持党的全面领导。新时代实施乡村振兴战略，必须延续党管农村工作的成功经验，强化党的全面领导作用，为乡村振兴筑牢政治根基。

首先，需健全党领导乡村振兴的制度框架。充分发挥党在乡村振兴中的领导作用，构建以党委为核心、政府为执行主体、农村工作部门为协调机构的工作体系。延续五级书记抓乡村振兴的责任体系，确保党的全面领导覆盖乡村振兴的全过程和各领域，成为推动乡村振兴的核心支撑。具体而言，应完善乡村振兴工作领导小组制度，明确各级党委和政府在乡村振兴中的职责分工，强化对乡村振兴工作的统筹协调和督促指导。同时，优化考核评价机制，将乡村振兴工作成效纳入地方党委和政府的绩效考核体系，确保各级领导干部切实履行职责，形成上下联动、齐抓共管的工作格局。

其次，要扎实推进农村基层党组织建设。作为乡村振兴的"最后一公里"，农村基层党组织建设是政策落实的关键。必须立足实际，充分发挥农村党支部的领导核心作用，使其成为推动农民增收、维护农村稳定、促进乡村振兴的坚强堡垒。实践表明，基层党组织越能贴近群众、关注农民利益，党的执政基础就越稳固，乡村振兴的各项工作就越能取得突破。为此，应增强农村基层党组织的组织力和凝聚力，通过发展优秀年轻党员、培养后备干部等方式，增强基层党组织的战斗力。同时，创新基层党组织的工作方式，如推行"党员联系户"制度，让党员直接联系和服务群众，确保党的政策能够精准落地，切实解决群众的实际问题。

最后，要打造一支高素质的"三农"干部队伍。领导干部的"三农"工作能力和经验，直接影响乡村振兴战略的实施效果。坚持党对乡村振兴的全面领导，要求各级领导干部不仅懂农业、爱农村，还要会抓"三农"工作。为此，应将农村一线锻炼作为提升干部能力的重要途径，定期组织"三农"工作培训班，帮助干部掌握现代农业发展规律和农村治理方法。同时，建立激励机制，表彰和奖励在"三农"工作中表现突出的干部，激发他们的工作热情和责任感。此外，注重选拔和任用熟悉"三农"工作的干部，让他们在乡村振兴的关键岗位上发挥更大作用，为乡村振兴提供强大的人才支撑。

（二）维护农民根本利益是中国式乡村振兴的根本立场

人民是中国共产党执政的底气和根基所在。将维护广大农民的根本利益作为乡村振兴的根本立场，这既是延续党自成立以来依靠农民、为农民谋幸福的优良传统，也是将"以人民为中心"的发展思想在"三农"领域的具体体现。

首先，始终坚持农民的主体地位，这是我国实施乡村振兴的基本原则。改革开放以来的农村改革经验充分表明，重视农民的主体作用和首创精神，是解放农村生产力、激发农村活力的关键。在新时代全面实施乡村振兴战略的过程中，应严格依法依规推进，将农民的拥护和支持贯穿乡村振兴的全过程。要赋予农民在乡村振兴实践中的充分话语权，构建农民能够全面参与的体制机制，确保乡村振兴的过程是农民自主参与、自主决策的过程，从而调动广大农民群众的积极性、主动性和创造性，巩固农民在乡村振兴中的主人翁地位。

其次，让广大农民生活得更美好，这是我国乡村振兴的出发点和落脚点。促进人的自由全面发展是中国式现代化的本质追求，同样，推动农民的自由全面发展、增进农民福祉也是中国式农业农村现代化的核心要义。随着党中央提出实施乡村振兴战略，我国社会主要矛盾发生了转化，让广大农民生活得更美好成为乡村振兴的根本目标。在乡村振兴的实践中，必须紧密围绕农民群众最关心、最直接、最现实的利益问题，加快补齐农村发展和民生短板。要通过构建促进农民持续较快增收的长效机制，让农民的钱袋子鼓起来，确保农民的获得感、幸福感、安全感更加充实、更有保障、更可持续。

最后，加强农民权益保护，这是我国乡村振兴的重要保障。在乡村振兴的过程中，要注重保护农民的合法权益，确保农民在土地流转、产业发展等过程中能够获得合理的收益。要建立健全农民权益保护机制，加强对农民土地承包经营权、宅基地使用权等权益的保护，严厉打击侵害农民权益的行为。同时，要加强对农民的法律援助和服务，提升农民的法律意识和维权能力，让农民在乡村振兴的过程中能够依法维护自己的合法权益。

（三）巩固拓展脱贫攻坚成果是中国式乡村振兴的底线任务

经过多年艰苦卓绝的努力，脱贫攻坚目标圆满实现，脱贫攻坚战取得全面胜利，我国"三农"工作也顺势迎来了重大的历史性转变，正式步入全面推进乡村振兴战略的全新发展时期。但必须清醒地认识到，在全力推动乡村振兴的当下，不少脱贫户的经济收入仍然处于较低水平，脱贫的基础还不够牢固，存在返贫风险。同时，那些徘徊在贫困边缘的群体，致贫风险也不容小觑。脱贫地区的产业发展也面临诸多挑战，产业根基不扎实，在市场波动和自然灾害面前，抗风险能力较弱，产业发展很容易受到冲击。所以，在乡村振兴的进程中，我们必须把防止规模性返贫作为工作底线，时刻保持警惕，将巩固拓展脱贫攻坚成果同乡村振兴有效衔接工作做细做实，只有这样，才能确保脱贫攻坚的成果得以持续巩固，乡村振兴战略稳步推进。

首先，要把预防返贫问题当作重中之重。在脱贫攻坚任务完成后，设立一个合理的政策过渡期是十分必要的。在这一阶段，继续压实工作责任，政策扶持力度不减，帮扶工作持续开展，监管工作也不能松懈，不能让政策和帮扶措施突然中断，保障驻村工作队稳定驻点开展工作。各地应系统梳理提炼脱贫攻坚积累的成功经验，充分运用攻坚期形成的高效体制机制，推动脱贫攻坚成果同乡村振兴有序衔接，保持政策总体稳定，通过多元举措全面巩固脱贫成效。

其次，始终坚持以人民为中心的发展思想。将更多资源与精力聚焦于群众关切的民生领域，切实办好每一项民生实事，让脱贫群众切实感受到生活品质的提升，使获得感更可持续、幸福感更有温度、安全感更具保障。同时注重激活脱贫人口内生发展动力，积极拓展就地就近就业渠道，鼓励有劳动能力的低收入群体通过劳动实现增收致富，引导脱贫群众向共同富裕目标稳步迈进。

最后，大力强化产业扶贫工作。进一步拓展和延伸产业链条，提升产品的附加值，推动扶贫产业朝着高质量方向发展，增强产业抵御风险的能力，构建更为稳固的利益联结机制，确保贫困群众的收入能够持续稳定增长。鼓励脱贫地区依据自身独特的资源优势和已有的产业基础，结合市场需求，因地制宜地发展有机农业、绿色循环产业、生态旅游等新兴业态，突出地方特色，积极促进产业融合发展，培育和壮大一批具有引领示范作用的龙头企业，不断做大做强特色经济以及能够带动农户增收的联农带农经济。

（四）保障粮食安全是中国式乡村振兴的永恒课题

"粮食多寡虽属生产层面的具体问题，但其背后的安全保障却是关系全局的战略命题。"作为拥有庞大人口的发展中大国，解决好十几亿人的吃饭问题，始终是治国安邦的首要任务，也是乡村振兴必须坚守的底线。只有将粮食主动权牢牢掌握在自己手中，才能为社会稳定、国家发展及乡村振兴筑牢根基。尽管近年来在强农政策的推动下，我国粮食生产呈现连年丰收、稳中有进的良好态势，但粮食供求长期处于紧平衡的基本格局并未改变——国内耕地资源约束趋紧、消费需求持续升级、国际市场波动加剧等复杂因素交织，粮食安全的潜在风险与挑战始终存在。在此背景下，筑牢粮食安全防线不仅是治国理政的战略要求，更是乡村振兴进程中必须坚守的核心任务，唯有将其作为实现农业农村现代化的重要标志，才能在复杂多变的国内外环境中确保"中国饭碗"端得稳、端得牢，为乡村全面振兴和国家长治久安提供坚实支撑。

首先，需从战略高度筑牢粮食安全防线。在粮食安全问题上容不得半点懈怠，必须深刻认识到粮食产量的短期波动属于战术调整范畴，而保障粮食稳定供给、抵御系统性风险则是不可动摇的战略要求。实施乡村振兴战略，应始终将确保重要农产品尤其是粮食供应作为首要目标，把提升农业综合产能摆在突出位置。对于我们这样一个人口大国而言，粮食安全是治国理政的底线任务，既不能因短期丰收而放松警惕，也不能因结构性矛盾而掉以轻心。必须跳出单纯的经济思维与短期视角，从政治安全、社会稳定和长远发展的维度统筹考量，以战略定力守护好"大国粮仓"。

其次，压实责任，构建协同保障机制。粮食安全是"国之大者"，需以党政同责为抓手压实地方各级党委和政府的政治责任。无论是粮食主产区、主销区还是产销平衡区，都应将保障粮食安全视为共同使命，杜绝"重经济轻农业、重效益轻粮安"的倾向。通过严格落实粮食安全责任制考核，将责任压力转化为行动自觉，推动形成"全国一盘棋"的粮食安全保障格局。这一制度设计不仅是党对"三农"工作领导的具体化，更是从制度层面筑牢粮食安全防线的关键举措。同时，需优化粮食生产布局，建立健全利益补偿机制，让种粮农民获得合理收益，让主产区在粮食安全责任中得到应有的激励，避免粮食产能过度集中带来的区域风险。

最后，统筹推进"藏粮于地、藏粮于技"与多元资源利用。耕地是粮食生产的命根子，必须以最严格的保护制度守住耕地红线，通过良田建设、生态修复等硬措施夯实粮食生产的土地基础。科技是粮食增产的核心驱动力，需聚焦农业关键核心技术攻关，推动种业振兴、智慧农业等领域突破，让科技真正成为粮食稳产增产的"金钥匙"。在立足国内的同时，还需以开放思维统筹利用国内国际两个市场、两种资源，在保障供应链安全的前提下，合理调剂部分农产品余缺，减轻国内资源环境压力，构建兼顾安全与效率的粮食供给体系。

（五）产业兴旺是中国式乡村振兴的物质基础

"产业兴旺是破解农村发展难题的核心支撑。"在新时代背景下，随着我国社会主要矛盾与农业发展矛盾的深刻转变，农民对美好生活的向往对乡村经济提出了更高的要求——唯有激活产业活力，才能为农业升级、农村进步、农民发展筑牢物质根基。产业兴旺不仅是提升农民收入的关键路径，更是重塑乡村经济生态、激发内生动力的核心引擎，直接关系到农业能否从传统生产迈向现代经营、农村能否从单一业态走向多元发展、农民能否从简单劳作转向体面就业。因此，将产业兴旺作为乡村振兴的重点任务，是推动农村繁荣、实现共同富裕的必然选择。

首先，需立足市场规律与本土优势，构建特色产业体系。乡村产业发展需以市场需求为导向，深度挖掘地域资源禀赋，避免同质化竞争，走差异化发展道路。通过培育全产业链思维，打破传统农业"小、散、弱"的格局，推动生产、加工、销售、服务等环节有机衔接，拓展农业在生态保护、文化体验、休闲旅游等领域的多元价值，让特色农产品与乡村文旅、康养等新业态形成协同效应。同时，优化产业空间布局，聚焦农产品深加工提升附加值，促进"田间地头"与"终端市场"的高效对接，通过三次产业融合释放乘数效应，为乡村经济注入持久动力。

其次，紧扣农业结构性矛盾，推进供给侧结构性改革。当前农业发展的主要矛盾已从总量不足转向质量不优，需以供给侧结构性改革为主线，推动产业发展从"量"的扩张向"质"的提升转变。通过优化农产品品种结构、提升品质标准、强化品牌建设，培育绿色化、特色化、高端化的农业产品体系；借助数字化技术赋能生产、流通、营销等环节，发展智慧农业、订单农业、电商直播等新业态，构建数据驱动的现代农业供应链。这一过程中，需聚焦高质量发展目标，打破传统增产导向的路径依赖，让产业竞争力建立在品质升级、效率提升和品牌溢价的基础上，逐步形成具有中国特色的现代农业产业格局。

最后，完善利益联结机制，确保农民共享产业红利。产业兴旺的根本目的是让农民成为发展主体而非旁观者。在尊重市场规律的前提下，通过深化"资源变资产、资金变股金、农民变股东"的改革实践，引导农民以土地、劳动力、集体资产等要素参与产业发展，形成企业与农户优势互补、分工协作的利益共同体。鼓励龙头企业、合作社与农户建立订单收购、保底分红、股份合作等利益联结模式，让农民在产业链各个环节获得合理收益，避免出现"产业兴、农民淡"的脱节现象。唯有让增值收益更多留在农村、留给农民，才能真正实现"产业旺、农民富、乡村兴"的良性循环，使产业发展成果切实转化为农民的获得感与幸福感。

（六）乡村治理是中国式乡村振兴的重要支撑

作为实现中国式乡村振兴的基础性工程，乡村治理直接关系到城乡融合发展的稳定性与持续性。在乡村振兴战略深入推进的进程中，城乡资源配置重构、农村社会关系重塑、农民价值观念转变等一系列深刻变革，对基层治理体系和治理能力提出了更高要求。唯有构建以自治激发基层活力、以法治筑牢治理底线、以德治培育文明风尚的多维治理体系，才能在破解传统治理难题的同时，顺应新时代乡村发展的内在需求。新时代的乡村治理，需以系统思维统筹治理资源，将顶层设计与基层创新有机结合，推动治理资源下沉、治理重心下移。通过完善村民自治机制，激活群众参与乡村事务的主体意识；依托法治乡村建设，健全矛盾纠纷化解和权益保障机制，确保治理过程规范有序；借助德治教化功能，弘扬乡土文化中的优秀传统，培育文明乡风与和谐家风，为乡村发展注入精神动力。

首先，需强化基层党组织的核心引领功能与骨干带头作用。实践经验显示，农村发展的有序推进，离不开基层党组织的统筹协调与带头人的示范带动。在全面推进乡村振兴的新征程中，要以党建为引领，夯实农村基层党组织建设，优化带头人选育机制，完善驻村"第一书记"派驻制度。通过政策宣讲凝聚群众共识，提升基层党组织统筹协调能力，确保党的决策部署有效落实，带动农民参与农村改革，形成发展合力。

其次，应创新村民自治实践模式，推动基层治理与服务下沉。通过拓展民主协商渠道、丰富议事形式，强化群众监督效能，让村民在乡村事务中实现"说事、议事、主事"的全过程参与，形成村内事务共商共议的治理格局，切实保障村民在基层治理中的主体地位。

最后，要以法治思维引领乡村治理实践。深化农村普法教育，健全公共法律服务网络，营造全社会尊法、学法、守法、用法的法治文化氛围；借鉴"枫桥经验"构建本土化矛盾调解机制，完善基层纠纷多元化解体系，实现"小事不出村、大事不出镇、矛盾不上交"，将问题解决在萌芽状态，夯实乡村治理的稳定根基。

二、实施乡村振兴战略的重大意义

（一）实现中华民族伟大复兴的一项重大任务

民族复兴的征程中，乡村振兴是绕不开的必答题。从历史维度看，农业文明是中华文明的根基，农村承载着国家发展的原始动能；从现实维度看，在世界格局深刻变革与国内发展战略转型的双重背景下，夯实农业根基、稳固农村底盘是应对风险挑战的"稳定器"，更是开拓发展新局的"动力源"。构建以国内大循环为主体的新发展格局，潜力在乡村、空间在农村，唯有激活农村内需、畅通城乡要素流动，才能为经济高质量发展注入持久动力。党中央始终将"三农"置于治国理政的核心位置，以大历史观审视乡村发展，清醒地认识到在全面建设社会主义现代化国家进程中，农村仍是任务最艰巨的领域，也承载着国家发展最深厚的根基。唯有凝聚全社会的力量推进乡村振兴，才能让乡村与城市协同承担民族复兴的历史使命，推动城乡发展质量的整体提升。

（二）从根本上解决新时代"三农"问题的重要举措

"三农"问题始终是关系国家发展全局的基础性问题，也是党和国家始终高度关注的核心议题。乡村振兴战略的提出，继承了党长期以来重视"三农"工作的优良传统，并赋予时代新内涵，通过系统性改革与创造性实践，破解农业现代化滞后、农民增收渠道单一、农村发展活力不足等深层矛盾。这一战略不仅聚焦粮食安全、产业升级等物质层面的提升，更着眼于农村社会结构优化、公共服务均等化等制度性突破，成为统揽新时代"三农"工作的总纲领。唯有以乡村振兴为抓手，才能推动农业从传统生产向现代产业转型，促进农民从单一劳作向多元发展跨越，引领农村从相对封闭向开放共享转变，彻底破解制约"三农"发展的深层次体制机制束缚，实现农业强、农村美、农民富的协调发展目标。

（三）"五位一体"总体布局在农村的具体落实

乡村振兴提出的"产业兴旺、生态宜居、乡风文明、治理有效、生活富裕"总要求，清晰映射了"五位一体"总体布局在农村领域的实践路径：产业兴旺以三产融合发展筑牢经济建设根基，激活乡村发展内生动力；生态宜居以绿色发展理念体现生态文明建设内涵，推动乡村环境品质提升；乡风文明以乡土文化传承夯实文化建设基础，涵养文明和谐的乡村风尚；治理有效以自治、法治、德治融合强化社会建设保障，构建共建共享的基层治理体系；生活富裕以民生改善为宗旨，持续增进农民群众的获得感、幸福感。这五大要求并非彼此割裂，而是相互关联、协同发力：经济发展为生态保护奠定物质基础，文化建设为社会治理提供精神支撑，民生改善为产业升级凝聚发展合力，共同构成农业农村现代化的有机整体。通过五大要求的统筹推进，乡村得以在经济、政治、文化、社会、生态文明建设上实现系统性提升，真正成为践行"五位一体"总体布局的基层示范场域，推动城乡在现代化进程中实现协调共进。

（四）新时代解决我国社会主要矛盾的迫切要求

中国特色社会主义进入新时代，社会主要矛盾的转化在城乡关系中体现得尤为明显：城市的繁荣与乡村的滞后形成发展反差，农业的低效与农民的期待构成升级压力。乡村振兴战略直击"城乡发展不平衡、农村发展不充分"的痛点，通过坚持农业农村优先发展，推动资源要素向农村流动、公共服务向农村覆盖、现代文明向农村辐射。这一战略不仅致力于缩小城乡居民收入差距，更着眼于破解教育、医疗、养老等公共服务的城乡鸿沟，让农村居民平等享有发展机会；不仅追求农业产量的提升，更注重农产品质量升级、产业链条延伸，满足人民对高品质生活的多元需求。唯有以乡村振兴促进均衡发展，才能让改革成果更公平地惠及全体人民，切实回应"美好生活需要"的时代命题。

（五）开启全面建设社会主义现代化国家新征程的必然要求

从全面建成小康社会到全面建设社会主义现代化国家，"三农"领域的短板始终是影响全局的关键变量。第一个百年奋斗目标的实现，得益于脱贫攻坚对农村贫困问题的历史性解决；第二个百年奋斗目标的达成，更需乡村振兴破解农业农村现代化的深层挑战。这一战略立足"两个一百年"奋斗目标的衔接，瞄准农业农村现代化的短板弱项，着力构建工农互促、城乡互补的新型关系：通过产业融合提升农业质量效益，通过人才回流激活乡村创新活力，通过基础设施升级缩小城乡发展差距。其最终指向，是让农村不仅成为现代化进程的受益者，更成为现代化建设的参与者，推动形成全域协同、全面进步的发展格局，为建成社会主义现代化强国铺就坚实的乡村根基。

第 二 章

新时代乡村振兴战略的基本内容

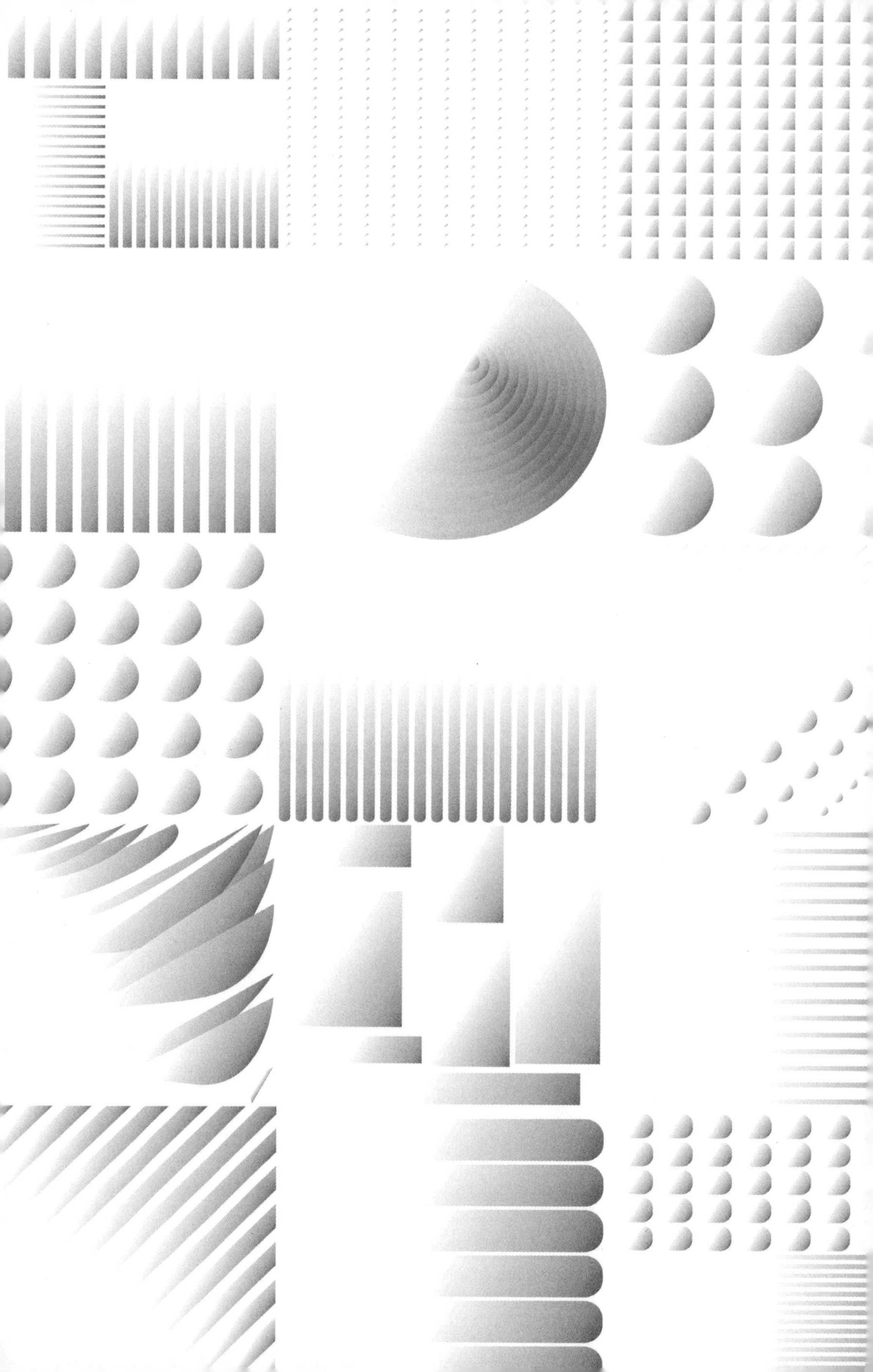

乡村振兴战略的深远意义，在于它既是对历史经验的深刻总结，也是对时代命题的主动回应；既是破解"三农"难题的系统方案，也是重塑国家发展格局的战略抉择。唯有深刻理解其重大意义，才能凝聚全社会共识，推动这一战略在广袤乡村落地生根，绘就农业农村现代化的壮美画卷。

第一节　总体要求

一、实施乡村振兴战略的总要求

全面推进乡村振兴战略，需以"产业兴旺、生态宜居、乡风文明、治理有效、生活富裕"为核心指引，统筹谋划农业农村发展全局，推动城乡融合向纵深发展，为实现农业农村现代化注入强劲动力。

（一）产业兴旺是发展重点

立足农业农村资源禀赋，以供给侧结构性改革为动力引擎，着力构建现代农业发展新格局。聚焦产业提质增效，坚持市场导向与特色培育并重，在稳固粮食安全根基的同时，因地制宜发展优势产业集群——从北方平原的优质杂粮到南方丘陵的特色林果，从西部牧区的生态畜牧到东部沿海的海洋渔业，各地正依托地理标志产品打造区域品牌，推动"一县一业""一村一品"落地生根。通过延伸产业链条，将农产品初加工与精深加工相结合，探索"农业+文旅""农业+电商"等融合模式，让田间地头的农产品转化为旅游商品、网络爆品，实现"生产在乡村、加工在城镇、销售在全国"的产业联动。同时，培育新型农业经营主体，鼓励家庭农场、专业合作社与龙头企业建立利益共享机制，通过土地托管、股份合作等方式，让农民深度参与产业增值环节，切实提升农业综合效益与市场竞争力。

（二）生态宜居是关键环节

秉持生态文明理念，将绿色发展贯穿乡村建设全过程。在农业生产端，推广有机肥替代、病虫害生物防治等绿色技术，构建"种养结合、循环利用"的生态农业体系,从源头上减少面源污染。在生活环境治理中,以人居环境整治为抓手,推进厕所改造、污水管网建设与垃圾分类处理,同步实施道路亮化、河道清淤、村庄绿化等工程,让昔日"污水横流、垃圾围村"的景象逐步转变为"屋舍整洁、绿树成荫"的宜居画卷。注重传统村落与乡土文化保护,保留青砖灰瓦的民居风貌、错落有致的田园肌理,让小桥流水、良田美池的乡村意象成为留住乡愁的重要载体。此外,依托生态资源优势培育乡村旅游、康养休闲等绿色业态,推动生态价值向经济价值转化,实现生态效益与农民增收的良性互动,让乡村不仅成为宜居宜业的生活家园,更成为山水相映、蓝绿交织的生态典范。

(三)乡风文明是重要保障

以社会主义核心价值观为灵魂,重塑乡村精神文化内核。深入挖掘农耕文化中的勤劳质朴、邻里互助等传统美德,依托新时代文明实践中心建设,通过"村晚""院坝讲堂""乡贤故事会"等接地气的传播形式,推动党的创新理论与惠民政策在基层落地生根、深入人心。针对婚丧嫁娶大操大办、厚葬薄养等陈规陋习,各地普遍建立红白理事会、道德评议会,将简约适度、文明向上的生活理念写入村规民约,形成"群众议、群众定、群众守"的自治机制。同时,加大公共文化设施建设力度,新建乡村书屋、文化广场、非遗工坊,支持农民自办文艺团队,让传统戏曲、民俗活动、民间技艺在传承中焕发生机。通过选树"最美家庭""道德模范"等先进典型,发挥榜样示范作用,引导村民破除封建迷信、摒弃攀比心理,塑造文明乡风、优良家风、淳朴民风,为乡村振兴注入源源不断的精神动力。

(四)治理有效是基层治理的基础

构建自治、法治、德治"三治融合"的现代乡村治理体系,夯实基层治理根基。在自治层面,完善村民会议、村务公开等制度,推广"村民说事""院落自治"等微治理模式,让群众在村级事务中"有话说、有处说、有人听";依托数字技术搭建村级服务平台,实现政策查询、事务办理、意见反馈"一站式"线上化，提升治理便捷度与透明度。法治建设方面，推进"法律明白人"培养工程，在各村设立公共法律服务点，定期开展普法宣传与矛盾调解，让法治思维融入村民日常生活；严厉打击农村黑恶势力、电信诈骗等违法行为，营造安定有序的社会环境。德治方面，建立道德积分制度、善行义举榜，将遵守公序良俗、参与公益服务转化为可感知的荣誉激励；发挥乡贤在纠纷调解、文明倡导中的桥梁作用，通过"长辈劝、邻里帮、群众评"化解基层矛盾，形成"大事一起干、好坏大家评、事事有人管"的治理新格局。

（五）生活富裕是根本目标

坚持把增进农民福祉作为出发点和落脚点，多渠道拓宽农民增收路径。在产业富民上，既做强传统种养业，又培育农村电商、乡村旅游等新产业新业态，鼓励农民工返乡创办小微企业，支持大学生到农村开展直播助农、文创设计，让各类人才在乡村找到创业舞台。在政策惠农上，落实耕地保护补贴、粮食最低收购价等强农举措，探索农村集体经营性建设用地入市、宅基地"三权分置"改革，让农民从土地增值中获得更多财产性收入。同时，持续改善农村公共服务，推进城乡教育资源均衡配置，完善县域医共体建设，扩大农村养老、医保覆盖范围，逐步缩小城乡在教育、医疗、养老等领域的差距。通过产业带动、就业扶持、社会保障等多维发力，让农民收入稳步增长，生活品质显著提升，真正实现"腰包鼓起来、日子甜起来、心气顺起来"，确保全体农民共享现代化建设成果，在共同富裕的道路上不掉队、不缺位。

第二节　基本原则

乡村振兴，作为推动农村经济社会全面发展的重要战略，其深远意义和复杂性要求我们必须遵循一系列基本原则。这些原则不仅是乡村振兴的核心价值体现，更是具体实践中的明确指导方向。

一、以人民为中心的乡村振兴，其根本出发点和落脚点都在于人

以人民为中心，不仅是乡村振兴的基本原则，更是其核心价值取向。这一原则要求我们，在推进乡村振兴的每一个步骤中，都要把农民的利益放在首位，时刻关注他们的需求和诉求，确保他们成为乡村振兴的最大受益者和积极参与者。

（一）尊重农民主体地位

农民是乡村振兴的主体力量，他们的积极性和创造力是乡村振兴的重要动力。因此，必须尊重农民的意愿和选择，保障他们的合法权益，通过引导和支持，让他们积极参与乡村振兴的各项活动，充分发挥他们的主体作用。这意味着要建立健全农民参与机制，鼓励农民提出自己的意见和建议，让他们的声音在乡村振兴的决策中得到充分反映。

（二）增进民生福祉

乡村振兴的最终目标，是实现好、维护好、发展好广大农民的根本利益。要通过改善农村的生产生活条件，提高农村居民的生活质量和文明程度，让大家切实感受到乡村振兴带来的实惠和好处。同时，还要特别关注农村弱势群体的生活状况，确保他们也能分享到乡村振兴的成果。这需要加大对农村基础设施建设的投入，提高农村教育、医疗等公共服务水平，让农民享受到更好的生活条件和服务。

（三）促进农民全面发展

乡村振兴的深层目标，在于实现农民从物质丰裕到精神富足的整体性提升。这不仅需要夯实产业基础以改善生活条件，更要着眼于人的全面发展，通过完善教育、文化、体育等公共服务供给，为农民搭建素质提升与精神成长的平台。在教育领域，应推动城乡教育资源均衡配置，优化乡村学校师资力量，探索"课堂教学+实践实训"的多元培养模式，既为农村青少年提供优质基础教育，也为成年农民开设贴合产业需求的技能课堂，让知识与技术真正转化为发展动能。文化层面，需以乡土文化为根脉，挖掘传承农耕文明中

的优秀基因，依托文化礼堂、村史展馆、非遗工坊等载体，开展接地气的文艺活动与民俗体验，让农民在参与中感受文化归属、培育文明风尚；同时，通过建设乡村书屋、组织流动文化服务，将阅读与学习融入日常生活，滋养精神世界。在体育与生活场景融合上，利用村头巷尾的闲置空间打造健身场地，举办农民运动会、广场舞比赛等特色活动，倡导健康向上的生活方式，让身心愉悦与邻里和谐成为乡村生活的新图景。唯有让教育浸润思想、文化滋养心灵、健康强健体魄，才能让农民在乡村振兴中既收获物质富裕，更实现精神成长，真正成为有文化、懂技术、善经营、敢创新的新时代乡村建设主体，为乡村发展注入持久的内生动力。

二、生态优先、绿色发展

生态优先、绿色发展是乡村振兴的重要原则，也是实现可持续发展的关键。这一原则强调了环境保护和可持续发展的重要性，要求在推动乡村经济发展的同时，必须注重保护和改善乡村生态环境，实现人与自然和谐共生。

（一）坚持生态优先

在乡村发展的各项决策中，必须把生态环境的保护和可持续发展放在首位。在制定经济发展规划时，要充分考虑到环境因素，确保经济活动不会对生态环境造成不可逆的损害。同时，要加强生态监管和执法力度，严厉打击破坏生态环境的行为。建立健全生态环境保护制度，加强生态环境监测和评估，确保乡村生态环境持续改善和可持续发展。

（二）推动绿色发展

绿色发展是乡村振兴的必由之路。要积极引导和鼓励乡村企业采用环保技术和生产方式，减少污染排放和资源浪费。推进农业面源污染防控工作，重点普及绿色植保技术与测土配方施肥技术，通过优化投入品使用结构降低化肥农药施用量，从生产源头提升农产品质量安全保障能力，通过推动绿色产业的发展，可以实现乡村经济的可持续发展和生态环境的持续改善。这需要加大对绿色产业的扶持力度，推广环保技术和生产方式，促进乡村经济的绿色转型和升级。

（三）加强生态文明建设

生态文明建设是乡村振兴的重要内容。要通过加强生态宣传教育、推广生态文明理念等方式，提高农民的环保意识和环保技能水平。建立健全农村生态环境保护制度，加大农村环境整治力度，推动农村生态环境的持续改善。通过生态文明建设，我们可以让农民在享受美好生活的同时，也成为生态环境的保护者和建设者。推进生态文明建设需秉持长效治理思维与系统规划理念，引导其主动参与环境治理，使绿色发展理念内化为乡村生产生活的自觉行动。

三、统筹兼顾、分类施策

乡村振兴是一个复杂的系统工程，需要统筹兼顾、分类施策。这一原则要求在推进乡村振兴的过程中，既要注重整体规划和全面推进，又要考虑不同地区的实际情况和差异性，制定切实可行的政策措施。

（一）注重整体规划

乡村振兴需要有一个科学的整体规划。要根据国情和农业发展阶段，制定切实可行的乡村振兴规划。规划主要包括经济发展、社会事业、生态环境保护等多个方面的内容，确保乡村振兴的全面性和协调性。同时，还要注重规划的长期性和稳定性，确保乡村振兴的持续推进和不断发展。需要加强对乡村振兴规划的制定和实施过程的监督和评估，确保规划的科学性和可行性。

（二）实施分类施策

不同地区、不同类型的乡村有着不同的实际情况和发展需求。要根据乡村的实际情况和差异性，制定切实可行的政策措施。例如，对于资源匮乏、生态脆弱的乡村，可以注重发展生态农业和旅游业；对于交通便利、产业基础较好的乡村，可以注重发展工业和服务业。通过分类施策，可以确保乡村振兴政策的针对性和有效性，让每一个乡村都能找到适合自己的发展道路。需要深入了解不同乡村的实际情况和发展需求，制定具有针对性和可操作性的政策措施。

（三）加强政策协同

乡村振兴需要多个部门协同合作和共同努力。要加强政策协同和资源整合，确保各项政策措施相互衔接和配合。可以加强财政、金融、土地等政策的协同作用，为乡村振兴提供有力的政策支持和资金保障。要注重引导社会力量参与乡村振兴工作，形成全社会共同关心和支持乡村发展的良好氛围和强大合力。建立健全政策协同机制，加强部门之间的沟通和协作，形成政策合力，推动乡村振兴工作的顺利开展。

"以人民为中心""生态优先、绿色发展"以及"统筹兼顾、分类施策"是乡村振兴的基本原则。这些原则既承载着乡村振兴的核心价值与发展理念，也为实践工作明确了清晰的行动指引。在推进乡村振兴的过程中，要始终坚持这些原则，确保乡村振兴的顺利推进和取得实效。同时，也要根据实际情况的变化和发展的需要，不断调整和完善这些原则，以更好地指导和推动乡村振兴的实践。

第三节 乡村振兴战略的总目标与阶段性任务

党的十九大明确提出实施乡村振兴战略，强调坚持农业农村优先发展，以"产业兴旺、生态宜居、乡风文明、治理有效、生活富裕"为总要求，建立健全城乡融合发展体制机制和政策体系，加快推进农业农村现代化。《乡村振兴战略规划（2018—2022年）》进一步细化了战略路径，按照分阶段、分步骤的原则，明确了不同时期的具体目标和任务。

截至2020年底，奠定制度基础，决胜全面小康。这一阶段聚焦制度框架与政策体系的初步构建，确保各地区、各部门推进乡村振兴的思路与举措基本明确。随着全面建成小康社会目标的如期实现，农村基础设施和公共服务水平显著提高，脱贫攻坚任务全面完成，为乡村振兴筑牢发展根基。此时，乡村振兴的政策体系与实施机制初步成形，为后续战略推进提供基本制度保障。

截至2022年底，健全制度体系，取得阶段性成果。制度建设上，乡村振兴制度框架与政策体系基本构建，城乡融合发展机制实现关键突破。经济发展上，国家粮食安全保障水平进一步提高，现代农业产业体系、生产体系、经营体系初步构建，农业绿色发展理念全面落实，农村产业融合发展模式基本成形，乡村产业竞争力大幅提升，农民收入稳步提高，脱贫攻坚成效得到进一步夯实。社会建设方面，农村基础设施条件持续改善，城乡统一的社会保障制度基本建立，人居环境整治成果显著，生态宜居乡村建设有序推进；公共服务领域，城乡基本公共服务差距进一步缩小，乡村传统文化传承机制不断完善，农民精神文化需求得到有效满足。治理层面，农村基层党组织核心作用显著增强，"三治融合"的现代乡村治理体系初步构建，治理效能实现大幅提升。各地形成了一批可复制推广的实践范例，战略实施取得阶段性重要进展。

截至2035年底，实现决定性进展，基本实现农业农村现代化。这一阶段是乡村振兴从"量"的积累转向"质"的提升的关键时期。农业农村现代化基本实现，产业结构根本性优化，绿色农业、智慧农业成为主导形态，农民就业质量显著提高，收入水平与生活品质接近城镇居民，相对贫困问题得到系统性解决，共同富裕迈出坚实步伐。城乡融合发展体制机制更加成熟，基本公共服务均等化目标基本达成，农村教育、医疗、养老等服务水平全面提升至新高度。乡风文明建设迈上新台阶，社会主义核心价值观深入人心，乡村文化软实力显著增强。生态环境领域，农村生态系统治理成效显著，生态环境质量根本好转，山水林田湖草保护修复机制成熟定型，生态宜居乡村全面建成。治理体系更加科学高效，乡村社会既充满创新活力，又保持和谐有序，成为中国特色社会主义基层治理的重要示范样本。

截至2050年底，全面实现乡村振兴，绘就农业强、农村美、农民富的壮美画卷。作为战略实施的终极目标，乡村全面振兴意味着农业竞争力稳居世界前列，粮食安全与重要农产品供给保障能力达到国际先进水平，农村产业体系、生产体系、经营体系全面升级，成为支撑国家现代化的坚实根基。农村人居环境实现全域美丽宜居，传统村落与乡土文化得到活态传承，基础设施和公共服务水平全面超越城乡二元界限，形成"望得见山、看得见水、记得住乡愁"的现代乡村生活图景。

农民不仅实现了物质生活的富裕，更在精神文化、社会参与、自我发展等方面获得全面提升，成为有尊严、有奔头、受尊重的职业群体。至此，乡村与城市实现全方位融合发展，共同构成中国式现代化的重要组成部分，最终实现"农业强、农村美、农民富"的宏伟愿景。乡村振兴战略的阶段性目标，既立足当前"三农"发展实际，又着眼中华民族伟大复兴的长远布局，通过分阶段推进、分步骤落实，确保乡村与全国同步实现现代化，为实现第二个百年奋斗目标奠定坚实基础。

第四节 山西省乡村振兴的目标任务、基本原则、指导思想和战略基础

一、山西省实施乡村振兴战略的目标任务

山西省围绕乡村振兴战略的总体部署，结合省情实际，分阶段明确目标任务，力求在不同时期实现阶段性突破与长远发展。

截至2020年底，夯实基础，决胜脱贫攻坚与全面小康。聚焦制度建设与脱贫攻坚双目标，初步构建乡村振兴政策体系与制度框架，率先建立城乡融合发展的体制机制雏形。农业产业方面，着力打造现代特色农业产业体系，推动农产品深加工、乡村旅游等产业融合发展，提升农业附加值；基础设施领域，持续推进农村道路、水利、电力等工程建设，同步开展农村人居环境整治，改善村容村貌。文化层面，加强黄河流域、长城沿线等特色乡土文化保护，丰富农民精神文化生活。治理体系上，初步构建自治、法治、德治

"三治融合"的乡村治理框架，提升基层治理效能。民生保障方面，确保农村居民人均可支配收入较2010年实现翻番，城乡收入差距进一步缩小；现行标准下农村贫困人口全部脱贫，58个贫困县全部摘帽，全面解决区域性整体贫困问题，如期实现全面建成小康社会目标。

截至2022年底，深化探索，形成特色发展模式与经验。以制度完善与模式创新为重点，基本形成乡村振兴政策体系与实施机制，推动城乡从"单向流动"向"互促互进"转变，初步构建城乡共生共存的发展格局。聚焦"特""优"农业定位，培育一批具有山西辨识度的农产品品牌与产业集群，形成可复制的三产融合发展路径；在黄河流域生态保护、太行山革命老区振兴等领域探索特色实践模式，为全省乡村振兴提供经验参考。持续改善农村基础设施和公共服务，推进数字乡村建设，提升农村教育、医疗等服务水平。乡村治理能力显著增强，基层党组织战斗堡垒作用充分发挥，形成一批兼具地域特色与时代特征的治理范例，为农业农村现代化奠定坚实基础。

截至2035年底，提质升级，基本实现农业农村现代化。紧扣"与全国同步"目标，推动乡村振兴取得决定性进展，形成城乡融合发展的成熟体制机制与政策架构。农业高质量发展成效显著，有机旱作农业、功能农业等特色产业优势凸显，智慧农业、循环农业成为主导形态，粮食安全与重要农产品供给能力全面提升；农村生态环境根本好转，山水林田湖草系统治理成效显著，黄河、汾河流域生态保护修复任务基本完成，生态宜居美丽乡村实现全域覆盖。乡村文化振兴成果丰硕，晋商文化、农耕文明等优秀传统文化实现创造性转化，公共文化服务体系全面升级，农民精神文化生活更加丰富。现代乡村治理格局基本形成，基层治理数字化、精细化水平大幅提高，乡村社会和谐有序。城乡基本公共服务均等化基本实现，农民生活品质接近城镇居民，共同富裕取得实质性进展。

截至2050年底，全面振兴，绘就"农业强、农村美、农民富"山西画卷。作为战略的终极目标，山西省将实现农业农村现代化全面升级，让乡村成为安居乐业的美好家园。农业综合竞争力跻身全国前列，有机旱作农业技术体系全球领先，农产品品牌享誉国内外，形成"特优农业+文旅康养+数字经济"深度融合的产业体系，成为支撑全省高质量发展的重要增长极。农村人居环境实现全域美丽宜居，传统村落、历史文化名村得到活态保护，基础设施和公共服务水平全面超越城乡二元界限，呈现"山水相依、人文荟萃"的现代乡村风貌。农民全面发展目标达成，不仅实现物质生活富裕，更在教育、医疗、文化等领域享有与城市均等的发展机会，职业吸引力与社会认同感显著提升。至此，三晋大地的乡村全面振兴，与城市共同构成"转型发展、生态优先、城乡融合"的现代化图景，全面实现"农业强、农村美、农民富"的宏伟目标。山西省乡村振兴目标任务的设定，既对标国家战略要求，又紧密结合资源禀赋与地域特色，通过分阶段推进、分领域突破，确保不同时期目标明确、任务具体，为全方位推动农业农村现代化提供清晰路径。

二、山西省实施乡村振兴战略的基本原则

（一）坚持党管农村工作

把党的领导贯穿乡村振兴全过程，强化党组织在农村工作中的领导核心地位，健全党委统一领导、政府负责、农业农村部门统筹协调的工作机制。通过完善党管农村工作的制度体系，确保党在政策制定、资源调配、工作推进中始终发挥总揽全局、协调各方的作用，为乡村振兴提供坚实的政治保障和组织支撑，切实将党的领导优势转化为乡村治理效能。

（二）坚持农业农村优先发展

将乡村振兴作为全省高质量发展的重要组成部分，树立城乡融合发展的全局思维，在资源配置上优先向农村倾斜，在干部队伍建设上优先选拔培养"三农"骨干，在资金投入上建立稳定增长机制，在公共服务供给上聚焦农村短板弱项精准发力。通过构建优先保障的政策导向，加快补齐农业农村发展滞后的短板，推动形成全社会关注农业、关心农村、关爱农民的浓厚氛围。

（三）坚持农民主体地位

尊重农民在乡村振兴中的主体作用和首创精神，将维护农民根本利益、增进农民福祉作为政策设计的出发点和落脚点。通过完善利益联结机制、拓宽农民参与渠道，引导农民主动投身产业发展、生态治理、乡村建设等实践，让农民在共建共享中增强获得感。注重激发农民内生动力，通过技能培训、创业扶持等方式提升农民发展能力，推动实现从"被动受益"到"主动创造"的转变，确保乡村振兴成果由农民共享。

（四）坚持城乡融合发展

打破城乡二元结构壁垒，以体制机制创新为突破口，构建城乡要素平等交换、双向流动的制度体系。推动新型工业化、信息化、城镇化与农业现代化深度融合，促进城市人才、技术、资本等要素向农村流动，同时引导农村特色资源、生态产品、文化价值向城市延伸。通过完善基础设施互通、公共服务共享、产业协同发展等机制，形成工农互促、城乡互补、全面融合、共同繁荣的新型城乡关系，让乡村与城市在互动发展中实现优势互补。

（五）坚持改革创新、激发活力

立足山西转型发展实际，将乡村振兴与能源革命综合改革试点、资源型经济转型等战略有机结合，以改革破解体制机制障碍，以创新激活发展动能。深化农村土地制度、集体产权制度、金融服务等领域改革，释放土地、劳动力、资本等要素潜力；强化科技赋能，推动数字技术、生物育种等现代技术在农业中的应用；优化人才政策，吸引返乡入乡人才创业创新，培育新型职业农民，为乡村振兴注入持续动力。

（六）坚持因地制宜、循序渐进

充分考虑山西不同区域的资源禀赋、产业基础和文化特色，注重分类指导、精准施策。山区丘陵地区依托生态资源发展特色农业与文旅融合，平川地区聚焦粮食安全与现代农业产业园建设，城郊区域推进城乡一体化发展试点。坚持规划先行、典型引路，分阶段设定目标任务，既积极探索创新，又量力而行、稳步推进，坚决避免"一刀切"和"齐步走"，确保乡村振兴各项举措符合实际需求，经得起实践检验，实现从点上突破到面上推广的良性发展。

三、山西省实施乡村振兴战略的指导思想

在新发展阶段，山西省实施乡村振兴战略，以习近平新时代中国特色社会主义思想为根本遵循，深入贯彻党的十九大及十九届历次全会精神，全面落实习近平总书记视察山西时作出的重要讲话和重要指示精神。坚持党对"三农"工作的全面领导，秉持稳中求进的工作总基调，将创新、协调、绿色、开放、共享的新发展理念融入"三农"工作各环节，坚定不移推动高质量发展。

始终把"三农"工作置于全省发展的核心位置，毫不动摇地坚持农业农村优先发展。紧扣产业兴旺、生态宜居、乡风文明、治理有效、生活富裕的总要求，全方位、深层次地构建城乡融合发展的体制机制与政策体系。在统筹推进农村经济建设中，注重产业结构优化与产业融合；政治建设方面，强化基层民主与法治建设；文化建设上，传承与创新优秀乡土文化；社会建设聚焦公共服务均等化与民生保障；生态文明建设致力于打造绿色乡村；党的建设则突出基层党组织的引领作用。

全力推动乡村治理体系与治理能力现代化，加快农业农村现代化进程。立足山西独特的资源禀赋、产业基础和人文历史，探索具有山西特色的乡村振兴路径，推动农业朝着现代化、高效化方向全面转型升级，实现农村全方位的繁荣进步，助力农民在物质与精神层面全面实现富裕发展，在三晋大地绘就乡村振兴的壮美画卷。

四、山西省实施乡村振兴战略的基础

山西省委、省政府始终坚定不移地贯彻落实中央的决策部署，深刻践行习近平总书记视察山西时的重要讲话与指示精神，将"三农"问题置于全省发展的核心位置，全面加强党的领导，持续推动农业农村领域的改革与发展,全省农业农村发展取得显著成果,为乡村振兴战略的实施筑牢根基。

(一)农业供给侧结构性改革持续深入

大力推进现代特色农业的提质增效,积极落实山西农谷、雁门关农牧交错带示范区、运城农产品出口平台建设这三大省级战略,为农业发展开拓新路径。有机旱作农业、城郊农业以及功能农业蓬勃兴起,特色农产品优势区的建设有序展开,农业发展朝着特色化、优势化方向大步迈进。农业机械化水平大幅跃升,有力推动了农业生产效率的提高。深入实施农业标准化战略,使得市场上优质安全的农产品供应日益充足。与此同时,休闲农业、农耕体验以及农村电商等新兴产业和业态如雨后春笋般涌现,产业融合发展态势愈发强劲,为农业农村发展源源不断地注入全新活力。

(二)农民生活质量显著改善

山西省将"三农"作为公共财政投入的重点领域,接连出台众多强农、惠农、富农政策,农民收入稳步增长,增速超过城镇居民。在就业、教育、医疗、文化等领域,统筹城乡发展,使得城乡公共服务的差距逐步缩小,农民的获得感与幸福感不断增强。覆盖城乡居民的社会保障体系全面建成,保障水平也在稳步提高。持续加大农村基础设施建设力度,农村人居环境得到极大改善,农村饮水安全得到有效巩固,农网升级改造、农村道路建设等重大项目稳步推进,农村的生产生活条件日益优化。通过林业生态工程建设、区域生态修复以及村庄绿化等工作,生态环境持续向好,农业发展更加绿色,乡村面貌愈发美丽。

(三)农村各项改革稳步推进

在农村土地制度、农村集体产权制度、农业支持保护体系、现代农村金融制度等多个关键领域,改革成果斐然。农村承包地确权登记颁证工作圆满收官,县、乡两级农村产权流转交易市场全面建立,为农村土地资源的合理流转与配置提供了保障。农村集体产权制度改革试点工作进展顺利,成效突出,清产核资工作全面展开,摸清了农村集体资产的底数。农村集体经营性建设用地入市试点、闲置低效宅基地整治盘活利用试点等工作也取得了初步成果，为农村土地资源的高效利用探索出了新途径。集体林权制度改革顺利完成，农业支持保护制度更加健全。财政、金融以及社会资本多方协同发力，对"三农"的支持力度不断加大。

（四）农村基层组织建设不断加强

通过强化农村基层党建，实施"并村简干提薪招才建制"工作，壮大村集体经济，充实乡村工作队伍，提升乡村干部待遇等一系列有力举措，农村"三基建设"成效显著。普遍建立起村民会议或村民代表会议制度、村民自治章程、村规民约、村务公开和民主监督制度，村民自治工作不断完善，农村基层民主政治建设稳步前行。积极推动乡村法治建设，创新性地开展以德治村，实现法治与德治的有机结合，营造出"乡村治、百姓安"的良好局面。大力推进农村精神文明建设，三晋优秀乡土文化的保护传承取得阶段性成果，农村思想道德建设成果丰硕，社会总体保持和谐稳定。

第三章

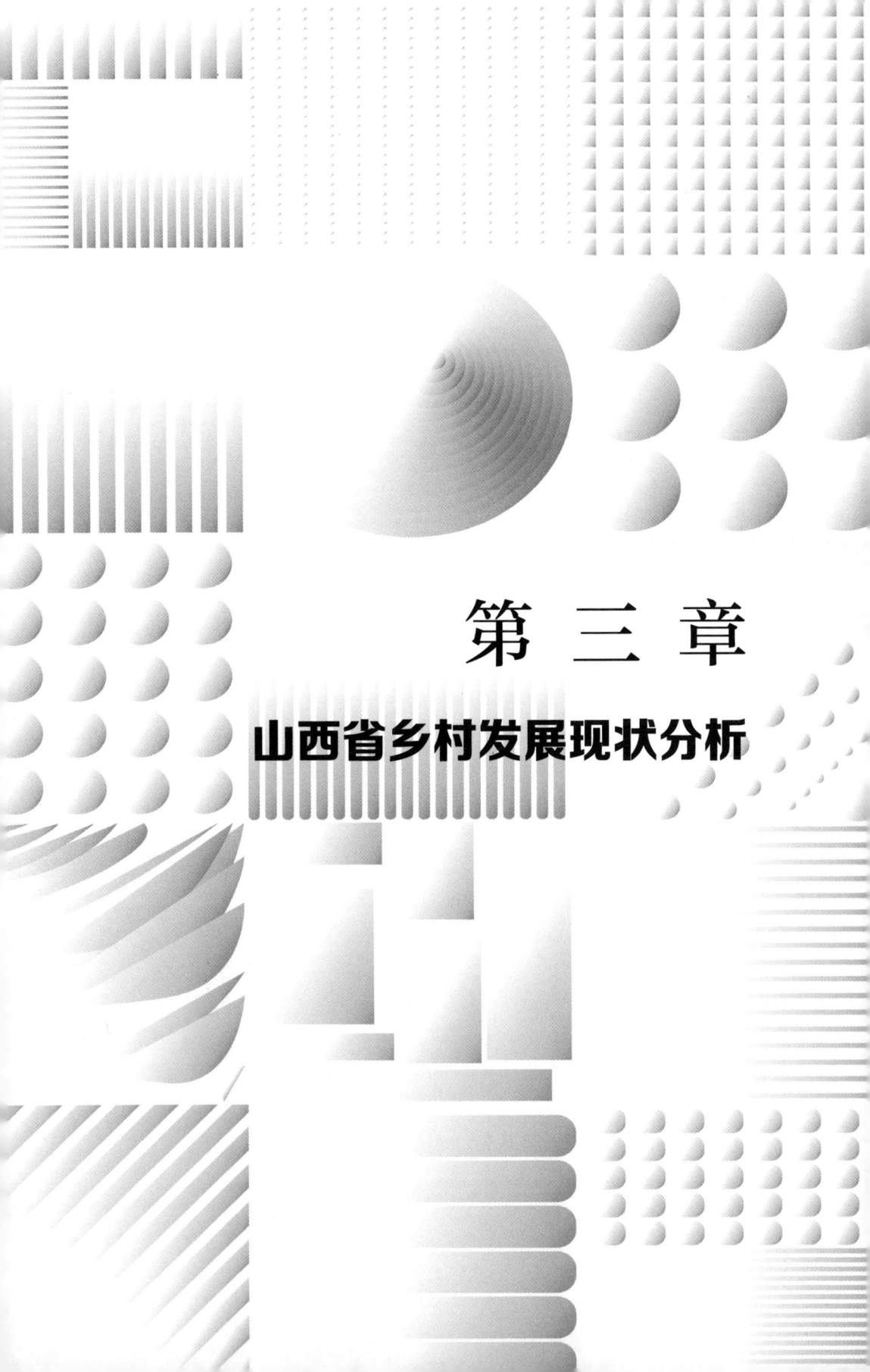

山西省乡村发展现状分析

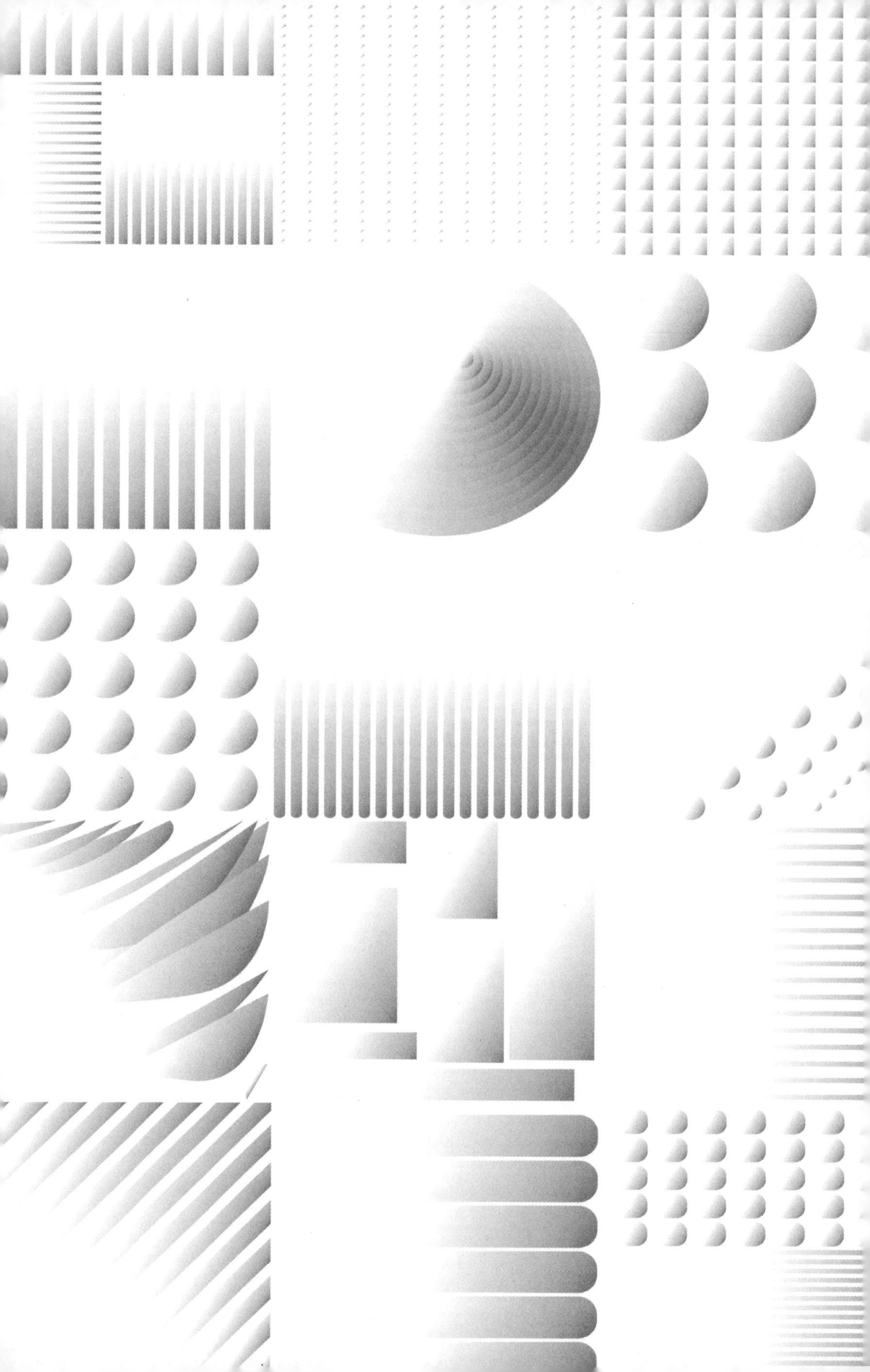

第一节　经济发展现状

山西省作为中国北方的重要省份,其乡村经济发展在近年来取得了显著成就,但同时也面临着诸多挑战与机遇。本节将从农业产业发展状况、乡村产业结构与转型以及乡村经济面临的问题与挑战三个方面进行深入分析。

一、农业产业发展状况

(一)农业生产稳步提升

近年来,山西省农业生产保持了稳步增长的态势。粮食总产量连续多年稳定在较高水平,特别是2023年,全省粮食总产量达到295.62亿斤(1斤=0.5千克),创历史新高,比上年增加2.76亿斤,增幅0.94%。这一成绩的取得,得益于全省上下对"三农"工作的高度重视和有效推进。面对自然灾害频发的不利条件,山西省通过强化防灾减灾措施、加大农业基础设施建设投入、提高农业科技水平等手段,确保了粮食生产的稳定和安全。

(二)特色农业蓬勃发展

山西省依托独特的资源禀赋,大力发展特色农业,形成了"特""优"农业发展的新格局。山西的杂粮、水果、中药材、畜牧业等优势产业在全国乃至国际市场上占据了一席之地。特别是通过打造"南果中粮北肉东药材西干果"五大出口和商贸平台,山西农业的综合效益和竞争力显著提升。例如,代州黄酒、山西老陈醋、平遥牛肉等特色农产品,不仅在国内市场享有盛誉,还成功打入国际市场,成为山西农业的一张亮丽名片。

(三)农业科技创新成效显著

科技创新是推动农业高质量发展的关键。山西省高度重视农业科技创新,启动了一系列农业关键核心技术攻关项目,实施了种业振兴五大行动,有效提高了农业科技贡献率。目前,山西农业科技贡献率已达到63.5%,高出全国平均水平1个百分点。通过推广节水灌溉、水肥一体化等现代农业技术,山西农业的生产效率和资源利用率得到了大幅提高。

二、乡村产业结构与转型

（一）产业结构不断优化

随着乡村振兴战略的深入实施，山西省乡村产业结构不断优化升级。传统农业向现代农业转型的步伐加快，乡村产业呈现出多元化、融合化的发展趋势。一方面，通过延伸农业产业链、提升价值链，山西乡村产业逐步形成了集生产、加工、销售、服务于一体的全产业链条；另一方面，通过推动农业与旅游业、文化产业等深度融合，山西乡村产业焕发出新的生机与活力。

（二）新型农业经营主体不断壮大

新型农业经营主体是乡村产业转型的重要力量。山西省积极培育家庭农场、农民合作社、农业社会化服务组织等新型农业经营主体，通过政策扶持、示范引领等措施，推动其不断发展壮大。目前，全省已培育出一批规模较大、实力较强、带动力明显的新型农业经营主体，成为推动乡村产业转型升级的重要力量。

（三）乡村产业融合发展加速

乡村产业融合发展是乡村振兴战略的重要方向。山西省通过推动一二三产业融合发展，促进了乡村经济的多元化发展。一方面，通过发展农产品加工业、农村电商等新兴产业，延长了农业产业链条，提升了农产品附加值；另一方面，通过挖掘乡村旅游资源、发展休闲农业和乡村旅游等新兴业态，拓宽了农民增收渠道，促进了乡村经济的全面发展。

三、乡村经济面临的问题与挑战

山西省乡村经济发展在取得显著成就的同时，也面临着诸多挑战与机遇。未来，需要继续深化农业供给侧结构性改革、优化乡村产业结构、加强基础设施建设、吸引和培养人才、强化生态环境保护等措施的落实落地，推动山西乡村经济实现更高质量、更可持续的发展。

（一）发展不平衡问题依然突出

尽管山西省乡村经济发展取得了显著成就，但发展不平衡问题依然突出。城乡发展差距较大，部分地区乡村经济发展滞后；乡村内部产业发展也不均衡，部分地区产业结构单一、产业链短、附加值低等问题依然存在。这些问题严重制约了乡村经济的持续健康发展。

（二）基础设施薄弱制约发展

基础设施薄弱是制约山西乡村经济发展的重要因素之一。目前，部分乡村地区道路、供水、供电、网络等基础设施建设滞后，难以满足现代农业和乡村产业发展的需要。特别是随着乡村振兴战略的深入实施和新型城镇化的加快推进，乡村基础设施建设的短板问题日益凸显。

（三）人才短缺问题亟待解决

人才是乡村经济发展的第一资源。然而，目前山西乡村地区普遍存在人才短缺问题。一方面，乡村地区难以吸引和留住高素质人才；另一方面，乡村本地人才流失严重，特别是青壮年劳动力大量外出务工经商，导致乡村经济发展缺乏有力的人才支撑。这一问题严重制约了乡村经济的创新发展和转型升级。

（四）生态环境保护压力增大

随着乡村经济的快速发展和人口的不断增长，生态环境保护的压力日益增大。部分乡村地区存在环境污染严重、生态系统退化等问题，严重影响了乡村居民的生产生活环境和乡村经济的可持续发展。因此，在推动乡村经济发展的同时，必须高度重视生态环境保护工作，实现经济发展与生态保护的良性循环。

第二节 生态环境现状

山西省作为中国北方的重要省份，其乡村生态环境现状直接关系到乡村振兴战略的顺利实施和乡村经济的可持续发展。然而，近年来，随着工业化、城市化进程的加速推进，乡村生态环境面临着前所未有的挑战。本节将从乡村生态环境的恶化、生态保护与建设的需求以及生态环境对乡村振兴的影响三个方面，对山西省乡村生态环境现状进行深入剖析。

一、乡村生态环境的恶化

（一）水土流失加剧

山西省地处黄土高原，地形复杂，水土流失问题一直较为突出。近年来，由于人类活动的不断增加和自然因素的叠加影响，水土流失现象进一步加剧。这不仅导致土地资源严重退化，还使得水资源更加短缺，对乡村的农业生产和居民生活造成了极大的威胁。

（二）空气污染问题严重

随着工业化进程的加速和乡村居民生活水平的提高，乡村地区的空气污染问题也日益严重。工业排放、交通尾气、农业焚烧等因素导致空气质量持续下降，乡村居民的健康和生活质量受到严重影响。尤其是在一些工业较为发达的乡村地区，空气污染问题更为突出。

（三）生态系统退化

生态系统的退化是乡村生态环境恶化的重要表现之一。由于过度开发、不合理利用等因素，部分乡村地区的生态系统遭受了严重破坏。森林砍伐、湿地减少、生物多样性丧失等问题日益突出，导致生态系统的稳定性和服务功能大幅下降。这不仅影响了乡村的自然景观，还降低了生态系统的自我恢复能力。

（四）水资源污染问题严重

由于工业废水、农业面源污染、生活污水等排放量不断增加，乡村地区的水资源污染问题日益严重。这不仅影响了乡村居民的饮水安全，还导致了水生态系统的破坏和生物多样性的减少。在一些地区，水资源污染已经成为制约乡村经济发展的重要因素。

（五）固体废弃物污染

随着乡村居民生活水平的提高和消费模式的转变，固体废弃物的产生量也在不断增加。然而，由于乡村地区垃圾处理设施的不完善和管理的不规范，固体废弃物污染问题日益突出。这不仅占用了大量的土地资源，还可能对土壤、水源和空气造成污染。

（六）噪声污染

随着乡村交通和工业的发展，噪声污染也逐渐成为乡村生态环境恶化的问题之一。长期的噪声污染不仅影响乡村居民的生活质量，还可能对居民的心理健康造成负面影响。

二、生态保护与建设的需求

面对乡村生态环境的恶化现状，山西省亟须加强生态保护与建设，以推动乡村生态环境的持续改善和乡村振兴战略的顺利实施。

（一）加强生态修复与治理

针对水土流失、空气污染等生态环境问题，需要加大生态修复与治理力度。通过实施水土保持工程、推广清洁能源、加强工业排放监管等措施，有效遏制生态环境恶化的趋势，并逐步恢复生态系统的健康状态。加强对受损生态系统的修复和重建工作，提高生态系统的稳定性和服务功能。

（二）推进生态文明建设

生态文明建设是乡村振兴的重要内容之一。需要将生态文明建设理念贯穿于乡村发展的全过程和各方面，推动形成绿色发展方式和生活方式。通过加强生态教育、推广生态农业、建设生态乡村等措施，提高乡村居民的生态意识和环保素养，促进乡村经济与生态环境的协调发展。加强对生态文明建设的宣传和推广力度，营造全社会共同参与生态文明建设的良好氛围。

（三）完善生态保护制度

制度是保障生态保护与建设的重要基础。需要进一步完善生态保护制度，明确生态保护的责任主体和奖惩机制。通过建立健全生态补偿机制、加强生态环境监管、推动生态立法等措施，为生态保护与建设提供有力的制度保障。加强对生态保护制度的执行和监督力度，确保各项制度得到有效落实。

（四）加强科技支撑

科技创新是推动生态保护与建设的重要力量。需要加大对生态保护与建设领域的科技研发和创新的支持力度，推动新技术、新工艺的研发和应用。通过科技手段提高生态保护与建设的效率和质量，降低治理成本，为乡村生态环境的持续改善提供有力支撑。

（五）加大资金投入

资金投入是生态保护与建设的重要保障。需要加大对乡村生态保护与建设的资金投入力度，为各项治理工程和项目的实施提供资金保障。还需要探索多元化的资金投入机制，引导社会资本参与乡村生态保护与建设，形成政府引导、市场运作、社会参与的多元化投入格局。

（六）强化社会参与

社会参与是推动生态保护与建设的重要力量。需要加强对乡村居民的环保教育和宣传力度，提高居民的环保意识和参与度。鼓励和支持社会各界参与乡村生态保护与建设活动，形成全社会共同关注、共同参与的良好氛围。

三、生态环境对乡村振兴的影响

生态环境是乡村振兴的重要基础和支撑。良好的生态环境不仅关乎乡村居民的生产生活质量，还直接影响着乡村经济的可持续发展和乡村振兴战略的顺利实施。

（一）影响农业生产和食品安全

农业是乡村经济的重要支柱。生态环境的恶化将对农业生产造成严重影响，导致农产品产量下降、品质降低等问题。环境污染还可能通过食物链传递到农产品中，对食品安全构成威胁。因此，加强生态环境保护对于保障农业生产和食品安全具有重要意义。只有保护好生态环境，才能确保农产品的品质和产量，提升农业生产的效益和竞争力。

（二）制约乡村旅游业发展

乡村旅游业是乡村振兴的重要产业之一。优美的自然风光和独特的乡村文化是吸引游客的重要因素。然而，生态环境的恶化将严重制约乡村旅游业的发展。空气污染、水体污染、垃圾围城等问题将严重影响游客的旅游体验，降低乡村旅游业的吸引力。因此，加强生态环境保护对于推动乡村旅游业的发展具有重要意义。只有保护好生态环境，才能吸引更多的游客前来旅游，促进乡村旅游业的繁荣和发展。

（三）影响乡村居民的生活质量

良好的生态环境是乡村居民生活质量的重要保障。生态环境的恶化将对乡村居民的健康和生活质量造成严重影响。空气污染、水体污染等问题将增加乡村居民的疾病风险，降低其生活幸福感。因此，加强生态环境保护对于提高乡村居民的生活质量具有重要意义。只有保护好生态环境，才能为乡村居民提供一个健康、舒适的生活环境。

（四）制约乡村经济的可持续发展

生态环境是乡村经济可持续发展的重要基础。生态环境的恶化将导致自然资源的枯竭和生态系统的崩溃，从而制约乡村经济的可持续发展。同时，生态环境的恶化还可能引发一系列社会问题，如居民健康问题、社会稳定问题等，进一步加剧乡村经济发展的困难。因此，加强生态环境保护对于推动乡村经济的可持续发展具有重要意义。只有保护好生态环境，才能确保乡村经济的长期稳定发展。

（五）影响乡村社会治理

良好的生态环境是乡村社会治理的重要基础。生态环境的恶化将引发一系列社会问题，如居民健康问题、环境纠纷问题等，增加乡村社会治理的难度和复杂性。生态环境的恶化还可能影响乡村居民的心理健康和社会稳定，进一步加剧乡村社会治理的难度。因此，加强生态环境保护对于推动乡村社会治理具有重要意义。只有保护好生态环境，才能为乡村社会治理提供一个良好的环境和条件。

（六）制约乡村人才引进和培养

良好的生态环境是吸引和培养乡村人才的重要因素之一。然而，生态环境的恶化将严重制约乡村人才的引进和培养工作。一方面，恶劣的生态环境将降低乡村对外来人才的吸引力，使得乡村难以引进高素质的人才；另一方面，生态环境的恶化还将影响乡村本地人才的培养和发展，降低乡村人才的综合素质和竞争力。因此，加强生态环境保护对于推动乡村人才引进和培养工作具有重要意义。只有保护好生态环境，才能为乡村人才的引进和培养工作提供良好的环境和条件。

第三节 文化传承现状

山西省，作为中国华北地区的重要省份，拥有丰富的历史文化遗产和深厚的乡村文化底蕴。然而，在现代化进程的冲击下，乡村文化的传承面临着诸多挑战。本节将从乡村传统文化的衰落、文化传承与创新的重要性以及文化振兴与乡村振兴的关系三个方面，对山西省乡村文化传承现状进行深入剖析。

一、乡村传统文化的衰落

（一）传统建筑风貌的破坏

随着乡村经济的发展和居民生活水平的提高，许多传统建筑被拆除或改建，取而代之的是现代化的住宅和公共设施。这种变化导致乡村传统建筑风貌的逐渐消失，乡村文化的物质载体受到严重破坏。

（二）民俗活动的淡化

传统的民俗活动是乡村文化的重要组成部分，如庙会、节庆、民间戏曲等。然而，在现代生活方式的冲击下，许多民俗活动逐渐淡化甚至消失。年轻一代对传统文化的兴趣和参与度降低，导致民俗活动的传承面临困境。

（三）传统手工艺的失传

山西省乡村地区拥有许多独特的传统手工艺，如剪纸、刺绣、陶瓷制作等。然而，由于市场需求的变化和传承人的老龄化，许多传统手工艺面临失传的风险。这不仅导致了乡村文化多样性的丧失，也影响了乡村经济的可持续发展。

（四）乡村语言与方言的消失

乡村语言和方言是乡村文化的重要表现形式。然而，随着普通话的推广和年轻一代对乡村语言和方言的忽视，许多乡村语言和方言正逐渐消失。这不仅导致了乡村文化特色的丧失，也影响了乡村居民的身份认同和文化归属感。

（五）乡村价值观的变迁

传统的乡村价值观强调尊老爱幼、勤劳节俭、邻里和睦等。然而，在现代社会价值观的冲击下，乡村价值观逐渐发生变迁。年轻一代更加追求个人利益和物质享受，导致乡村社会的凝聚力和向心力减弱。

（六）文化自信的缺失

在全球化背景下，乡村文化受到外来文化的强烈冲击。许多乡村居民对自己的文化传统和价值观念缺乏自信，盲目追求城市化、现代化的生活方式。这种文化自信的缺失导致了乡村文化的进一步衰落和边缘化。

二、文化传承与创新的重要性

面对乡村传统文化的衰落现状，山西省亟须加强文化传承与创新工作，以推动乡村文化的持续发展和乡村振兴战略的顺利实施。

（一）维护文化多样性

文化传承与创新有助于维护乡村文化的多样性。通过保护和传承传统建筑、民俗活动、手工艺等文化遗产，可以保持乡村文化的独特性和丰富性，为乡村社会提供多样化的文化产品和服务。

（二）增强文化认同感

文化传承与创新有助于增强乡村居民的文化认同感。通过弘扬传统文化和培育乡村特色文化，可以增强乡村居民对本土文化的认同感和归属感，提升乡村社会的凝聚力和向心力。

（三）促进文化产业发展

文化传承与创新有助于促进乡村文化产业的发展。通过挖掘和开发乡村文化资源，可以培育具有地方特色的文化产业，为乡村经济提供新的增长点。同时，文化产业的发展还可以带动相关产业的兴起，促进乡村经济的多元化发展。

（四）提升乡村形象与知名度

文化传承与创新有助于提升乡村的文化形象和知名度。通过展示和传播乡村文化，可以吸引更多的游客和投资者前来参观和投资，推动乡村旅游业和相关产业的发展。乡村文化的传播还可以增强外界对乡村的了解和关注，提升乡村的社会影响力。

（五）培育乡村人才与创新能力

文化传承与创新有助于培育乡村人才和创新能力。通过加强文化教育、技能培训和文化创意产业的发展，可以培养一批具有创新精神和实践能力的乡村人才。这些人才将为乡村文化的传承与创新提供源源不断的动力和支持。

（六）推动乡村社会全面进步

文化传承与创新是推动乡村社会全面进步的重要力量。通过加强文化建设、提高居民文化素质和文化生活水平，可以促进乡村社会的全面发展。文化传承与创新还可以为乡村社会治理提供有力的文化支撑和价值引领，推动乡村社会的和谐稳定与长治久安。

三、文化振兴与乡村振兴的关系

文化振兴是乡村振兴的重要组成部分，二者紧密相连、相互促进。

（一）文化振兴为乡村振兴提供精神动力

文化振兴通过弘扬传统文化、培育乡村特色文化等方式，为乡村振兴提供强大的精神动力。它可以激发乡村居民对本土文化的热爱和对乡村发展的信心，推动他们积极参与乡村振兴的各项事业。

（二）文化振兴促进乡村经济多元化发展

文化振兴通过推动文化产业的发展和相关产业的兴起，为乡村经济提供新的增长点。它可以促进乡村经济的多元化发展，降低乡村经济对单一产业的依赖度，提升乡村经济的抗风险能力和可持续发展能力。

（三）文化振兴提高乡村社会治理水平

文化振兴通过加强文化建设、提高居民文化素质和文化生活水平等方式，可以提高乡村社会治理水平。增强乡村居民的法律意识和道德观念，提升他们参与社会治理的积极性和能力，推动乡村社会的和谐稳定与长治久安。

（四）文化振兴增强乡村吸引力与竞争力

文化振兴通过展示和传播乡村文化、提升乡村形象和知名度等方式，可以增强乡村的吸引力和竞争力。吸引更多的游客和投资者前来参观和投资，推动乡村旅游业和相关产业的发展。增强外界对乡村的了解和关注，提升乡村在区域竞争中的地位和影响力。

（五）乡村振兴为文化振兴提供物质基础与保障

乡村振兴通过推动乡村经济、社会、生态等各方面的全面发展，为文化振兴提供坚实的物质基础与保障。可以改善乡村居民的生产生活条件，提高他们的生活水平和文化素质，为文化振兴创造更加有利的环境和条件。

（六）乡村振兴与文化振兴相互促进、共同发展

乡村振兴与文化振兴是相互促进、共同发展的关系。乡村振兴需要文化振兴提供精神动力和文化支撑，而文化振兴也需要乡村振兴提供物质基础和保障。二者相辅相成、相互促进，共同推动乡村社会的全面进步和发展。因

此，在推进乡村振兴的过程中，必须高度重视文化振兴工作，将文化建设与经济发展、社会治理等方面紧密结合起来，实现乡村的全面振兴和发展。

第四节　社会治理现状

在山西省乡村发展的广阔画卷中，社会治理作为推动乡村全面振兴的重要一环，扮演着不可或缺的角色。它不仅关乎乡村的和谐稳定，更直接影响到乡村经济的繁荣与农民生活质量的提升。以下将从乡村社会治理的困境、社会组织与乡村治理的互动以及社会治理对乡村振兴的作用三个方面进行深入分析。

一、乡村社会治理的困境

（一）基层治理能力不足

山西省部分乡村地区，尤其是偏远和贫困地区，基层治理力量相对薄弱。村干部年龄偏大、知识结构老化，难以适应新时代乡村治理的需求。同时，乡村治理人才流失严重，新鲜血液补充不足，导致在应对复杂社会问题时显得力不从心。

（二）法治观念淡薄

长期以来，乡村地区受传统习俗影响较深，部分村民法治观念淡薄，遇到问题更倾向于通过家族势力或私了方式解决，而非通过法律途径。这不仅加剧了乡村社会矛盾，也影响了乡村治理的法治化进程。

（三）公共服务供给不足

乡村地区公共服务设施相对落后，教育、医疗、文化等公共服务供给不足，难以满足村民日益增长的需求。这在一定程度上制约了乡村社会治理的效能，也影响了村民对乡村治理的满意度和参与度。

（四）利益协调机制不健全

随着乡村经济的快速发展，各类利益主体之间的矛盾日益凸显。然而，现有的利益协调机制尚不健全，难以有效平衡各方利益，导致一些社会矛盾难以得到有效化解。

（五）信息化建设滞后

在信息化时代，信息化建设对于提高乡村社会治理水平至关重要。然而，山西省部分乡村地区信息化建设滞后，信息化平台不完善，信息流通不畅，影响了社会治理的效率和精准度。

（六）外来人口管理难题

随着城乡一体化进程的加快，越来越多的外来人口涌入乡村地区。如何有效管理外来人口，维护乡村社会稳定，成为乡村社会治理面临的新挑战。由于对外来人口底数不清、情况不明，导致在治安管理、公共服务等方面存在诸多难题。

二、社会组织与乡村治理的互动

（一）社会组织参与治理的积极性提高

近年来，随着政府鼓励和支持社会组织参与乡村治理政策的出台，山西省乡村地区社会组织数量不断增加，参与治理的积极性显著提高。这些社会组织凭借专业优势，在乡村教育、医疗、文化、环保等领域发挥了重要作用。

（二）搭建政社合作平台

政府与社会组织之间建立了良好的合作关系，共同搭建政社合作平台，推动乡村治理创新。通过政府购买服务、项目合作等方式，社会组织得以深度参与乡村治理，有效弥补了政府治理的不足。

（三）提升村民自治能力

社会组织通过培训、指导等方式，帮助村民提升自治能力，增强自我管理和自我服务能力。同时，社会组织还积极参与乡村公共事务，引导村民有序参与乡村治理，促进乡村社会的和谐稳定。

（四）促进资源优化配置

社会组织凭借其在资源整合方面的优势，有效促进了乡村资源的优化配置。通过搭建资源对接平台、引入外部资金和技术支持等方式，社会组织为乡村发展注入了新的活力，推动了乡村经济的繁荣。

（五）推动乡村文化建设

文化振兴是乡村振兴的重要组成部分。社会组织积极参与乡村文化建设，通过举办文化节庆活动、传承非物质文化遗产等方式，丰富了村民的精神文化生活，提升了乡村文化的软实力。

（六）加强外来人口服务管理

针对外来人口管理难题，社会组织通过提供就业培训、法律援助、心理疏导等服务，加强了对外来人口的服务和管理。同时，社会组织还积极参与流动人口信息登记、社会治安巡逻等工作，为维护乡村社会稳定做出了积极贡献。

三、社会治理对乡村振兴的作用

（一）保障乡村和谐稳定

良好的社会治理是乡村和谐稳定的重要保障。通过加强基层治理、推进法治建设、完善公共服务等措施，可以有效化解乡村社会矛盾，维护乡村社会稳定，为乡村振兴创造良好的社会环境。

（二）提升乡村治理效能

社会治理的现代化转型有助于提升乡村治理效能。通过引入现代信息技术、优化治理流程、加强治理队伍建设等措施，可以提高乡村治理的精准度和效率，推动乡村治理向科学化、规范化、智能化方向发展。

（三）促进乡村经济发展

社会治理的改善可以为乡村经济发展提供有力支撑。通过加强市场监管、优化营商环境、推动产业转型升级等措施，可以激发乡村经济发展活力，促进乡村产业繁荣和农民增收。

（四）增强村民获得感和幸福感

社会治理的最终目的是增进人民福祉。通过加强公共服务供给、保障村民权益、提升村民生活质量等措施，可以增强村民的获得感和幸福感，提升村民对乡村治理的满意度和认同感。

（五）推动乡村文化建设

社会治理与乡村文化建设相互促进。通过加强乡村文化建设，可以丰富村民的精神文化生活，提升乡村文化的软实力和影响力；同时，良好的社会治理环境也为乡村文化建设提供了有力的保障和支持。

（六）促进城乡融合发展

社会治理的现代化转型有助于推动城乡融合发展。通过加强城乡基础设施互联互通、促进城乡公共服务普惠共享、推动城乡产业就业工农互促等措施，可以打破城乡二元结构壁垒，促进城乡要素自由流动和公共资源在城乡间均衡配置，推动城乡一体化发展进程。

第四章

产业兴旺：乡村振兴的经济基础

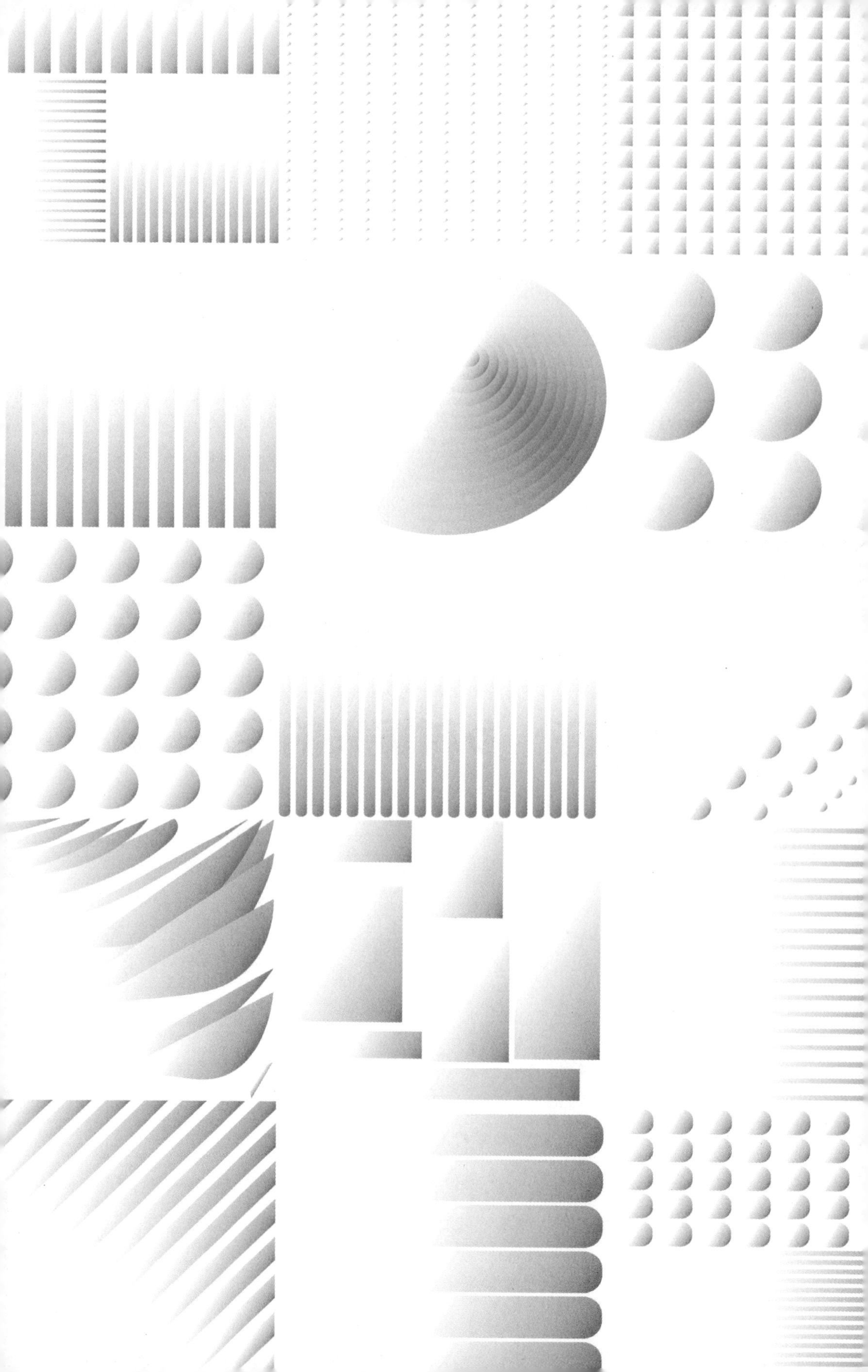

在乡村振兴的宏大实践中，产业兴旺既是构建农村经济体系的稳固基石，更是激活乡村全面发展的核心动能。随着农业现代化进程的加速，产业兴旺的内涵与外延持续拓展，从传统农业的单一增产转向产业结构的系统性优化，推动一二三产业深度融合，构建多元共生、特色鲜明、附加值高的现代农业产业体系。在此进程中，科技创新成为破局的关键：通过引入前沿技术与现代管理理念，农业生产正迈向智能化、精准化的新高度，农产品加工朝品牌化、高端化升级，生态保护与产业发展实现良性互动。产业兴旺的蓬勃浪潮，不仅切实提高了农民收入，更从根本上重塑乡村经济生态，为乡村振兴注入持久活力。我们坚信，随着产业体系的持续完善，乡村振兴的美好图景必将逐步成为现实。

第一节　农业现代化

农业现代化作为当前中国农业发展的核心战略，旨在通过科技赋能、装备升级与理念革新，推动农业生产方式的深度变革，引领农业朝着高效、绿色、可持续的方向迈进。这一进程不仅关乎生产效率的提高，更紧密关联着农村经济结构的重塑与农民生活质量的跃升。

一、农业生产方式的深度变革

农业生产方式的转型是农业现代化的底层支撑，涵盖机械化、智能化、绿色化、精准化等多重维度，共同推动传统农业向现代农业的历史性跨越。

（一）机械化作业的全面推进

机械化作为农业生产方式转变的显著标志，通过拖拉机、收割机、播种机等大型装备的广泛应用，彻底改变了以人力为主的耕作模式。标准化、规模化作业不仅大幅降低了劳动强度，更通过精准把控农时与耕作标准，显著提升了农作物产量与品质。同时，机械化作业优化了土地、水资源的配置效率，从根本上减少了生产要素的浪费，为现代农业奠定了硬件基础。

（二）智能化技术的深度融合

以大数据、互联网、人工智能为代表的智能化技术，正重塑农业生产的决策逻辑。通过部署传感器网络与智能监测系统，农田环境、作物生长状态及病虫害动态得以实时追踪，为生产管理提供精准数据支撑。远程监控与智能决策系统的应用，让农民能够突破时空限制，实现灌溉、施肥等环节的自动化调控。例如，智能灌溉系统可根据土壤墒情与作物需水规律动态调整水量，在节水30%以上的同时，确保作物生长处于最佳水分条件。

（三）绿色种植模式的广泛推广

随着消费者对食品安全与生态保护意识的增强，高投入、高污染的传统种植模式逐步被淘汰。绿色种植以有机肥料、生物防治为核心，通过减少化学投入品使用，守护土壤肥力与作物品质，从源头上保障农产品安全。这种模式不仅契合生态文明建设要求，更通过维护生物多样性、改善农田微生态，为农业可持续发展筑牢生态屏障。

（四）精准农业的创新实践

精准农业借助卫星遥感、无人机测绘与物联网技术，实现对农田的精细化管理。通过构建农田数字孪生模型，实时解析土壤肥力、气象数据与作物长势，指导农户实施精准施肥、变量灌溉等差异化作业。这种"按需供给"的生产模式，在提高资源利用效率的同时，有效降低面源污染，推动农业生产从"经验驱动"向"数据驱动"转型。

（五）农业社会化服务体系的完善

随着农业分工的深化，农民对技术、信息、物流的需求日益多元化。农业社会化服务平台整合多方资源，提供从种植技术指导到市场行情分析、从冷链物流到品牌营销的全链条服务。例如，专业植保团队通过无人机飞防提供病虫害防治方案，电商平台为农户对接全国市场，有效破解小农户面对大市场的信息壁垒与资源短板，增强农业生产的整体效能。

（六）新型职业农民的培育工程

农民作为农业现代化的主体，其能力提升是转型的内生动力。通过开展田间学校、专题培训、示范观摩等多元教育形式，帮助农民掌握智能装备操作、绿色种植技术与市场运营策略。同时，加强职业素养与法治教育，培育有文化、懂技术、善经营的新型职业农民，为产业升级提供人才保障，使农民从传统生产者转变为现代农业的创新参与者。

二、农业产业链的纵向延伸与跨界融合

农业产业链的拓展是农业现代化的重要路径，通过产业协同与业态创新，构建"从田头到餐桌"的价值增值体系，激活乡村经济新增长点。

（一）农产品加工业的提质升级

农产品加工业作为衔接农业生产与消费市场的关键环节，通过精深加工将初级农产品转化为高附加值商品。例如，谷物深加工形成休闲食品、功能性食品，果蔬加工延伸出果汁、果酱、冻干制品，不仅延长产品货架期，更通过细分市场满足多元化消费需求。加工业的发展带动包装、冷链、电商等配套产业集聚，形成"加工—流通—销售"一体化链条，大幅提升农业产业的整体收益。

（二）休闲农业与乡村旅游的兴起

依托乡村自然景观、农耕文化与民俗资源，农业与旅游业深度融合催生新业态。田园综合体、生态农庄、农事体验园等项目吸引城市居民走进乡村，在体验农耕生活、感受乡土文化的同时，拉动餐饮、住宿、文创等消费。这种"农业+旅游"模式不仅盘活乡村闲置资源，更推动农村基础设施与公共服务升级，成为城乡要素流动的重要载体。

（三）农村电商的创新发展

互联网技术的普及重塑农产品流通体系，直播带货、社区团购、预售互联网技术的普及重塑农产品流通体系，直播带货、社区团购、预售定制等新模式打破地域限制，让特色农产品直连全国市场。电商平台不仅解决农产品

滞销难题，更通过数据反哺生产端，引导农户根据市场需求调整种植结构。品牌培育与溯源系统的应用，提升农产品溢价能力，形成"产品上网、品牌下乡"的双向赋能，推动农业经济与数字经济深度融合。

（四）循环农业与生态农业的实践探索

循环农业以"减量化、再利用、资源化"为原则，通过畜禽粪便资源化利用、秸秆生物质发电等技术，构建农业废弃物闭环处理体系，实现"变废为宝"。生态农业则注重系统平衡，通过稻渔共生、林牧结合等模式，减少化肥农药使用，培育绿色有机农产品。两者共同推动农业从"资源消耗型"向"环境友好型"转变，实现经济效益与生态效益的统一。

（五）农业产业联盟的协同发展

产业联盟通过组织龙头企业、合作社、家庭农场等经营主体，实现资源共享与优势互补。联盟成员协同开展品种研发、标准制定、市场开拓，共同应对市场风险与技术瓶颈。例如，区域性农产品联盟通过统一品牌运营，提升区域产品辨识度；产学研联盟推动技术成果快速转化，缩短创新周期。这种组织模式增强了产业链韧性，提升了农业产业的整体竞争力。

（六）农业与文化产业的深度交融

挖掘农耕文化、非遗技艺等乡村文化资源，推动农业与文化创意产业深度融合。传统节庆活动、手工艺品制作、乡土文化研学等项目，赋予农产品文化内涵与情感价值。例如，将茶文化与茶园体验结合，开发茶旅融合产品；依托传统手工艺打造农产品伴手礼，提升产品附加值。这种融合不仅促进文化传承，更通过差异化竞争开拓高端消费市场，为农业发展注入文化软实力。

三、农业科技创新的核心驱动作用

科技创新是农业现代化的引擎，通过技术突破与应用转化，推动生产方式变革与产业形态重构。

(一)基因编辑技术的前沿应用

基因编辑技术通过精准调控生物遗传信息,培育抗逆性强、产量高、品质优的作物与畜禽品种。例如,耐旱抗病的小麦品种、生长周期短的优质肉牛品种,不仅提升农产品供给的稳定性,更减少对化肥和农药的依赖。这项技术为应对气候变化、保障粮食安全提供了战略支撑,引领农业育种进入精准化时代。

(二)精准农业技术的推广普及

卫星遥感与无人机监测构建起农田"天眼"系统,实时获取作物长势、土壤墒情等数据;智能传感器网络形成田间的"神经末梢",动态感知环境变化。这些技术结合大数据分析,为农户提供播种时机、施肥配方等精准建议,实现"按田块施策"的精细化管理,在降低生产成本的同时,大幅提高资源利用效率。

(三)智能化装备的研发突破

人工智能与机器学习赋能农业机械,推动农业装备从机械化向智能化升级。自动驾驶收割机实现作物无损收获,无人机植保完成复杂地形作业,智能温室通过环境自适应系统保障作物周年生产。这些装备不仅解放人力,更通过精准作业提升农产品一致性,为标准化生产与品牌化建设奠定基础。

(四)生物技术的创新发展

微生物肥料、生物农药等生物技术产品逐步替代传统化学投入品,通过改善土壤微生态、增强作物免疫力,实现"以菌治虫、以菌促生"的绿色防控。细胞工程与分子育种技术则加速优良品种选育,培育出适合不同地域的特色作物,推动农业生产向高效、安全、可持续转型。

(五)农业大数据与互联网的深度融合

数据作为新型生产要素,正重塑农业决策模式。通过整合气象、土壤、市场等多源数据,建立产量预测、价格预警模型,指导农户合理安排生产计划。互联网平台则搭建起产销对接桥梁,实现农产品从种植到消费的全流程追溯，让"农田数据"转化为"市场价值"，推动农业产业向数字化、智能化迈进。

（六）农业科技创新体系的完善

健全"产学研用"协同创新机制，依托国家重点实验室、农业科技园区等平台，集中力量攻克种子繁育、智能装备等"卡脖子"技术。加强农业科技人才培养，通过"院士专家工作站""科技特派员"等制度，推动技术成果落地转化。政策层面加大研发投入、完善知识产权保护，营造鼓励创新的良好生态，为农业现代化提供持续动力。

第二节 农村产业融合发展

农村产业融合发展是激活乡村振兴的关键引擎，通过打破产业边界、整合资源要素，推动农业从单一生产向多元价值创造转型。这种深度融合不仅重构农村经济生态，更以全产业链思维提升农业附加值，为农民增收、乡村繁荣开辟新路径。

一、产业融合发展的核心价值

（一）资源配置的系统化优化

突破传统农业单一生产模式，将第二产业的加工制造、第三产业的服务要素融入农业产业链，实现土地、劳动力、技术等资源的跨产业流动与高效配置。例如，农产品加工企业与种植基地的联动，使农业资源从"田间"直接对接"车间"，减少中间损耗，提高全链条效率。

（二）农业附加值的链式提升

通过深加工、品牌运营、供应链管理等手段，推动农产品从初级产品向高附加值商品转化。如将普通稻谷加工成有机米粉、糙米饮品，其附加值可实现数倍提升；地域特色农产品通过地理标志认证，市场溢价率显著提高，有效破解"增产不增收"困境。

（三）农村经济的多元化转型

改变依赖单一农业的经济结构，催生农产品加工、乡村旅游、农村电商等新业态。全国休闲农业接待游客量与营业收入保持高位增长，成为农村经济的新增长极。

（四）就业生态的立体化拓展

融合发展创造从生产到服务，从田间到云端的多元就业岗位。农产品加工厂吸纳农村剩余劳动力，电商直播培养"新农人"，民宿经营带动家庭创业，形成"本地就业+返乡创业"的双轮驱动，有效缓解乡村空心化问题。

（五）乡村社会的整体性进步

产业融合可以带动基础设施的升级（如冷链物流、5G网络）、公共服务的完善（如文旅设施、数字平台），推动乡村从"生存型"向"发展型"转变。多地通过农旅融合，使农村的教育、医疗配套水平与人居环境得到显著改善。

（六）城乡关系的协同性重构

搭建城乡要素双向流动通道：城市资本、技术、人才通过产业项目进入农村，农村生态产品、文化资源反哺城市消费。不少地区吸引了大量企业入驻，实现城乡产值互动率大幅提升，成为缩小城乡差距的实践样本。

二、产业融合发展的多元模式与实施路径

基于资源禀赋与市场需求，农村产业融合形成六大典型模式，各有其发展逻辑与实践路径。

（一）"农业+加工"链式延伸模式

以农产品深加工为核心，构建"原料基地—加工园区—终端市场"产业链。例如，某蔬菜产业集群将大部分蔬菜进行净菜加工、速冻处理、脱水制粉等，产品广泛覆盖全国商超并出口海外，加工环节的增值占比显著。关键在于引入智能化生产线，建设食品研发中心，开发功能性食品、即食产品等细分品类。

（二）"农业+服务"体验经济模式

依托田园景观、农耕文化发展休闲农业，打造"观赏—体验—消费"的闭环。某地区整合稻田艺术、农事体验、乡村民宿，年接待游客量庞大，带动周边农户户均年增收效果显著。创新方向包括开发主题研学、亲子农场、康养农业等沉浸式项目，配套餐饮民宿、文创市集，延长游客停留时间。

（三）"农业+电商"数字赋能模式

借助直播带货、社区团购、预售定制等电商手段，实现"产地直连消费"。某特色水果通过电商平台"农产品上行"计划，线上销售规模可观，带动全县大量农户触网。需强化农产品标准化、品牌IP化，利用大数据分析消费趋势，指导种植结构调整。

（四）"农业+品牌"价值提升模式

以地域特色为核心，通过标准化生产、文化赋能、营销推广等方式打造高端农产品品牌。某地域特色瓜果通过统一种植标准、溯源系统、影视植入，价格较普通产品显著提升，成为电商平台的爆款。关键步骤：挖掘地域文化故事，设计差异化包装，入驻高端商超与电商平台，建立品牌溢价体系。

（五）"农业+科技"智慧融合模式

将物联网、AI、区块链等技术嵌入农业全链条。某"数字农场"通过传感器监测土壤墒情、无人机巡检作物长势、区块链记录生产数据，实现精准种植与产品溯源。科技应用重点：建设农业大数据平台，推广智能装备，发展生物育种。

（六）"农业+合作"组织创新模式

通过合作社、产业联盟等组织形式实现规模化经营。某"小麦产业联盟"联合多家合作社，统一采购农资、共享技术、对接加工企业，使社员的小麦售价高于市场价。组织建设要点：完善利益联结机制，提供技术培训、市场信息服务，探索多元分配模式，提升农户的抗风险能力。

三、产业融合发展的政策支撑体系

（一）财政支持的精准滴灌

设立产业融合专项基金，重点支持冷链物流设施建设、加工园区建设、公共服务平台建设。推广"先建后补""以奖代补"，中央财政安排专项资金用于乡村产业融合项目，向中西部县域重点倾斜。

（二）税收优惠的定向激励

对农产品加工企业实行增值税留抵退税，企业所得税按优惠税率征收；休闲农业企业享受房产税、城镇土地使用税减免；农村电商企业网络销售农产品免征增值税。全国累计为融合企业减免税费规模庞大，政策红利直接转化为企业的研发投入。

（三）土地要素的灵活配置

允许农村集体经营性建设用地入市用于产业融合项目，优先保障冷链物流、加工园区用地指标。推广"点状供地"模式，试点地区土地利用率显著提高，有效破解项目落地难问题。

（四）金融服务的创新突破

开发"融合贷""产业链金融"等产品，鼓励银行提供无抵押信用贷款，政府性融资担保机构将担保费率降至较低水平。中央财政安排专项资金用于农业保险保费补贴，试点"价格指数保险""收入保险"，覆盖更多融合业态。

（五）人才体系的双向培育

实施"乡村振兴人才专项计划"，一方面通过职业院校开设相关专业，定向培养"本土人才"；另一方面出台优惠政策，吸引城市人才返乡，带动大量就业。

（六）市场环境的优化升级

简化融合项目审批流程，建立跨部门联合监管机制，重点打击假冒伪劣、哄抬价格等行为。建设全国性农产品质量安全追溯平台,实现"三品一标"产品可追溯,保障"舌尖上的安全"。

第三节 乡村旅游与休闲农业

乡村旅游与休闲农业作为农村经济发展的新引擎,正逐渐受到社会各界的广泛关注。它们不仅为农村经济注入了新的活力,还带动了农民就业和增收,促进了城乡交流与文化传承。

一、乡村旅游的发展现状与潜力

(一)发展现状

乡村旅游在山西省已有一定的发展基础,尤其是在一些自然风光优美、文化底蕴深厚的农村地区。近年来,随着人们生活水平的提高和旅游消费观念的转变,乡村旅游市场呈现出快速增长的态势。许多地方依托自身的资源优势,开发了一系列具有特色的乡村旅游产品,如农家乐、民宿、乡村体验游等,吸引了大量游客前来观光体验。

(二)发展潜力

乡村旅游市场具有巨大的发展潜力。一方面,随着城市化进程的加快,城市居民对乡村生活的向往和对自然环境的追求日益增强,为乡村旅游提供了广阔的市场需求;另一方面,乡村旅游作为绿色、低碳的旅游方式,符合当前可持续发展的理念,有望得到更多政策支持和市场推广。

一是文化挖掘。乡村旅游不仅仅是简单的观光游玩,更是一种文化体验和传承。许多乡村地区拥有丰富的历史文化和民俗传统,通过乡村旅游的开发,可以将这些文化资源转化为旅游产品,提升乡村旅游的文化内涵和吸引力。

二是产业链延伸。乡村旅游的发展还带动了相关产业链的延伸,如农产品加工、手工艺品制作、特色餐饮等。这些产业链的延伸不仅丰富了乡村旅游的产品体系,还为当地农民提供了更多的就业机会和增收渠道。

三是政策支持。政府对乡村旅游的发展给予了高度重视和支持。政府出台了一系列政策措施，如提供财政补贴、税收优惠、土地支持等，鼓励社会资本投入乡村旅游开发，推动乡村旅游产业的快速发展。

四是国际化发展。乡村旅游还具有国际化的发展潜力。随着国际交流的增多和旅游市场的开放，越来越多的外国游客开始对中国乡村旅游产生兴趣。通过打造具有国际影响力的乡村旅游品牌，可以吸引更多国际游客前来体验，提升乡村旅游的国际知名度。

二、休闲农业的发展模式与趋势

休闲农业以农业生产为基础，融合观光游览、体验互动、科普教育等功能，形成"农业+旅游+服务"的复合业态，其发展模式与演进方向体现出鲜明的时代特征。

（一）多元发展模式

休闲农业依托不同资源禀赋与市场需求，形成多种成熟模式：以家庭为单元提供餐饮、住宿及简单农事体验，展现原生态乡村生活的农家乐模式；规模化整合土地、农业、生态资源，集种植养殖、休闲娱乐、科普教育于一体的休闲农庄模式；聚焦特色农业景观（如果园、花海、茶园等），通过景观设计与季节主题活动吸引游客观光消费的农业观光园模式。这些模式以"农业生产+旅游服务"为核心，为游客提供差异化的田园体验。

（二）前沿发展趋势

随着消费升级与技术进步，休闲农业呈现出多元化发展趋势：注重游客参与感的体验经济模式日益凸显，通过设计采摘、种植、手工制作等互动项目，让游客在农事实践中感受农耕文化，提升消费黏性；科技与农业的深度融合成为创新亮点，物联网技术实现农田环境实时监测，虚拟现实技术还原传统农事场景，区块链技术助力农产品溯源，为农业体验注入科技魅力；绿色生态理念贯穿发展全程，通过推广有机种植、循环农业模式及环保设施建设，实现生产发展与生态保护的良性互动；品牌建设成为提升竞争力的关键，各地依托地域特色打造休闲农业品牌，通过统一标识、标准化服务和主题活动增强市场辨识度；业态多元化趋势显著，休闲农业不再局限于单一农业体验，而是融合文化创意、研学教育、康养度假等元素，开发出满足不同客群需求的立体化产品体系。

三、乡村旅游与休闲农业的协同发展

乡村旅游与休闲农业同源共生，通过资源整合、功能互补与产业联动，形成"以农促旅、以旅兴农"的协同发展格局，具体可从以下维度推进。

（一）资源共享

二者依托乡村自然资源（山水、田园）、文化资源（民俗、非遗）和人力资源，实现开发规划的深度整合。例如，乡村旅游为休闲农业导入客源，休闲农业为乡村旅游提供体验内容，共同利用交通、住宿等基础设施，避免重复建设，提高资源利用效率。

（二）产品互补

乡村旅游侧重观光、休闲、度假功能，休闲农业聚焦农业体验、科普教育功能，二者结合形成完整的产品体系：游客可在休闲农庄参与果蔬采摘、农事劳作等体验活动，到周边乡村景区游览自然景观或历史遗迹；夜间入住乡村民宿，体验民俗表演或乡村夜市，购买农产品深加工产品或手工艺品，实现"白天体验农业、夜晚感受乡村"的全时段消费场景。

（三）市场开拓

通过联合营销与品牌共建扩大市场影响力，针对亲子家庭、银发群体、研学机构等细分客群，开发主题旅游线路（如"农耕文化体验+乡村生态观光"）；利用短视频、社交媒体等线上平台展示乡村美景与特色活动，结合线下节庆活动（如丰收节、农产品博览会）进行话题营销，提高区域品牌知名度。

（四）产业联动

以旅游与农业为核心，带动上下游产业协同发展：前端优化农业种植养殖结构，发展高品质、特色化农产品，为旅游餐饮与商品销售提供优质原料；中端推进农产品深加工（如果蔬罐头、粮油制品）和手工艺品制作，将

初级产品转化为高附加值旅游商品；后端完善冷链物流与电商配送体系，支持游客"线上下单、产地直发"，形成"生产—加工—销售—服务"的完整产业链，培育乡村经济新增长点。

（五）文化传承与创新

二者共同肩负乡村文化保护与活化的使命，通过挖掘传统农耕文化、民俗技艺等资源，在休闲农业中设置文化展示区、非遗工坊，在乡村旅游中设计民俗体验项目（如传统节庆参与、手工艺制作），让文化遗产从静态保护转为活态传承。同时，鼓励村民参与经营，保留乡村生活的本真性，实现文化传承与旅游发展的有机统一。

（六）可持续发展

在开发过程中坚守生态底线，合理控制游客承载量，推广"无痕旅游"理念，采用绿色能源与环保技术降低开发对环境的影响；建立公平的利益分配机制，确保农民在土地流转、就业创业、产业分红中获得切实收益，推动旅游发展与乡村基础设施、公共服务提升同步推进，实现经济效益、生态效益与社会效益的长期协调。

第四节　农村特色产业培育

山西省紧扣"特""优"农业发展主线，立足黄土高原的地理气候特征与农耕文化的深厚积淀，以挖掘县域特色资源、激活产业发展动能为核心，聚焦杂粮、酿品、中药材、干鲜果等优势产业，统筹推进资源调研、主体培育、品牌建设与融合发展，通过政策引导、科技赋能、市场拓展等多维发力，着力构建"一县一业""一村一品"特色产业格局，推动农村特色产业规模化、标准化、品牌化发展，为乡村振兴注入强劲的产业动力。

一、特色产业资源调研与规划

以系统调研为基础，整合自然、文化、市场等要素，为产业发展锚定方向。

（一）自然资源勘察

联合地质、气象等部门，运用卫星遥感与地理信息系统（GIS）技术，对全省各地的土壤类型、气候条件、水资源分布等开展全面勘察。收集长期气象数据、土壤检测报告，建立动态自然资源数据库。结合不同区域的自然特点，分析其对特色种植、养殖产业的适宜性：晋北地区气候冷凉，适宜发展莜麦、胡麻等耐寒作物；晋南地区光热资源丰富，适合种植苹果、梨等水果，为产业选择提供科学依据。

（二）文化资源挖掘

组织多领域专家深入梳理山西悠久历史中与农业相关的传统技艺、传说故事，如平定砂器、闻喜花馍等非遗工艺，提炼可与产业融合的文化元素。同时，挖掘晋商文化中的商业智慧，为特色产业的品牌塑造与市场营销提供思路，赋予产品深厚的文化内涵。

（三）市场需求调研

通过线上问卷、实地走访等方式，调研主要消费市场对特色农产品、手工艺品的需求规模、价格偏好及趋势。与大型批发市场、电商平台合作获取交易数据，结合山西产业优势，确定以小米、陈醋、红枣等农产品和剪纸、皮影等手工艺品为重点发展对象，精准对接市场需求。

（四）产业现状评估

全面统计全省现有特色产业的规模、产量、产值等数据，分析产业链的完整性，识别优势与短板。例如，山西陈醋产业知名度高，但存在品牌杂乱、产品同质化问题；小米产业的种植分散，缺乏标准化生产体系。针对这些问题，明确产业升级的重点方向与实施路径。

（五）政策资源梳理

整理国家及省级层面关于特色农业、农村产业发展的扶持政策，涵盖财政补贴、税收优惠、信贷支持等，建立动态的政策数据库。加强与相关部门的沟通协调，确保政策红利精准匹配产业发展需求，为规划落地提供制度保障。

（六）发展规划制定

基于多维调研结果，制定山西省特色产业中长期发展规划，明确其"全国知名特色农产品与手工艺品生产基地"的产业定位。设定阶段性发展目标，规划重点项目如特色农产品产业园、手工艺品产业集群等，分阶段推进资源优势向产业优势转化，形成科学有序的发展路径。

二、特色产业培育与发展举措

以全产业链思维推进产业升级，强化技术、标准、品牌等核心竞争力。

（一）种苗种畜引进与培育

与科研机构合作，引进适合山西生长的优质种苗、种畜，如沁州黄小米改良品种、吕梁黑山羊改良品种。在全省布局多个种苗种畜繁育中心，开展本地化繁育与质量监管，建立追溯体系，保障产业发展的源头供应。

（二）标准化生产体系建设

制定涵盖生产流程、质量控制、包装标识等环节的特色农产品与手工艺品生产标准。例如，明确山西陈醋的原料配比、酿造工艺及质量指标，规范平遥推光漆器的工艺流程与质量要求，推动产业规范化发展，提升产品市场竞争力。

（三）技术创新与应用推广

鼓励企业、合作社与高校、科研院所建立产学研合作，设立特色产业技术研发专项资金，攻关病虫害防治、工艺创新等关键技术。通过技术培训班、现场观摩会等形式，将研发成果转化为生产实践，提高产业科技含量。

（四）品牌建设与营销推广

策划"晋味天下""三晋匠心"等地域特色品牌，设计融合山西文化元素的标识与形象。借助主流媒体与新媒体平台开展宣传，参与全国性展销会、博览会，拓展品牌传播与产品销售渠道，提升市场辨识度与溢价能力。

（五）推动产业融合发展

推动特色产业与旅游、文化、教育融合，开发以平遥古城、乔家大院等为依托的主题旅游线路，如"陈醋文化体验之旅""面食文化研学之旅"。开展酿造技艺体验、非遗手工课堂等活动，开发面向青少年的研学课程，实现"产品经济"向"体验经济"升级。

（六）产业园区集聚发展

在全省规划建设多个特色产业园区，完善基础设施，出台优惠政策吸引企业、合作社入驻。建立园区服务中心，提供一站式服务，促进技术、人才、资本集聚，形成专业化、规模化的产业发展生态圈。

三、特色产业发展保障机制

构建多维度支撑体系，破解产业发展要素瓶颈，保障规划落地实施。

（一）组织领导机制

成立以省长为组长的特色产业发展领导小组，明确各部门职责分工，建立定期会议制度，统筹协调特色产业发展中的重大问题，形成省市县三级联动推进格局。

（二）人才培养与引进机制

依托高校与推广机构开展农民职业技能培训，制定优惠政策吸引农业科技、营销管理等人才投身产业发展。设立人才奖励基金，激励在技术创新、品牌建设等领域做出突出贡献的人才，强化智力支撑。

（三）多元资金保障

设立省级特色产业发展专项资金，整合财政、金融、社会资本等资源，引导金融机构加大信贷支持，鼓励社会资本参与项目建设，形成多元化投入机制，为产业发展提供充足资金保障。

（四）风险防控机制

建立涵盖市场、自然、技术风险的预警体系，与保险公司合作开发特色保险产品，制定应急预案，提升产业抗风险能力，保障发展稳定性。

（五）监督考核机制

制定包含产业规模、品牌建设、联农带农等指标的考核体系，定期评估各市、县发展成效，将考核结果与财政分配、干部政绩挂钩，压实责任，确保政策措施落地见效。

（六）社会化服务体系

培育发展农业专业服务组织，提供农资供应、农产品营销、金融保险等全链条服务。建立信用评价体系，加强监管，提升服务质量，实现特色产业村服务全覆盖，降低农户生产经营成本。

第 五 章

生态宜居：乡村振兴的绿色发展之路

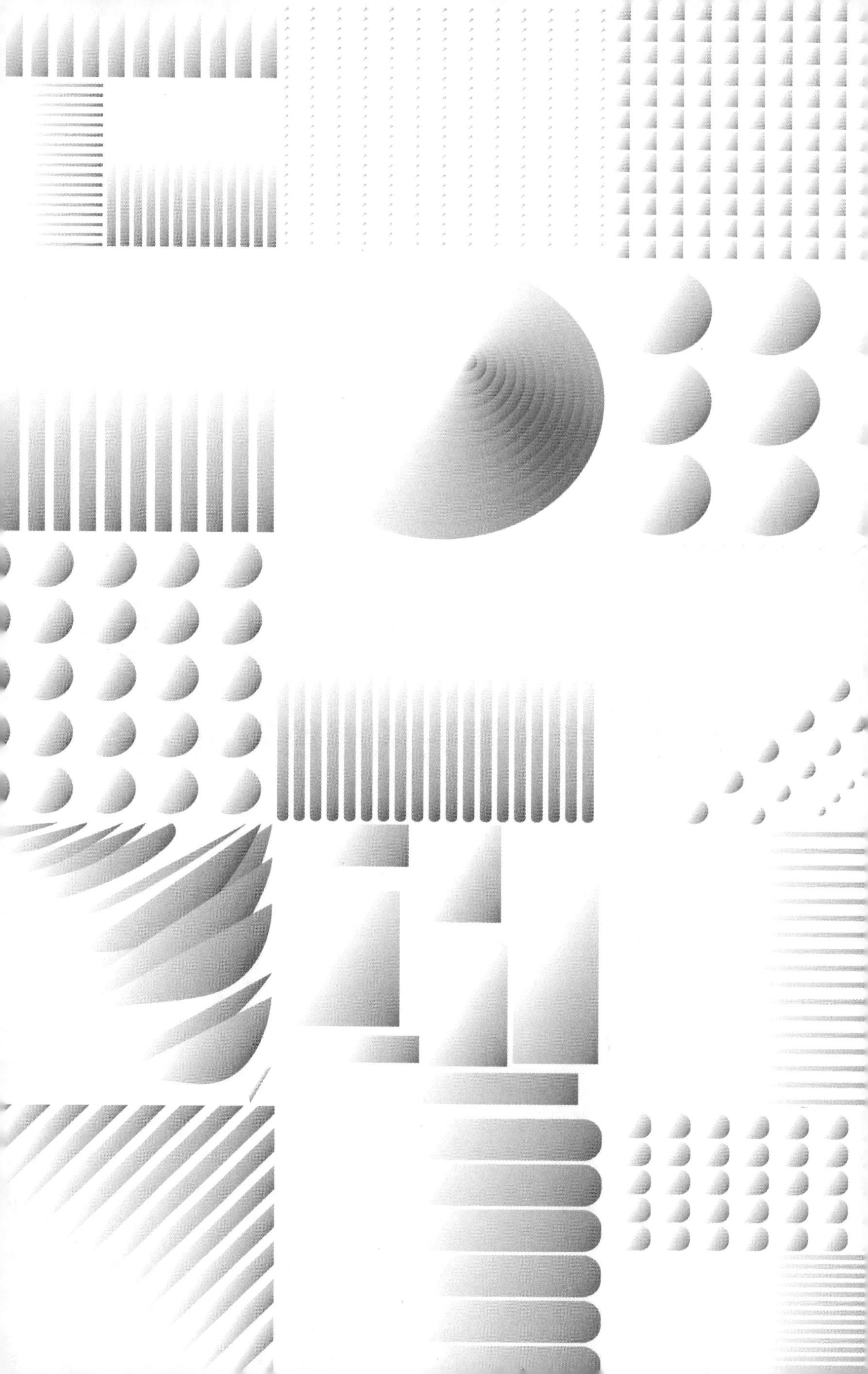

在乡村振兴的宏伟蓝图中，生态宜居既是人民群众对美好生活的热切期盼，也是乡村实现可持续发展的内在需求。它宛如一幅细腻的工笔画卷，将绿水青山与金山银山有机融合，生动地描绘出乡村振兴的绿色发展新图景。生态宜居，核心在于践行人与自然和谐共生的理念。在此理念的引领下，乡村不再单纯是经济发展的承载空间，更是生态保护的重要阵地。我们全力推进乡村自然生态系统的恢复与保护工作，积极开展植树造林、加强水土保持、强化生物多样性保护等行动，让乡村的山峦愈发葱郁，水流愈发清澈，空气愈发清新。与此同时，大力推广绿色生产生活方式，减少化肥农药使用量，积极普及清洁能源和可再生能源，降低碳排放，从而实现乡村经济发展与生态环境保护的良性互动。生态宜居的乡村，堪称人与自然和谐共处的典范。在这里，人们能够尽情享受清新的空气、洁净的水源和优美的环境，深切体会到大自然的慷慨馈赠。良好的生态环境也为乡村带来了众多发展机遇与蓬勃活力。生态旅游、绿色农业、康养产业等新兴产业如雨后春笋般蓬勃兴起，为乡村经济发展注入了全新动力。生态宜居，正引领乡村稳步迈向一条绿色发展、繁荣昌盛的康庄大道，成为乡村振兴的亮丽底色与有力支撑。

第一节　农村生态环境保护

一、生态环境保护的政策与法规

（一）国家层面政策引领

近年来，国家对农村生态环境保护给予了高度重视，出台了一系列政策文件，为农村生态环境的改善提供了坚实的政策保障。2023年2月3日，中央一号文件由新华社授权发布，题为《中共中央　国务院关于学习运用"千村示范、万村整治"工程经验有力有效推进乡村全面振兴的意见》。该文件明确提出，要以确保国家粮食安全、确保不发生规模性返贫为底线，以提升乡村产业发展水平、提升乡村建设水平、提升乡村治理水平为重点，推进乡村全面振兴。这一文件不仅为农村生态环境保护指明了方向，也为其提供了具体的实施路径。

（二）法律法规体系构建

为加强农村生态环境保护，我国已初步建立了较为完善的法律法规体系。国家层面的法律法规包括《中华人民共和国环境保护法》《中华人民共和国水污染防治法》及其实施细则、《中华人民共和国大气污染防治法》等，这些法律为农村环境保护提供了基本框架。此外，针对农村特有的环境问题，还制定了《退耕还林条例》《秸秆禁烧和综合利用管理办法》等专项法规，确保农村生态环境得到有效保护。

（三）部门规章与地方性法规

除了国家层面的法律法规外，各部门还根据职责范围制定了相应的部门规章，如《环境信访办法》《饮用水水源保护区污染防治管理规定》等，这些规章在环境保护的具体实施中发挥了重要作用。同时，各地也结合本地实际情况，制定了地方性法规，如《山西省环境保护条例》等，为本地农村生态环境保护提供了更加具体、有针对性的法律保障。

（四）行政法规的强化作用

行政法规在保护农村环境方面起着至关重要的作用。它们调整和规定的事项广泛而具体，为农村环境保护提供了更为细致的操作指南。例如，《中华人民共和国环境保护标准管理办法》等行政法规，通过制定严格的环境保护标准，规范了农村各类污染物的排放和处理，确保了农村生态环境质量的持续改善。

（五）绿色转型政策推动

为推动经济社会发展全面绿色转型，中共中央、国务院发布了《中共中央 国务院关于加快经济社会发展全面绿色转型的意见》。该意见明确提出，到2030年，节能环保产业规模将达到15万亿元左右，非化石能源消费比重将提高到25%左右。这一政策的出台，为农村生态环境保护提供了新的动力和方向，推动农村能源结构、产业结构和生活方式的绿色转型。

（六）粮食安全保障与耕地保护政策

农村生态环境保护与粮食安全保障和耕地保护密不可分。中央一号文件多次强调，要确保国家粮食安全，严格落实耕地保护制度。为此，国家出台了一系列政策，如实施高标准农田建设、加强耕地质量监测与提升、推进耕地占补平衡等，旨在保护耕地资源，提高粮食生产能力，同时减轻农业生产对生态环境的压力。

二、生态环境保护的技术与措施

（一）技术

一是农业面源污染控制技术。针对农业生产中过度使用化肥、农药导致的面源污染问题，山西省推广了一系列农业面源污染控制技术。这些技术包括测土配方施肥技术、生物防治技术、有机肥料替代技术等。这些技术的应用，有效减少了化肥、农药的使用量，降低了农业生产对环境的污染。同时，通过推广循环农业模式，实现农业废弃物的资源化利用，进一步提高了农业生产的生态效益。

二是农村生活污水处理技术。农村生活污水处理是农村生态环境保护的重要内容之一。政府鼓励采用生态化、低成本的生活污水处理技术，如人工湿地、稳定塘、厌氧消化等。这些技术具有投资少、运行成本低、处理效果好等优点，适用于农村地区的实际情况。通过建设和完善农村污水收集管网，实现生活污水的集中处理和达标排放。

三是农村生活垃圾处理技术。农村生活垃圾处理也是农村生态环境保护的重要方面。政府推广垃圾分类减量、资源化利用和无害化处理技术。通过设立专门的垃圾收集点、配备足够的垃圾桶并定期清运，实现农村生活垃圾的源头减量和分类收集。加强垃圾分类宣传教育，提高农民的环保意识，推动垃圾分类工作的深入开展。对于可回收垃圾和有害垃圾，鼓励进行资源化利用和无害化处理；对于其他垃圾，则通过填埋或焚烧等方式进行最终处置。

四是畜禽养殖废弃物处理技术。畜禽养殖废弃物处理是农村生态环境保护的重点和难点之一。政府鼓励采用沼气池、堆肥场等设施对畜禽粪便进行无害化处理和资源化利用。通过厌氧消化等技术手段，将畜禽粪便转化为沼气和有机肥料等资源性产品，既解决了养殖废弃物污染问题，又实现了资源的循环利用。加强对畜禽养殖场的监管和指导，确保其按照规定处理养殖废弃物，防止环境污染。

（二）措施

一是加强法律法规建设与执行。制定和完善生态环境保护相关法律法规，明确生态环境保护的标准和要求，加大对违法行为的惩处力度，确保法律法规的有效执行。加强环保执法队伍建设，提升执法人员的专业素养和执法能力，确保生态环境保护工作的有力推进。

二是推广绿色生产与消费模式。鼓励企业采用清洁生产技术，减少污染物排放，实现生产过程的绿色化。倡导绿色消费，引导消费者选择环保产品和服务，减少对环境的负面影响。通过政府引导、市场推动和社会参与，形成绿色生产与消费的良性循环。

三是实施生态修复与保护工程。针对已经受损的生态环境，制定并实施生态修复工程，恢复生态系统的功能和稳定性。加强对重点生态区域的保护，建立自然保护区、生态公园等，保护生物多样性，维护生态平衡。

四是推动环境科技创新与应用。加大环境科技研发投入，推动环保技术创新和成果转化。利用现代科技手段，提升环境监测、预警和应急处理能力，为生态环境保护提供有力支撑。同时，积极推广环保新技术、新工艺和新设备，提高生态环境保护的效率和水平。

五是加强国际合作与交流。积极参与全球生态环境保护事务，加强与国际组织、其他国家在生态环境保护领域的合作与交流。共同应对全球性环境问题，分享生态环境保护经验和技术，推动全球生态环境保护事业的发展。借鉴国际先进经验和技术，不断完善我国生态环境保护体系和机制。

三、生态环境保护的长效机制

（一）多元化投入机制

农村生态环境保护需要多元化的投入机制来保障。政府应加大对农村生态环境保护的资金投入力度；鼓励社会资本参与农村生态环境保护项目，通过政府引导、市场运作的方式，吸引社会资本投入农村生态环境保护领域；建立稳定的财政投入增长机制，确保农村生态环境保护工作的持续开展。

（二）法律法规保障机制

法律法规是农村生态环境保护的重要保障。政府应进一步完善农村环境保护的法律法规体系，明确各级政府、企业和个人在农村生态环境保护中的责任和义务。加强执法力度和监管力度，确保各项法律法规得到有效执行。对于违反环保法律法规的行为要依法严厉查处并公开曝光，以起到警示作用。

（三）公众参与机制

公众是农村生态环境保护的重要力量。建立健全公众参与机制，鼓励农民群众积极参与农村生态环境保护工作。通过开展环保宣传教育、组织环保志愿者活动等方式，增强农民的环保意识和责任感。建立健全农民参与环保决策的机制，确保农民在农村生态环境保护中的知情权、参与权和监督权得到充分保障。

（四）网格化管理机制

网格化管理是农村生态环境保护的有效手段之一。建立健全农村生态环境保护网格化管理机制，将农村生态环境保护工作纳入网格化管理范畴。通过划分网格，明确各级网格的责任人和职责要求，实现农村生态环境保护工作的精细化管理。加强网格内环保基础设施建设和运维管理，确保各项环保措施得到有效落实。

（五）考核激励机制

考核激励机制是推动农村生态环境保护工作深入开展的重要手段之一。

政府应建立健全农村生态环境保护考核激励机制,将农村生态环境保护工作纳入地方政府绩效考核体系。通过设定科学合理的考核指标和奖惩措施,激励地方政府积极开展农村生态环境保护工作。加强对考核结果的运用,将考核结果作为地方政府评优评先、干部选拔任用的重要依据。

(六)科技支撑与人才培养机制

科技支撑与人才培养是农村生态环境保护的重要保障。国家应加大对生态环境保护科技研发的投入力度,鼓励科研机构和企业开展关键技术攻关和成果转化应用。加强生态环境保护人才培养工作,建立健全人才培养体系,提升生态环境保护人才的专业素质和创新能力。通过加强科技支撑和人才培养,为农村生态环境保护提供有力的智力保障和技术支撑。

第二节 农村人居环境整治

一、农村人居环境的现状与问题

(一)基础设施薄弱,居住条件亟待改善

当前,山西省农村地区的基础设施建设虽已取得一定进展,但总体水平仍相对较低。许多村庄的道路硬化不足,雨季泥泞难行;供水设施老旧,水质安全难以保障;电力、通信网络覆盖不全,影响了村民的生活质量和信息获取。部分农房年久失修,存在安全隐患,居住条件亟待改善。这些问题直接制约了农村人居环境的整体改善。

(二)环境污染严重,生态环境受损

随着农村经济的发展和农民生活水平的提高,农村环境污染问题日益突出。生活垃圾随意丢弃、焚烧,导致土壤和水源污染;畜禽养殖废弃物未经处理直接排放,对周边环境造成严重影响;农药化肥的过量使用破坏了土壤结构,影响了农作物产量和质量。部分农村地区缺乏有效的污水处理设施,生活污水直排现象普遍,加剧了水环境的恶化。

（三）规划缺失，村容村貌杂乱无序

长期以来，农村规划缺失或执行不力，导致村庄建设缺乏整体性和科学性。房屋布局混乱，私搭乱建现象严重；公共空间被侵占，道路狭窄，停车困难；绿化美化不足，村容村貌杂乱无序。这不仅影响了农村的整体形象，也制约了农村经济社会的发展。

（四）农民环保意识薄弱，参与度低

受教育程度和经济发展水平的限制，部分农民的环保意识相对薄弱，对环境卫生的重视程度不够。他们习惯于将生活垃圾随意丢弃，对污水处理、垃圾分类等环保措施缺乏了解和支持。同时，由于缺乏有效的激励机制和宣传引导，农民参与农村人居环境整治的积极性不高，难以形成全社会共同参与的良好氛围。

（五）资金投入不足，整治工作难以持续

农村人居环境整治需要大量的资金投入，但目前政府财政支持有限，社会资本参与不足，导致整治工作难以持续。部分农村地区因资金短缺，无法建设和完善必要的环保设施，已建成的设施也因缺乏维护资金而无法正常运转。这严重影响了农村人居环境的整治效果和长期保持。

（六）长效机制不健全，管理维护不到位

农村人居环境整治不仅需要短期的集中整治行动，更需要建立长效的管理维护机制。然而，目前许多农村地区缺乏完善的长效机制，导致整治成果难以巩固。部分已建成的环保设施因管理不善而损坏严重；保洁员队伍不稳定，保洁工作难以持续；村民自治组织的作用发挥得不充分，难以形成有效的自我管理机制。

二、人居环境整治的重点与措施

（一）加强基础设施建设，改善居住条件

针对农村基础设施薄弱的现状，应加大投入力度，加快农村道路硬化、供水供电、通信网络等基础设施建设步伐。同时，加强对农房的改造和修缮

工作，消除安全隐患，改善居住条件。通过完善基础设施建设，为农村人居环境整治奠定坚实基础。

（二）治理环境污染，保护生态环境

针对农村环境污染严重的问题，应坚持源头治理、综合施策的原则。加强生活垃圾治理，推行垃圾分类和减量化处理；加强畜禽养殖废弃物资源化利用和无害化处理；减少农药化肥使用量，推广绿色生态农业技术；加快污水处理设施建设，提高生活污水处理率。通过一系列措施的实施，有效治理农村环境污染问题，保护生态环境。

（三）科学规划村庄建设，改善村容村貌

针对农村规划缺失、村容村貌杂乱无序的问题，应科学编制村庄规划并严格执行。规划应充分考虑村庄的自然条件、历史文化传统和村民意愿等因素，合理布局住宅、道路、公共设施等要素。同时加强公共空间整治工作，清理乱搭乱建现象；加强绿化美化工作，提升村容村貌水平。通过科学规划和有效整治，打造美丽宜居的乡村环境。

（四）提高农民环保意识，增强参与度

针对农民环保意识薄弱、参与度低的问题应加强宣传教育和引导工作。通过举办培训班、发放宣传资料等方式，提高农民的环保意识和技能水平；建立健全激励机制，鼓励农民积极参与农村人居环境整治工作；发挥基层党组织和村民自治组织的作用，引导农民自我管理、自我教育、自我服务、自我监督。通过多措并举，提高农民的环保意识和参与度，形成全社会共同参与的良好氛围。

（五）加大资金投入力度，保障整治工作持续开展

针对资金投入不足的问题，应多渠道筹集资金保障整治工作的持续开展。加大政府财政投入力度，将农村人居环境整治纳入公共财政支持范围；鼓励社会资本参与，通过PPP模式（政府和社会资本合作模式）等方式吸引社会资本投入农村环保设施建设；发挥村民主体作用，引导村民自筹资金参与

村庄整治工作。通过多方努力形成多元化投入机制，为农村人居环境整治提供有力保障。

（六）建立健全长效机制，强化管理维护

针对长效机制不健全、管理维护不到位的问题，应建立健全长效管理机制，强化管理维护工作。明确责任主体，落实管理维护责任，确保各项环保设施正常运转；加强日常监督检查，及时发现并解决问题，确保整治成果得到有效巩固；建立健全村民自治组织，发挥村民自治组织作用，引导村民自我管理、自我监督，形成长效管理机制；推广先进经验和技术手段，提高管理维护效率和水平。通过建立健全长效管理机制，确保农村人居环境整治工作取得实效并长期保持下去。

三、人居环境整治的成效与经验

（一）村容村貌显著改善，居住环境更加宜居

经过一系列整治措施的实施我国农村地区的村容村貌发生了显著变化。道路硬化、供水供电、通信网络等基础设施不断完善；生活垃圾得到有效治理，污水处理设施逐步完善；绿化美化工作深入推进，村容村貌焕然一新。这些变化不仅提升了农村的整体形象，也改善了农民的居住环境，使农村变得更加宜居。

（二）生态环境得到有效保护，可持续发展能力增强

通过加强环境污染治理和生态保护工作，我国农村地区的生态环境得到了有效保护。生活垃圾和畜禽养殖废弃物得到资源化利用和无害化处理；农药化肥的使用量减少，绿色生态农业技术得到推广；污水处理设施逐步完善，水环境质量得到改善。这些措施的实施不仅减轻了环境污染压力，也增强了农村地区的可持续发展能力。

（三）农民环保意识提高，参与度显著增强

随着宣传教育和引导工作的深入开展，农民的环保意识不断提高、参与

度显著增强。他们开始关注自己身边的环境问题，积极参与农村人居环境整治工作；同时他们也更加注重自身的环保行为，养成了良好的生活习惯。这种变化不仅有利于农村人居环境整治工作的顺利开展，也有利于推动农村生态文明建设向纵深发展。

（四）长效机制逐步建立，管理维护水平提高

通过建立健全长效管理机制，我国农村地区的管理维护水平不断提高。各项环保设施得到有效维护，运转正常；保洁员队伍稳定，保洁工作持续开展；村民自治组织的作用得到充分发挥，形成了有效的自我管理机制。这些变化不仅巩固了整治成果，也提高了农村地区的整体管理水平，为农村人居环境整治工作提供了有力保障。

（五）典型经验得到推广，示范引领作用明显

在推进农村人居环境整治工作的过程中涌现出了一批典型经验和做法。这些经验和做法具有可复制性和可推广性，对于推动其他地区开展农村人居环境整治工作具有重要的示范引领作用。例如一些地区通过引入市场机制，吸引社会资本参与农村环保设施建设；一些地区通过建立健全村民自治组织，引导村民自我管理、自我监督等。这些典型经验和做法的推广和应用将进一步推动我国农村人居环境整治工作向更高水平发展。

（六）社会各界广泛参与，形成强大合力

农村人居环境整治工作是一项系统工程，需要社会各界的广泛参与和共同努力。在推进整治工作的过程中，政府、企业、社会组织以及广大农民群众都发挥了积极作用，形成了强大合力。政府通过制定政策、投入资金等方式为整治工作提供了有力支持；企业通过技术创新、投资运营等方式为整治工作提供了重要支撑；社会组织通过宣传教育、志愿服务等方式为整治工作提供了有益补充；广大农民群众则通过积极参与整治工作为整治工作注入了强大动力。这种全社会共同参与的良好局面，为推动我国农村人居环境整治工作向纵深发展奠定了坚实基础。

第三节　生态农业与循环经济

一、生态农业的发展模式与路径

生态农业作为一种以生态系统为基础，遵循自然规律调节农业生产的新型农业发展模式，其核心在于生态化、循环利用和资源保护。其发展模式和路径不仅关乎农业生产的可持续性，还深刻影响着农村经济的转型升级和生态环境的保护。

（一）模式

一是有机农业模式。有机农业是生态农业的重要组成部分，它强调土壤、气候、水、种植和畜牧管理等方面的自然循环。通过采用自然肥料、无化学农药和无化学肥料种植作物，有机农业旨在减少化学物质对环境的污染，提升土壤肥力和农产品质量。例如，利用农作物秸秆和畜禽粪便制作有机肥，既减少了化肥的使用，又实现了资源的循环利用。此外，有机农业还强调发挥自然生态系统中有益生物的促进作用，如利用枯草芽孢杆菌、放线菌等控制病虫害，减少对化学农药的依赖。

二是生态农业园区模式。生态农业园区是以农业生产活动为主导，注重生态环境保护、资源节约和社会效益的农业生产基地。园区通过科学规划和管理，实现农业生产与生态环境的和谐共生。推广立体种植和轮作套种技术，提高土地利用率和作物产量；利用太阳能、风能等可再生能源，减少化石能源的使用；建立完善的废弃物处理系统，将农业废弃物转化为有机肥或生物能源，实现资源的高效利用。生态农业园区不仅提高了农业生产效率，还促进了农村经济的多元化发展。

三是农业生态循环系统模式。农业生态循环系统是在生态系统模型的基础上，应用生物工程学和系统科学的原理和方法，建立的一套完整的生态循环系统。该系统将农业生产和生态环境统一起来，通过物质循环和能量流动，实现农业与环境的协调发展。例如，在稻田养鱼模式中，鱼类的活动可以促进稻田土壤的翻松和通气,同时鱼类的排泄物为水稻提供养分;而水稻的生长则为鱼类提供遮荫和食物来源。这种共生关系不仅提高了农产品的产量和质量,还减少了化肥和农药的使用,保护了生态环境。

四是多元化经营模式。生态农业倡导多元化经营,通过种植多种作物和养殖多种畜禽,保护生物多样性,提升盈利能力和风险承受能力。例如,在"稻虾共养"模式中,水稻和龙虾在同一田块内共生,水稻为龙虾提供遮荫和食物来源,龙虾的活动则有助于稻田土壤的翻松和通气。这种多元化经营模式不仅提高了土地利用率和产出效益,还增强了农业生产的抗风险能力。

(二)路径

一是政策引导与技术支持路径。生态农业的发展离不开政策的引导和技术的支持。政府应制定明确的政策导向,鼓励农民采用生态农业模式进行生产。提供技术指导和培训服务,帮助农民掌握生态农业的关键技术和管理方法。政府还应加大对生态农业技术的研发投入,推动技术创新和成果转化,为生态农业的持续发展提供有力支撑。

二是市场驱动与品牌建设路径。市场是生态农业发展的重要推动力。政府应构建生态农产品的营销网络,通过品牌建设、标准系统和行业规范,提升生态农产品的市场竞争力。鼓励和支持农民参与市场经营,参与农产品的加工和销售,扩大农民的收入来源。通过市场驱动和品牌建设,生态农业不仅能够实现经济效益的提升,还能够促进农业生产的可持续发展。

二、循环经济的发展理念与实践

循环经济作为一种以资源节约和循环利用为特征、与环境和谐的经济发展模式,其核心在于实现经济、社会和环境的可持续发展。

(一)发展理念

循环经济的发展理念强调资源的高效利用和循环利用,以"减量化、再利用、资源化"为原则,通过物质闭路循环和能量梯次使用,实现经济的可持续发展。循环经济注重环境保护和生态平衡,倡导在生产、消费和废弃等各个环节中实现资源的最大化利用和废弃物的最小化排放。循环经济还强调经济效益、社会效益和环境效益的协调统一，通过优化资源配置和产业结构调整，推动经济社会的全面进步。

（二）实践案例

在全球范围内，循环经济已经得到了广泛的实践。例如，德国的循环经济模式通过立法和政策引导，实现了资源的高效利用和废弃物的减量化。在国内，江苏省循环经济产业园构建了完整的循环经济产业链，降低了资源消耗，提高了经济效益。此外，钢铁、化工、电力等行业间的循环经济协同也取得了显著成效，实现了废弃物的资源化利用和产业的绿色转型。

一是减量化原则的实践。减量化原则是循环经济的基本原则之一。在生产和服务过程中，尽可能地减少资源消耗和废弃物的排放，最大限度地提高资源的利用率。例如，在农业生产中，通过推广节水灌溉、精准施肥等技术措施，减少水肥资源的浪费；在工业生产中，通过改进生产工艺和设备，降低原材料消耗和废弃物排放。同时，加强废弃物的分类回收和再利用，也是减量化原则的重要实践。

二是再利用原则的实践。再利用原则强调产品多次使用或修复、翻新、再制造使用，以延长产品使用周期。例如，在汽车行业中，通过推广二手车交易和汽车拆解回收再利用技术，实现了汽车产品的多次使用和资源的高效利用。在建筑行业中，通过推广旧建筑材料的回收再利用技术，减少了建筑废弃物的产生和资源的浪费。此外，在电子产品、包装材料等领域也广泛开展了再利用实践。

三是资源化原则的实践。资源化原则要求将生产和消费中的废弃物转化为资源。例如，在农业生产中，将农作物秸秆和畜禽粪便转化为有机肥或生物能源；在工业生产中，将工业废弃物转化为建筑材料或化工原料。通过资源化利用废弃物，不仅减少了环境污染和生态破坏，还实现了资源的再生利用和经济效益的提升。

三、生态农业与循环经济的融合发展

生态农业与循环经济的融合发展是实现农业可持续发展的重要途径。通

过将循环经济的理念和方法应用于农业生产中,可以推动生态农业向更高层次发展;生态农业的实践也为循环经济的发展提供了有力支撑。

(一)理念融合

生态农业与循环经济的融合发展首先体现在理念的融合上。生态农业强调生态系统的平衡和协调以及资源的循环利用,而循环经济则强调资源的高效利用和废弃物的最小化排放。两者在理念上具有高度的契合性。通过将循环经济的理念融入生态农业中,可以推动农业生产向更加生态化、高效化和可持续化的方向发展。

(二)技术融合

生态农业与循环经济的融合发展还体现在技术的融合上。生态农业通过采用先进的生态工程技术和管理方法,实现了农业生产与生态环境的和谐共生;而循环经济则通过推广资源节约和循环利用技术,实现了资源的高效利用和废弃物的资源化利用。两者在技术上的融合可以推动农业生产方式的转型升级和技术创新。例如,在生态农业中推广有机肥料制作技术、病虫害生物防治技术等;在循环经济中推广废弃物分类回收技术、资源再生利用技术等。这些技术的融合应用将有助于提高农业生产效率和资源利用效率,降低环境污染和生态破坏的风险。

(三)模式融合

生态农业通过推广多元化经营模式、生态农业园区模式等实现了农业生产方式的创新,而循环经济则通过构建循环经济产业链、推动产业协同等方式实现经济结构的优化升级。两者在模式上的融合可以推动农业产业结构的调整和优化升级。例如,在生态农业园区中引入循环经济的理念和方法,构建农业生态循环系统;在农业产业链中推广废弃物的资源化利用技术,实现产业链的延伸和拓展。这些模式的融合应用将有助于推动农业产业的绿色转型和可持续发展。

（四）政策融合

生态农业与循环经济的融合发展还需要政策的融合支持。政府应制定相关政策和措施，鼓励和支持生态农业与循环经济的融合发展。例如，通过财政补贴、税收优惠等方式，降低农民采用生态农业模式的成本；通过立法保障、加强监管等方式，推动循环经济的深入发展。加强跨部门协作和资源整合力度，形成推动生态农业与循环经济融合发展的合力。

（五）市场融合

生态农业与循环经济的融合发展还需要市场的推动。通过构建生态农产品的营销网络和市场体系，提升生态农产品的市场竞争力；加强品牌建设和宣传推广力度，提高消费者对生态农产品的认知度和接受度。以发展生态农业旅游、生态农业体验等方式，拓展农业的多功能性和附加值空间。这些市场的融合应用将有助于推动生态农业与循环经济的深度融合和可持续发展。

（六）社会参与与公众意识提升

生态农业与循环经济的融合发展还需要社会的广泛参与和公众意识的提升。通过加强宣传教育、普及循环经济知识和生态农业理念等方式，提高公众的环保意识和可持续发展观念；鼓励社会各界积极参与生态农业与循环经济的实践和推广活动。例如开展生态农业示范项目、循环经济科普活动等方式吸引更多人的关注和参与；同时加强与国际组织和机构的交流合作，借鉴国际先进经验和技术成果以推动生态农业与循环经济的融合发展。通过这些措施，将有助于形成全社会共同关注、共同支持的良好氛围，推动生态农业与循环经济的持续健康发展。

第四节　农村特色产业培育

农村特色产业是激活乡村振兴的重要引擎，是推动农业增效、农民增收、农村增色的关键抓手。山西地处黄河流域中部，自然禀赋多元、文化底蕴深厚，莜麦、胡麻等耐寒作物，苹果、梨等特色水果以及陈醋、剪纸等传统技艺享誉全国，具备培育特色产业的独特优势。面对新时代"三农"发展要求，山西省以资源整合为基础、以市场需求为导向、以融合创新为路径，通过全面的调研规划、精准的培育举措和完善的保障机制，着力破解产业同质化、品牌竞争力弱、产业链条短等瓶颈，推动农村特色产业从"散弱小"向"集聚强"转型，为实现农业强、农村美、农民富注入强劲动力。

一、特色产业资源调研与规划

（一）自然资源勘察

联合山西省地质、气象等部门，利用卫星遥感、地理信息系统（GIS）等技术，对全省11个地级市的土壤类型、气候条件、水资源分布开展全面勘察。收集近20年的气象数据、土壤检测报告，建立自然资源数据库。结合晋北、晋南、晋中不同区域的自然特点，分析其对特色种植、养殖产业的适宜性，为产业选择提供科学依据。例如，晋北地区气候冷凉，适宜发展莜麦、胡麻等耐寒作物；晋南地区光热资源丰富，适合种植苹果、梨等水果。

（二）文化资源挖掘

组织文化、农业等领域的专家，深入挖掘山西悠久的历史文化、民俗文化。梳理与农业相关的传统技艺、传说故事，如闻喜花馍制作技艺等，探寻可与产业融合的文化元素。同时，挖掘晋商文化中蕴含的商业智慧，为特色产业的市场营销提供思路。

（三）市场需求调研

通过线上问卷、实地走访等方式，调研京津冀、长三角、珠三角等主要市场对特色农产品、手工艺品的需求规模、价格偏好及趋势。与大型农产品批发市场、电商平台合作，获取市场交易数据，分析市场需求变化。结合山西特色产业优势，确定以小米、陈醋、红枣等农产品和剪纸、皮影等手工艺品为重点发展对象。

（四）产业现状评估

对全省现有特色产业进行全面统计，掌握产业规模、产量、产值等数据。分析产业链的完整性，找出产业发展的优势与短板。例如，山西陈醋产业知名度高，但存在品牌杂乱、产品同质化等问题；小米产业种植分散，缺乏标准化生产体系。针对这些问题，确定产业升级方向。

（五）政策资源梳理

整理国家、山西省出台的关于特色农业、农村产业发展的扶持政策，包括财政补贴、税收优惠、信贷支持等。建立政策数据库，为产业规划提供政策参考。同时，加强与相关部门的沟通协调，争取更多的政策支持。

（六）发展规划制定

基于上述调研结果，制定山西省特色产业的中长期发展规划。明确产业定位，将山西打造成为全国知名的特色农产品和手工艺品生产基地。确定重点项目，如建设多个特色农产品产业园和手工艺品产业集群。制定详细的实施步骤，分阶段推进特色产业发展。

二、特色产业培育与发展举措

（一）种苗种畜引进与培育

与中国农业科学院、山西农业大学等科研机构合作，引进适合在山西生长的优质种苗、种畜，如沁州黄小米新品种、吕梁黑山羊优良品种。在全省建立10个种苗种畜繁育中心，开展本地化繁育工作，保障产业发展的源头供应。同时，加强对种苗、种畜质量的监管，建立质量追溯体系。

（二）标准化生产体系建设

制定特色农产品、手工艺品的生产标准，涵盖生产流程、质量控制、包装标识等环节。例如，制定山西陈醋的生产标准，明确原料配比、酿造工艺、质量指标等；制定平遥推光漆器的制作标准，规范工艺流程、质量要求。推动产业规范化发展，提高产品质量和市场竞争力。

（三）技术创新与应用推广

鼓励企业、合作社与高校、科研院所建立产学研合作关系，开展特色产业关键技术研发。设立特色产业技术研发专项资金，支持研发特色农产品的病虫害防治技术、手工艺品的创新制作工艺。通过举办技术培训班、现场观摩会等方式，将研发成果推广应用到生产实践中。

（四）品牌建设与营销推广

策划具有山西地域特色的品牌名称、标识，如"晋味天下"农产品品牌、"三晋匠心"手工艺品品牌。开展品牌宣传活动，利用央视、山西卫视等主流媒体以及抖音、快手等新媒体平台，宣传山西特色产业。参加全国性的农产品展销会、手工艺品博览会，拓展品牌传播和产品销售渠道。

（五）产业融合发展推进

推动特色产业与旅游、文化、教育等产业融合。开发以平遥古城、乔家大院等旅游景点为依托的特色产业主题旅游线路，如"陈醋文化体验之旅""面食文化研学之旅"。开展特色产业文化体验活动，让游客亲身体验陈醋酿造、面食制作等传统技艺。开发特色产业研学课程，培养青少年对山西特色产业的兴趣。

（六）产业园区建设

在全省规划建设多个特色产业园区，完善园区内的水、电、路、气等基础设施。出台优惠政策，吸引相关企业、合作社入驻园区。建立园区服务中心，为入驻企业提供政策咨询、技术服务、市场信息等一站式服务，实现产业集聚发展。

三、特色产业发展保障机制

（一）建立组织领导机制

成立山西省特色产业发展领导小组，由省长任组长，分管副省长任副组长，农业、文化、财政等相关部门负责人为成员。明确各部门职责分工，加强对产业发展的统筹协调和指导。建立定期会议制度，研究解决产业发展中的重大问题。

（二）人才培养与引进

开展农民职业技能培训，依托山西农业大学、各地市农业技术推广中心等机构，每年培训10万名新型农民。制定优惠政策，吸引农业科技人才、营销人才、管理人才投身特色产业发展。设立人才奖励基金，对在特色产业发展中作出突出贡献的人才给予奖励。

（三）资金投入保障

设立山西省特色产业发展专项资金，每年安排10亿元财政资金支持特色产业发展。整合财政、金融、社会资本等资源，引导金融机构加大对特色产业的信贷支持，鼓励社会资本参与特色产业项目建设。

（四）风险防控机制构建

建立特色产业风险预警体系，对市场风险、自然风险、技术风险进行监测和评估。与保险公司合作，开发特色农产品、手工艺品保险产品，降低产业发展风险。制定相应的应急预案，提升应对风险的能力。

（五）监督考核机制完善

制定山西省特色产业发展考核指标体系，将产业规模、产值增长、品牌建设等指标纳入考核范围。定期对各市、县特色产业发展情况进行考核评估，将考核结果与财政资金分配、干部政绩考核挂钩，确保各项政策措施落实到位。

（六）社会化服务体系健全

培育发展农业专业服务组织，为特色产业提供农资供应、农机作业、农产品营销、金融保险等全方位服务。建立服务组织信用评价体系，加强对服务组织的监管，提高服务质量。

第五节　农业创新要素集聚与活力激发

创新是引领农业发展的第一动力，集聚创新要素是破解农业发展深层次矛盾、推动农业高质量发展的必然选择。山西作为农业特色鲜明的资源型省份，在有机旱作农业、杂粮产业、农产品加工等领域具备独特优势，但也面临着科技转化效率低、金融服务供给不足、政策精准度有待提升等挑战。立足新发展阶段，山西省聚焦科技创新、金融服务、政策支持等核心领域，通过深化科研平台建设、创新农业金融产品、优化产业政策供给，构建"科技赋能、金融活血、政策护航"的创新生态，推动人才、技术、资金等要素向农业领域集聚，激发农业发展内生动力，为打造全国现代农业创新高地、推动乡村全面振兴提供强大支撑。

一、农业科技创新支撑强化

（一）科研平台建设深化

在山西农业大学、省农科院等单位新建一批省级重点农业实验室，聚焦有机旱作农业、杂粮育种、干鲜果提质增效等优势领域开展核心技术攻关。推动汾酒集团、水塔醋业等行业龙头与高校共建产业技术创新联盟，在清徐、太谷等地建设成果转化中试基地，配套设备补贴、场地租赁优惠等政策，加速醋产业发酵技术、红枣深加工技术等科研成果转化落地。

（二）科技项目精准布局

设立省级农业科技专项基金，重点支持旱作节水灌溉设备研发、功能食品开发、智能农机适配改造等关键领域项目。实行"揭榜挂帅"机制，鼓励企业与科研机构联合申报，对验收通过的项目按照研发费用的一定比例给予补助，推动解决农业产业发展中的技术瓶颈问题。

（三）农业科技人才引进

出台专项政策，对引进的种业、农产品加工等领域高端人才给予安家补贴、科研启动资金等支持，在太谷农高区试点"人才编制池"制度。定期举办"晋才兴农"专场招聘会，加强与国内知名高校和科研院所对接，引进一批农业科技领军人才和创新团队，为农业科技创新提供智力支撑。

（四）农民科技培训优化

依托山西省农业广播电视学校，开发线上线下结合的"晋农云课堂"

培训平台，设置设施蔬菜管理、肉牛标准化养殖等实操课程，配套全省各地实训基地。围绕"一县一业"的发展需求，开展新型经营主体带头人的精准培训，对参训人员给予培训补贴，组织专业考核，对考核合格者颁发技能证书，提升农民科技应用能力。

（五）科技成果示范推广

在大同黄花产区、运城苹果产区等特色农业优势区域建设一批农业科技示范基地，每个基地配备科技特派员驻点指导，定期举办现场观摩会、技术交流会等活动。推行"企业+基地+农户"的推广模式，对示范基地引进的新品种、新技术给予适当补贴，显著提高全省主要农作物良种覆盖率和先进技术应用率。

（六）农业科技服务创新

组建由高校教师、推广研究员组成的科技特派员队伍，实行"双向选择、精准对接"的服务机制，强化考核激励，确保服务实效。搭建"晋农通"APP综合服务平台，整合病虫害识别、施肥建议等数字化服务功能，实现全省行政村科技服务线上全覆盖，提供24小时即时响应的远程技术支持。

二、农业金融服务创新升级

（一）农业信贷产品创新

推动省农信社、晋商银行等金融机构开发"晋味贷"系列特色信贷产品，针对种植户、加工企业等不同主体的需求设计差异化产品，降低贷款门槛，简化审批流程，对省级以上示范社、龙头企业实行快速放款，扩大涉农贷款投放规模，缓解农业经营主体融资难题。

（二）农业保险体系完善

扩大政策性农业保险覆盖范围，将平遥牛肉、沁州黄小米等地理标志产品纳入保险目录，提高保费补贴比例。在苹果主产区、玉米主产区试点价格指数保险、干旱指数保险等新型险种，探索保险企业与电商平台合作开发农产品滞销保险产品，提升农业生产经营风险保障能力。

（三）农业融资担保机制健全

注资成立山西省农业融资担保集团，在市、县设立分支机构，重点服务新型农业经营主体。建立风险补偿机制，由省财政、合作银行和担保公司共同分担担保风险，引导担保机构加大对农业领域的支持力度，扩大农业融资担保业务规模。

（四）农村金融基础设施建设

在全省较大的行政村设立金融服务代办点，配备必要的设备，实现基础金融服务全覆盖。推广移动支付、网上银行等新型支付方式，对农村商户给予手续费减免等优惠，改善农村支付环境，提升金融服务的便捷性。

（五）金融知识普及宣传

开展"金融知识进万村"活动，通过专题讲座、手册发放、线上专栏等形式，向农民普及信贷申请、保险理赔、防金融诈骗等知识，增强农民的金融素养和风险意识，促进金融工具在农业生产中的合理应用。

（六）农业金融监管强化

建立农业信贷风险监测平台，实时跟踪贷款用途和还款情况，对不良贷款率较高的机构启动预警机制。开展"诚信农场""信用合作社"评定，对信用等级较高的经营主体给予贷款利率和担保费优惠，完善农业信用体系，营造良好的农村金融生态。

三、农业产业政策支持优化

（一）产业扶持政策整合

统筹省级农业相关资金，设立"特色农业发展基金"，重点支持农产品加工技改、冷链物流建设、区域公用品牌打造等关键环节，集中资源培育优势产业，提高政策资金使用效率。

（二）财政补贴政策优化

调整财政补贴方向，加大对农产品加工生产线建设、绿色有机认证、电商平台入驻等环节的补贴力度，取消低效补贴，将粮食直补等政策向适度规模经营主体倾斜，引导农业生产向集约化、规模化发展。

（三）税收优惠政策落实

全面落实国家涉农税收优惠政策，对农产品初加工企业、小微企业给予所得税减免和增值税优惠，在太谷农高区等重点区域试点高新技术企业税收优惠政策，组建专门服务团队上门辅导企业申报，确保政策应享尽享。

（四）土地政策创新

完善农村土地流转平台建设，实现线上交易全覆盖，对流转面积达到一定规模的主体给予奖励。开展农村集体经营性建设用地入市试点，允许土地用于农产品加工、仓储物流等设施建设，保障产业发展的用地需求，推动土地资源高效配置。

（五）政策执行监督评估

制定农业政策实施效果评估办法，从产业发展、农民增收、就业带动等多个维度建立指标体系，委托第三方机构开展年度评估，根据评估结果动态调整政策，对成效显著的地区给予项目资金倾斜，对落实不力的地区进行督促整改。

（六）政策沟通反馈机制建立

在省政府门户网站开设"农业政策直通车"专栏，搭建政企沟通平台，定期召开"政企银保"座谈会，广泛听取龙头企业、合作社等经营主体的意见建议，及时解决政策落地中的问题，确保政策制定贴合实际需求，提升政策实施的精准度。

第六章

乡村文明：乡村振兴的文化铸魂之路

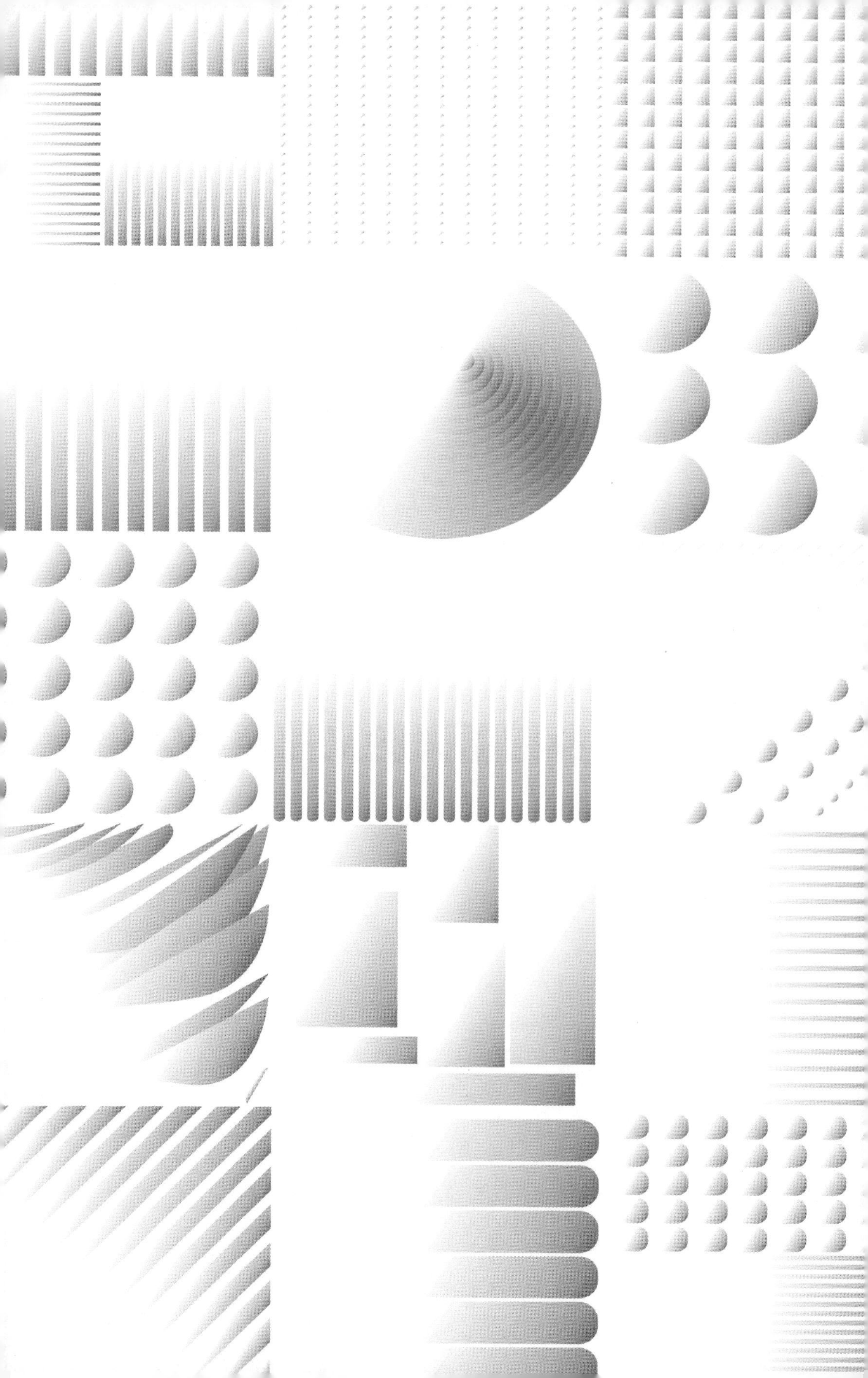

在乡村振兴的壮丽征途中,乡村不再仅仅是农业生产的场所,更是展现地方特色文化的舞台,是推动乡村振兴不可或缺的文化底蕴和精神支撑。乡风文明,作为乡村社会风貌、价值观念、道德规范的集中体现,其建设与发展直接关系到乡村的全面振兴与可持续发展。随着时代的步伐,乡风文明的建设旨在挖掘和传承乡村优秀传统文化,弘扬社会主义核心价值观,让乡村社会在快速发展的洪流中保持一份宁静与和谐。通过举办丰富多彩的文化活动,如乡村文化节、民俗节庆、农耕体验等,不仅丰富了村民的精神文化生活,也吸引了外界的目光,促进了乡村文化的交流与传播。在乡风文明的引领下,乡村面貌焕然一新,村民们的生活品质得到了显著提升。他们更加珍视自己的文化根脉,积极参与乡村治理,共同维护和谐美好的家园。乡风文明,正以其深厚的文化底蕴和强大的凝聚力,为乡村振兴注入不竭的动力,让乡村的明天更加灿烂辉煌。

第一节　乡村文化传承与创新

一、乡村传统文化的挖掘与传承

(一)认识乡村传统文化的价值

乡村传统文化是中华民族数千年历史沉淀与智慧凝聚的结晶,它不仅仅承载着丰富的历史记忆,更是乡村社会的精神支柱和文化根基。这些文化元素,如乡土建筑、农耕技术、手工艺、节庆习俗、饮食传统等,共同构成了乡村独特的地域特色和民族风情。乡村传统文化的传承,不仅是对历史的尊重,更是对乡村未来发展的投资。它不仅能够增强乡村居民的文化自信和归属感,还能为乡村经济的持续进步与高质量发展注入新的活力。

(二)深入调研与普查

挖掘乡村传统文化,首先需要进行全面深入的调研与普查。这包括对乡村地区古建筑、古村落、祠堂、庙宇等物质文化遗产的实地考察,记录其建筑风格、历史变迁和现状;同时,还需搜集整理当地的民俗活动、民间故事、传统技艺等非物质文化遗产，通过访谈当地长者、搜集口述历史等方式，获取第一手的文化资料。通过系统地整理和分析这些资料，可以清晰地勾勒出乡村传统文化的全貌，为后续的传承工作奠定坚实基础。

（三）加强教育与培训

教育是传承乡村传统文化的重要途径。在乡村地区，可以通过举办传统文化讲座、展览、演出等形式，提高村民对传统文化的认识和兴趣。同时，支持乡村民间艺人、非物质文化遗产传承人等开展技艺传承活动，通过师徒传授、工作坊等形式，培养新一代传统文化传承人。此外，还可以将传统文化教育融入乡村学校的课程体系中，通过开设传统文化课程、组织文化考察等活动，让年轻一代从小接触和学习传统文化，培养他们的文化自信和认同感。

（四）保护与修缮文化遗产

乡村传统文化的保护与修缮是传承工作的重要环节。对于古建筑、古村落等物质文化遗产，应加强日常维护和管理，及时修缮破损部分，防止自然和人为破坏。同时，可以依托这些文化遗产，发展乡村旅游和文化产业，实现文化遗产的活化利用。对于非物质文化遗产，如传统手工艺、民间歌舞、戏曲等，应通过建立传承人制度、提供资金支持等方式，鼓励传承人继续传承和发展这些技艺，让传统文化在现代社会中焕发新的生机。

（五）建立健全文化传承机制

为了确保乡村传统文化的有效传承，需要建立健全的文化传承机制。这包括制定和完善相关法律法规，为乡村传统文化的保护提供法律保障；建立政府主导、社会参与的文化传承体系，鼓励和支持社会力量参与乡村传统文化的传承工作；加强跨学科研究和合作，推动历史学、人类学、民俗学等多学科专家共同参与乡村传统文化的挖掘与传承；利用数字化、互联网等现代技术手段，建立非物质文化遗产数据库和信息共享平台，便于资料的收集、整理、展示及传播。

二、乡村文化创新的途径与方法

（一）融合现代元素

乡村文化的创新，首先要注重与现代元素的融合。通过将传统乡村文化与现代艺术设计、科技手段相结合，可以创造出既具有传统文化底蕴又符合现代审美的新作品。邀请现代艺术家到乡村进行创作，与当地居民共同探索传统文化的新表现形式；利用虚拟现实技术打造传统文化体验场景，让游客身临其境地感受传统文化的魅力；结合乡村旅游发展，开发具有乡村特色的文化产品和服务，如手工艺品、文化创意产品等。

（二）推动产业升级

乡村文化的创新，还需要与乡村产业升级相结合。通过发展文化旅游、文化创意产业等方式，将文化资源转化为经济价值，带动乡村产业的升级和多元化发展。依托乡村独特的自然景观和人文资源，开发乡村旅游项目，吸引游客前来观光游览、体验乡村生活；结合传统手工艺和现代设计理念，打造具有地方特色的文化创意产品，以满足游客的购物需求；还可以通过举办文化节庆活动、文化演艺活动等方式，丰富乡村文化生活，提升乡村的整体文化品位。

（三）激发社会参与热情

乡村文化的创新，需要广泛激发社会各界的参与热情。政府应出台相关政策措施，鼓励和支持社会力量参与乡村文化的传承与创新工作。通过设立专项基金、提供税收减免等优惠政策，吸引社会资本投入乡村文化产业发展；加强与文化企业、文化机构的合作与交流，共同推动乡村文化的创新发展；还可以通过宣传教育等方式，提高公众对乡村文化的认知度和关注度，激发更多人参与到乡村文化的传承与创新中来。

（四）培养创新人才

乡村文化的创新离不开创新人才的培养。乡村地区应加大人才引进和培养力度，吸引高层次文化人才扎根农村、服务农村。通过举办培训班、邀请专家学者进行讲座等方式，提升乡村文化工作者的专业素养和创新能力；依托高校、研究机构等资源，建立乡村文化创新人才培养基地，为乡村文化的发展提供源源不断的人才支持。

（五）加强国际交流

乡村文化的创新，需要加强国际交流与合作。通过参与国际文化交流活动、举办文化展览等方式，展示乡村文化的独特魅力和价值，吸引国际社会的关注和认可。借鉴国际先进的文化产业发展经验和管理模式，推动乡村文化产业的国际化发展。通过加强国际交流与合作，不仅可以提升乡村文化的知名度和影响力，还可以为乡村文化的创新发展注入新的动力和活力。

三、乡村文化传承与创新的实践案例

（一）浙江安吉余村的绿色发展之路

余村秉持人与自然和谐共生的传统理念，在长期的生产生活中形成了独特的生态文化，村民对自然环境有着深厚的情感和敬畏之心，这种文化底蕴为后续践行"两山"理念奠定了基础。

20世纪80年代，余村凭借丰富优质的矿产资源成为"首富村"，但也付出了生态环境恶化的代价。随后，余村积极响应"两山"理念，实施绿色发展战略，关停矿山和水泥厂。大力发展生态旅游产业，打造绿水青山观光带，开发户外运动项目；同时，挖掘乡村文化内涵，发展文化产业。开创"三绿机制"：绿色公约以村规民约的形式规范村民环保行为；绿色货币体系通过积分兑换物品等方式，激励村民践行绿色生活方式，并引导游客参与村庄卫生清理；绿色调解则组建专业调解团队，化解村民之间、村民与游客之间的矛盾纠纷，维护乡村和谐稳定。

经过转型发展，余村的生态环境得到极大改善，森林覆盖率显著提升。旅游经济蓬勃发展，近五年旅游收入年增长率达20%，游客接待量与村民人均年收入也大幅提高。乡村传统文化在新的发展模式下得以传承和弘扬，成为乡村振兴的典范。

（二）丽水松阳陈家铺村的文创基地建设

陈家铺村历史悠久，拥有独特的古村落建筑文化和农耕文化，当地传统建筑风格极具特色，且保留了丰富的农事习俗和传统手工艺，具有深厚的文化挖掘价值。

依托先锋平民书局这一文化地标，深入挖掘当地文化元素，开发各类文创产品300余种。结合高山白茶资源，打造隅堂茶集文创空间，将茶文化与创意产品、休闲体验相结合。通过创意IP引领，盘活闲置民宿资源，引入专业团队打造度假办公空间、精品民宿和艺术家工作室等人文创意项目，充分利用古村建筑，营造浓厚的文化艺术氛围。

文创基地建设使陈家铺村从一个普通古村转变为文化旅游热门目的地，年游客接待量与旅游综合收入明显增长，实现了传统文化的创造性转化，带动了当地就业，村民人均年收入显著增加，实现文化与经济的双赢。

（三）温州文成县西坑畲族镇让川村的畲族文化传承

川村作为畲族聚居的村落，拥有独特的畲族文化，包括畲族歌舞、传统服饰、特色饮食以及丰富的民俗节庆文化，是畲族文化传承的重要载体。以畲族文化为核心，在每年农历"三月三"举办畲族风情旅游节，开展唱畲歌、跳民族舞、体验民俗等活动，展示畲族文化魅力。同时，加大对村落基础设施建设的投入，提高特农汇农副产品展示中心水平，发展特色民宿，完善居民中心建设，将畲族文化元素融入乡村景观打造中。

风情旅游节吸引了大量游客，不仅丰富了乡村旅游内涵，提升了乡村文化品位，还促进了畲族文化的传承与发展，带动了当地农副产品销售，增加了村民收入，推动了乡村经济繁荣。

（四）江山市大陈乡大陈村的古村落保护与活化利用

成立旅游公司和电商公司，对古村落进行统一规划和运营。建造养生精品酒店，开设小吃作坊和民宿，将古村落的古朴韵味与现代旅游服务相结合。举办麻糍文化节、村歌表演节等活动，展示非遗传承项目和特色小吃，通过文化节庆活动吸引游客。

古村落保护与活化利用取得显著成效，年游客接待量增多，旅游收入增长。既传承了乡村传统文化，又为乡村经济发展注入新活力，村民参与旅游经营的积极性高涨，生活水平明显提高。

（五）嘉兴市秀洲区油车港镇胜丰村的非遗传承与创新

胜丰村拥有丰富的非物质文化遗产，如农民画、造船技艺、糖糕版雕刻技艺等，这些非遗项目体现了当地独特的民间艺术和手工技艺，具有浓厚的地域文化特色。

深入挖掘和传承非遗文化，建设农民画馆、船匠工艺馆以及糖糕馆等文化场馆，展示非遗项目的历史渊源、制作过程和艺术成果。开展农民画、船文化以及糖糕版雕刻等研学活动，培养非遗传承人和爱好者。结合乡村旅游发展，推出农耕体验、手工艺品制作等文化体验项目。

通过一系列举措，胜丰村的非遗文化得到有效传承和创新发展。不仅丰富了乡村旅游的内涵，提升了乡村文化品位，更促进了乡村经济的可持续发展，成为非遗助力乡村振兴的典型案例。

第二节　乡村体育活动普及

一、乡村体育活动的重要性

（一）促进村民身体健康

乡村体育活动对于村民的身体健康具有不可替代的作用。在乡村地区，由于生活方式、工作环境等因素的影响，村民往往面临着较大的身体健康挑战。通过参与体育活动，村民可以增强心肺功能，提高身体免疫力，减少疾病的发生。体育活动还能帮助村民保持良好的体态，提升生活质量，为乡村社会的健康发展奠定坚实基础。

（二）丰富乡村文化生活

乡村体育活动是乡村文化生活的重要组成部分。通过组织各类体育比赛、健身活动，可以丰富村民的业余生活，增强乡村社会的凝聚力。体育活动不仅能够让村民在紧张忙碌的劳作之余得到放松和娱乐，还能促进村民之间的交流与合作，增进邻里之间的友谊，营造和谐、积极向上的乡村文化氛围。

（三）推动乡村经济发展

乡村体育活动的普及还有助于推动乡村经济的发展。一方面，体育活动的举办可以吸引外部投资和赞助，为乡村带来一定的经济收益；另一方面，体育活动的兴起也会带动相关产业的发展，如体育用品制造业、旅游业等，从而为乡村提供更多的就业机会和收入来源。此外，通过体育活动提升乡村的知名度和美誉度，还有助于吸引外部人才和资源的流入，进一步促进乡村经济的繁荣。

（四）提高乡村社会治理水平

乡村体育活动的普及对于提升乡村社会治理水平也具有重要意义。通过体育活动，可以培养村民的规则意识、团队精神和公平竞争理念，这些都有助于提升乡村社会的整体文明程度。体育活动还能为乡村社会提供一个有效的沟通平台，促进村民之间的交流与理解，有助于化解社会矛盾，维护乡村社会的稳定与和谐。

（五）助力乡村振兴战略实施

乡村体育活动的普及是乡村振兴战略实施的重要组成部分。通过推广体育活动，可以改善乡村基础设施条件，提高乡村公共服务水平，为乡村振兴提供有力支撑。同时，体育活动还能培养村民的自信心和自豪感，激发他们参与乡村振兴的积极性和创造力，共同推动乡村社会的全面进步与发展。

二、乡村体育活动的现状与问题

（一）现状

目前，山西省乡村体育活动的普及程度正在逐步提高。在政府和社会各界的共同努力下，越来越多的乡村开始重视体育活动的发展，积极组织各类体育比赛和健身活动。同时，随着乡村经济的发展和村民生活水平的提高，越来越多的村民开始参与到体育活动中来，享受运动带来的乐趣和益处。

（二）问题

一是基础设施不完善。目前，山西省乡村体育活动的发展仍面临着一些挑战和问题。其中，基础设施不完善是制约乡村体育活动发展的重要因素之一。许多乡村缺乏必要的体育设施和场地，如篮球场、足球场、健身器材等，导致村民无法进行有效的体育锻炼。此外，一些乡村的体育设施虽然建起来了，但由于缺乏维护和管理，很快便荒废或损坏，无法发挥应有的作用。二是活动组织不规范。除了基础设施不完善外，乡村体育活动的组织也存在不规范的问题。一些乡村在组织体育活动时缺乏科学的规划和合理的安排，导致活动效果不佳或存在安全隐患。同时，由于缺乏专业的体育指导人才和志愿者团队，一些乡村的体育活动难以持续开展或难以达到预期的效果。三是村民参与度不高。村民参与度不高也是乡村体育活动发展面临的一个重要问题。由于受传统观念和生活习惯的影响，一些村民对体育活动的认识和接受程度有限，缺乏参与体育活动的积极性和主动性。一些村民由于工作忙碌或身体条件等原因也无法参与到体育活动中来。四是资金投入不足。资金投入不足也是制约乡村体育活动发展的重要因素之一。由于乡村经济相对落后和政府财政投入有限，许多乡村无法为体育活动提供足够的资金支持。这导致一些乡村无法购买必要的体育器材和设施，也无法组织大型的体育比赛和活动，从而影响了乡村体育活动的普及和发展。

三、乡村体育活动的推广与普及

（一）完善基础设施建设

为了推广和普及乡村体育活动，需要完善乡村体育基础设施的建设。政府应加大对乡村体育设施的投入力度，建设一批符合村民需求的体育场地和设施。加强对体育设施的维护和管理，确保其能够长期有效地为村民服务。鼓励社会力量参与到乡村体育设施的建设和管理中，形成政府与社会共同推进乡村体育发展的良好局面。

（二）规范活动组织与管理

为了提高乡村体育活动的组织和管理水平，需要建立一套科学、规范的活动组织与管理机制。政府应加强对乡村体育活动的组织和指导，制定详细的活动计划和方案，并确保活动的安全和顺利进行。加强对体育指导人才和志愿者团队的培养和引进，为乡村体育活动提供有力的人才保障。通过举办体育培训、讲座等活动，提高村民对体育活动的认识和参与热情。

（三）提高村民参与度

为了提高村民的参与度，需要采取多种措施激发村民参与体育活动的积极性和主动性。举办丰富多彩的体育活动和比赛，吸引更多的村民参与进来；通过宣传和教育等方式，提高村民对体育活动的认识和重视程度。根据村民的实际需求和兴趣爱好，开发一些具有地方特色的体育项目和活动，以满足不同村民的需求。

（四）加大资金投入力度

为了推动乡村体育活动的普及和发展，需要加大资金投入力度。政府应增加对乡村体育活动的财政投入，为乡村体育活动提供必要的资金支持。通过引入社会资本、赞助等方式，拓宽资金来源渠道，为乡村体育活动提供更多的资金保障。鼓励村民自发组织体育活动，并给予一定的资金支持和奖励。

（五）创新推广方式与方法

为了更有效地推广和普及乡村体育活动，需要不断创新推广方式与方法。可以利用现代媒体和网络技术，加强对乡村体育活动的宣传和推广；通过与学校、企业等机构的合作，共同推进乡村体育活动的发展。借鉴其他地区成功的经验和方法，结合本地实际情况进行创新和实践，以探索出更适合本地乡村体育活动发展的新模式和新路径。

第三节　乡村道德建设与精神文明

培育乡村道德建设是乡风文明的核心支撑，更是凝聚乡村振兴精神力量的重要基石。山西依托深厚的晋商诚信文化、耕读传家传统及红色文化资源，以社会主义核心价值观为引领，统筹推进新时代文明实践中心建设、典型模范选树、传统文化道德浸润等工程，将道德教育融入乡村治理各环节，通过志愿服务制度化、文明家庭创建、乡贤文化赋能等实践路径，构建法治、德治、自治"三治融合"的乡村道德体系，让文明新风浸润乡土，让道德规范深入人心，为乡村振兴注入持久精神动力。

一、道德教育体系构建

（一）新时代文明实践中心建设

以县域为单位统筹规划，实现新时代文明实践中心、站、所全覆盖，整合农村文化礼堂、闲置学校等资源，打造集理论宣讲、道德讲堂、技能培训于一体的综合阵地。例如，在晋商故里依托历史街区开设"晋商道德讲堂"，邀请非遗传承人、乡贤代表讲述诚信经营、耕读传家等故事，年均开展活动数百场。

（二）核心价值观融入工程

在乡村主干道、文化墙上绘制社会主义核心价值观、村规民约等主题壁画，实现"一村一文化墙"。利用农村大喇叭开设"清晨道德微课堂"，每日播放传统美德故事、身边好人事迹，覆盖全省多数行政村。试点"核心价值观融入非遗"，将地域精神、发展成就融入剪纸、皮影创作，形成流动的道德教育素材库。

（三）典型选树与宣传

定期开展"山西好人""最美家庭"等评选，设立"善行义举榜"公示先进事迹。运用短视频平台开设专题专栏，拍摄系列纪录片，讲述基层奋斗故事，形成广泛传播。建立"道德模范关爱机制"，对获评家庭给予礼遇，激发群众见贤思齐的热情。

（四）青少年道德培育

在乡村中小学开设德育课程，组织学生走进红色教育基地开展研学实践，撰写主题日记。试点"非遗传承人驻校计划"，邀请传统艺人定期授课，将传统美德融入技艺传承。全省乡村学校每年举办主题班会、实践活动，覆盖率达100%。

（五）传统文化道德浸润

挖掘晋商诚信文化、耕读传家等传统美德，组织专家编写道德教育读本，将其纳入新型职业农民培训、村民夜校等必修内容。在农村金融机构网点设置"道德故事角"，推动传统美德与现代契约精神相结合。

（六）网络道德引导

以县为单位组建乡村网络文明志愿者队伍，重点监测社交媒体，及时劝阻低俗信息传播。开发"乡村网络道德积分系统"，对传播正能量的村民给予积分奖励，可兑换生活用品或优先参与文化活动，构建清朗的网络空间。

二、文明实践活动开展情况

（一）志愿服务制度化

各村成立特色志愿服务队，推行"时间银行"模式，村民参与志愿服务累计时长可兑换他人服务或村集体福利。试点"志愿服务区块链平台"，实现服务记录可追溯、积分跨村通兑，注册农村志愿者数量显著增长，年均开展活动频次提升。

（二）移风易俗专项行动

出台农村红白事管理办法，明确宴席规模、礼金标准，党员干部带头落实，违者依规处理。成立"红白事监督委员会"，由村纪检委员兼任监督员，推动农村红白事成本显著下降。

（三）文明家庭创建活动

制定涵盖多维度的"十星文明户"评选标准，获优家庭悬挂铜牌，享受政策倾斜。将文明家庭评选与乡村振兴积分制结合，积分可兑换生产生活物资，带动大量农户参与创建，形成良好氛围。

（四）邻里互助机制

建立"邻里守望"微信群，推行"多户联帮"制度，及时解决村民生产生活难题。在每个村设立"互助驿站"，村民可免费借用农具、共享农用机械，形成和谐邻里关系。

（五）道德评议委员会

由乡贤、老党员、村民代表组成评议小组，定期召开评议会，对不文明行为进行批评教育，形成"道德红黑榜"公示制度。将评议结果与村集体福利挂钩，倒逼村民规范行为。

（六）传统文化体验活动

在传统节日组织村民参与传统礼仪，举办开笔礼、成人礼等仪式。将地域特色文化体验与旅游相结合，让游客在活动中聆听历史故事，增强对传统文化的认同感和传承意识。

三、诚信体系与乡村治理相结合

（一）农村信用体系建设

开展"信用户""信用村"评定，将村民守法记录、履约情况等纳入评价体系，评定结果与金融支持、政策扶持挂钩。试点"诚信积分贷"，村民凭道德评议积分可申请信用贷款，不良率保持在较低水平。

（二）契约精神培育

在农村经济活动中推广规范合同模板，村法律顾问定期举办法律知识讲座，讲解合同签订的注意事项。建立"契约文化长廊"，展示历史契约与现代交易合同，培育村民"重合同、守信用"的意识。

（三）乡贤文化赋能

邀请返乡企业家、退休教师等担任"乡贤调解员"，参与纠纷化解和村规民约制定。成立"晋商乡贤智库",组织企业家为村集体产业发展出谋划策,促成项目合作,带动村集体增收。

(四) 道德积分应用

推行"道德积分兑换制",村民参与活动可累积积分,在"爱心超市"兑换生活用品,或优先申请村集体资源。将积分与"星级文明户"评选挂钩,激发村民参与热情。

(五) 法治与德治相融合

在乡村普法宣传中融入道德教育,设立"道德法庭",由德高望重者担任"庭长",通过调解、评议等方式处理轻微矛盾。试点"德法融合调解室",将法律条文与村规民约相结合,年均化解纠纷数量可观,调解成功率保持高位。

(六) 文明创建长效机制

制定乡村精神文明建设规划,明确目标任务。将文明创建纳入乡村振兴考核,对考核优秀的村集体给予奖励,对落后村由县级领导挂牌督办,推动形成"层层有责任、村村有目标"的创建格局。

第四节 乡村移风易俗与文明风尚

培育移风易俗是破除乡村陈规陋习、培育时代新风的关键抓手,更是实现乡村文化振兴的重要突破口。针对山西农村存在的大操大办、厚葬薄养、封建迷信等现象,以"破陋习、树新风"为主线,通过修订村规民约、建设红白理事会、开展专项整治行动等制度性安排,结合"零彩礼"倡导、环保生活推广、书香乡村建设等创新性举措,依托村史文化墙、新时代文明实践广场、数字文化平台等载体,推动乡村生活方式向简约化、文明化、现代化转型,让文明新风吹散陈规旧习,让乡村既留住传统"烟火气",又彰显时代"精气神"。

一、陈规陋习专项整治

（一）大操大办治理

出台《农村红白事管理办法》，明确宴席规模、礼金标准，党员干部带头落实，违者依规处理。推行"红白事报备制"，村民需提前向村委会报备，由红白理事会全程监督，农村红白事成本显著降低。

（二）封建迷信打击

开展"清朗乡村"专项行动，依法取缔非法宗教活动场所，在偏远山区开展"崇尚科学·反对迷信"巡回宣传活动，通过案例讲解、科普展览等形式教育群众。建立"封建迷信人员动态管理台账"，由网格员定期走访，引导其参与技能培训、文化活动，从源头铲除迷信滋生的土壤。

（三）厚葬薄养整治

推广节地生态安葬，建设公益性公墓，对选择骨灰堂、树葬等生态安葬方式的家庭给予补贴。开展"豪华墓"专项整治，依法拆除违规墓葬，同步建设"孝亲文化园"，设立"生前尽孝光荣榜"，引导村民重视生前赡养。

（四）低俗婚闹治理

通过村规民约禁止"闹伴娘""恶搞新人"等低俗婚闹行为，倡导"集体婚礼""旅行结婚"等新风尚。成立"婚庆志愿服务队"，为新婚家庭提供司仪、场地布置等免费服务。推出"晋商主题婚礼""非遗元素婚礼"等特色流程后，低俗婚闹投诉量显著下降。

（五）不良风气纠治

开展农村"黄赌毒"专项打击行动，查处多起案件，抓获涉案人员。在每个村设立"治安瞭望岗"，组建由退役军人、村民代表组成的巡逻队，24小时值守，农村治安案件发生率下降。

（六）攀比心理引导

通过"道德评议大会""乡贤座谈会"等形式，倡导"不比排场比发展、不比阔气比家风",树立"勤劳致富光荣、铺张浪费可耻"的导向。开展"致富能手""最美庭院"评选,对获奖者给予公开表彰和政策扶持,引导村民将精力集中到产业发展、家庭建设上。

二、文明新风尚推广举措

(一)村规民约修订完善

组织村民全程参与村规民约修订,经村民大会表决通过后公示实施,内容涵盖婚丧嫁娶、邻里关系、环境保护等具体条款。推行"村规民约二维码"公示,村民扫码即可查看、监督执行情况,多数行政村已完成修订,形成"村民事、村民议、村民管"的自治格局。

(二)红白理事会建设

村村成立由村党支部书记任会长的红白理事会,制定《红白事办理指南》,提供"菜单式"简办服务,党员干部必须带头执行,违者取消当年评优资格。将红白理事会纳入村级考核,考核优秀的村集体获得奖励,推动形成"婚事新办、丧事简办"的新风。

(三)新型婚恋观倡导

开展"零彩礼·幸福家"主题宣传,选树"零彩礼新娘""集体婚礼"等先进典型,通过短视频平台、乡村广播等方式广泛传播。成立"婚姻介绍志愿服务队",为适婚青年提供免费相亲、婚恋指导服务,促成"低彩礼"结婚,平均彩礼额显著下降。

(四)环保生活方式推广

开展"垃圾分类示范户"评选,每户发放"可回收物、有害垃圾、厨余垃圾、其他垃圾"四色垃圾桶,对分类达标的家庭给予洗衣粉、肥皂等奖励。推行"垃圾兑换超市",村民可凭废旧电池、塑料瓶等兑换生活用品,农村垃圾分类的覆盖率提高,垃圾清运成本下降。

（五）书香乡村建设

在每个行政村建设图书阅览室，配备农业技术、传统文化、儿童读物等书籍，开展"农家书屋万场读书活动"。与书店合作，每月配送新书。开设"田间地头读书会"，组织农民在劳作间隙分享种植经验、阅读心得，培育"爱读书、读好书"的文明风尚。

（六）网络文明进乡村

开展"乡村好网民"评选活动，表彰积极传播正能量、助力农产品销售的村民，给予流量扶持、电商培训等奖励。组织"网红助农培训"，邀请达人授课，培育农村网红，通过直播带货帮助村民销售农产品，带动网络文明与产业发展互促共进。

三、文化载体与阵地建设

（一）打造村史文化墙

在村委会、村口等显著位置建设村史长廊，采用壁画、浮雕、实物展示等形式，呈现村庄起源、发展成就、杰出人物等，增强村民归属感。例如，平遥县梁村绘制"晋商古道文化墙"，昔阳县大寨村建设"农业学大寨"主题墙，成为村民乡愁记忆点和游客打卡地。

（二）增强文化礼堂功能

整合村文化活动中心、议事厅、戏台等功能，打造"一站式"综合阵地，白天作为村民议事、技能培训场所，晚上开展戏曲表演、广场舞等活动。部分乡村在文化礼堂设立"乡村振兴直播间"，村民可在此直播带货、开展政策宣讲，实现"文化+产业+治理"融合发展。

（三）建设新时代文明实践广场

在人口集中区域建设主题广场，设置道德宣传栏、善行义举榜、文化活动舞台，配备健身器材、休闲座椅。定期举办"乡村春晚""非遗集市"等活动，使其成为村民日常集聚、文化活动的核心空间。

（四）完善流动文化服务车功能

配备图书、音响、投影仪等设备，定期到偏远村开展"送戏下乡""送书上门""电影放映"活动。每辆车都配备文化志愿者，根据村民需求定制服务内容，如播放农业技术视频、组织非遗体验课，年服务覆盖大量行政村。

（五）优化乡村广播设备

升级农村大喇叭系统，开设"文明之声"专栏，每日早中晚播放政策解读、道德故事、农业技术等，穿插山西民歌、地方戏曲。部分地区将广播内容与本土特色结合，同步播报天气预报、农产品购销信息，实现"政策宣传+生产服务+文化娱乐"多功能融合。

（六）开发数字文化平台

开发"晋心乡韵"微信小程序，集成村规民约查询、文明活动报名、道德积分管理等功能，村民可通过手机参与"线上村规民约知识竞赛""文明家庭投票"等活动。平台设置"随手拍"功能，鼓励村民举报不文明行为，形成"线上线下联动、全民参与治理"的新风尚。

第五节 乡村文化队伍建设与公共服务提升

文化队伍是乡村文化传承创新的"主力军"，公共服务是乡风文明建设的"主阵地"。山西聚焦破解乡村文化人才短缺、服务效能不足等问题，以基层文化骨干培训、非遗传承人扶持、返乡人才激励为重点，打造一支"留得住、用得上、能创新"的乡土文化队伍；以县级文化馆和图书馆总分馆制、村级综合文化服务中心、数字文化云平台为支撑，构建覆盖城乡、便捷高效的公共文化服务网络，推动优质文化资源向乡村下沉。同时，依托"晋韵乡村"文化品牌培育、非遗活化利用、短视频传播计划等创新实践，让文化"软实力"成为乡村振兴的"硬支撑"，实现以文化人、以文惠民、以文兴业的深度融合。

第七章

治理有效：乡村振兴的社会保障

治理有效不仅是政府政策精准落地的体现,更是激发乡村内生动力、构建和谐共治格局的关键所在。通过建立健全乡村治理体系,强化基层党组织的核心引领作用,乡村治理呈现出前所未有的活力与效率。从村民自治的深化,到法治、德治相结合的乡村治理新路径,每一项举措都精准对接了乡村发展的现实需求,为乡村社会编织了一张细密而有力的保障网。治理有效不仅是政府政策精准落地的体现,更是激发乡村内生动力、构建和谐共治格局的关键所在。通过建立健全乡村治理体系,强化基层党组织的核心引领作用,乡村治理呈现出前所未有的活力与效率。从村民自治的深化,到法治、德治相结合的乡村治理新路径,每一项举措都精准对接了乡村发展的现实需求,为乡村社会编织了一张细密而有力的保障网。治理有效的实现,让乡村公共服务水平显著提高,基础设施不断完善,教育、医疗、文化等民生事业蓬勃发展,村民的获得感、幸福感、安全感持续增强。同时,它也促进了乡村社会结构的优化,增强了村民之间的凝聚力与向心力,为乡村振兴注入了不竭的动力源泉。治理有效作为乡村振兴的社会保障,不仅为乡村发展奠定了坚实的基础,更为实现乡村全面振兴、农业强、农村美、农民富的美好愿景提供了有力支撑。

第一节 推进乡村治理体系与治理能力现代化

一、乡村治理体系的构建与优化

(一)构建多元化乡村治理体系

乡村治理体系的现代化首先需要构建多元化的治理主体。传统上,乡村治理主要依赖于政府,但随着社会的发展,这种模式已经无法满足乡村发展的需求。因此,需要引入更多的治理主体,包括乡村居民、乡村企业、社会组织等,形成政府主导、多元参与的治理格局。通过多元化的治理主体,可以更好地反映乡村居民的需求和利益,提高治理的针对性和有效性。

（二）完善乡村治理组织架构

乡村治理组织架构的完善是构建现代化乡村治理体系的重要一环。需要建立健全乡村治理的组织机构，包括乡村政府、村民自治组织、乡村公共服务机构等，明确各自的职责和权限，形成协同治理的机制。同时，要加强乡村基层组织建设，提高基层组织的自治能力和服务水平，确保乡村治理工作的有效推进。

（三）强化乡村法治建设

法治是乡村治理的重要保障。要加强乡村法治建设，完善乡村治理的法律法规体系，确保乡村治理工作有法可依、有章可循。同时，要加强乡村法治宣传教育，提高乡村居民的法治意识和法律素养，引导他们依法参与乡村治理，维护自身的合法权益。

（四）推进乡村信息化建设

信息化建设是提升乡村治理能力的重要手段。要加强乡村信息化建设，利用现代信息技术手段提高乡村治理的效率和水平。建立健全乡村信息化平台，实现乡村治理信息的共享和互通，提高治理的透明度和公正性。推广电子政务、智慧乡村等新型治理模式，为乡村居民提供更加便捷、高效的公共服务。

（五）加强乡村社会治理创新

社会治理创新是推动乡村治理体系现代化的重要动力。要鼓励和支持乡村社会治理创新，探索符合乡村实际、具有特色的治理模式和路径。例如，可以推广乡村协商民主、乡村自治组织建设等创新做法，激发乡村社会的活力和创造力，推动乡村治理体系的不断完善和优化。

二、乡村治理能力的提升

（一）提高乡村政府治理能力

乡村政府是乡村治理的核心主体，提升其治理能力是实现乡村治理现代化的关键。要加强乡村政府自身建设，提高其依法行政、科学决策、公共服务等方面的能力。加强乡村政府干部队伍建设，提高干部队伍的素质和能力，确保他们能够胜任乡村治理工作。

（二）增强乡村居民自治能力

乡村居民自治是乡村治理的重要基础。要增强乡村居民的自治能力，引导他们积极参与乡村治理活动，依法行使自己的权利和履行义务。通过加强村民自治组织建设、推广村民议事会等制度，提高乡村居民的自治意识和自治能力，推动乡村治理的民主化和科学化。

（三）提升乡村公共服务能力

公共服务是乡村治理的重要内容。要提升乡村公共服务能力，满足乡村居民的基本需求。加强乡村基础设施建设，改善乡村生产生活条件；完善乡村公共服务体系，提高教育、医疗、文化等公共服务水平；推动乡村公共服务的均等化和优质化，让乡村居民享受到更加便捷、高效的公共服务。

（四）强化乡村社会稳定能力

社会稳定是乡村治理的重要保障。要强化乡村社会稳定能力，维护乡村社会的和谐与安宁。加强乡村社会治安综合治理，打击违法犯罪行为；建立健全乡村矛盾纠纷调解机制，及时化解乡村社会矛盾；加强乡村应急管理和防灾减灾能力建设，提升乡村社会应对突发事件的能力。

（五）提升乡村经济发展能力

经济发展是乡村治理的重要支撑。要提升乡村经济发展能力，推动乡村经济可持续健康发展。加强乡村产业规划和布局，培育和发展特色产业和优势产业；推动乡村创新创业，激发乡村经济的活力和潜力；加强乡村市场体系建设，促进乡村经济的市场化和现代化。

第二节　农村基层党组织建设

一、基层党组织的重要性

（一）政治引领的核心力量

农村基层党组织是党的全部工作和战斗力的基础，是贯彻落实党的方针政策和各项工作任务的战斗堡垒。它们承担着宣传党的主张、贯彻党的决定、领导基层治理等重要职责，是确保农村政治方向正确、社会稳定的核心力量。

（二）服务群众的前沿阵地

基层党组织是联系和服务群众的桥梁和纽带，直接面对群众，了解群众需求，反映群众意愿。通过提供各类服务，解决群众实际问题，基层党组织能够增强党的群众基础，提升党的形象和威信。

（三）推动发展的重要引擎

农村基层党组织在推动农村经济发展、社会进步中发挥着关键作用。他们能够结合当地实际，制定发展规划，引导农民致富，促进农村产业升级和乡村振兴。

（四）维护稳定的第一道防线

基层党组织身处农村一线，对当地社会动态和群众情绪有敏锐的洞察力。通过及时发现问题、化解矛盾，基层党组织能够有效维护农村社会稳定，防止小问题演变成大矛盾。

（五）培养干部的人才摇篮

基层党组织是锻炼和培养党员干部的重要平台。通过实际工作，党员干部能够提升能力、积累经验，为更高层次的领导岗位输送合格人才。

（六）文化传承与价值引领

基层党组织在传承农村优秀传统文化、弘扬社会主义核心价值观方面发挥着重要作用。通过组织文化活动、开展道德教育，基层党组织能够引导农民树立正确的价值观念，形成良好的社会风尚。

二、基层党组织建设的路径与策略

（一）强化政治建设，提升组织力

坚持党的全面领导，加强政治教育和思想引领，确保基层党组织在政治立场、政治方向、政治原则、政治道路上同党中央保持高度一致。通过定期开展政治学习、组织生活会等方式，提升党员的政治觉悟和组织归属感。

（二）优化组织结构，增强战斗力

根据农村实际情况，合理设置基层党组织架构，确保基层组织覆盖到每一个行政村和自然村。选拔有能力、有担当的党员担任关键职务，形成结构合理、功能完善的组织体系。

（三）创新服务方式，提升服务能力

基层党组织要转变服务理念，从被动服务向主动服务转变，从单一服务向多元化服务拓展。通过建立党员志愿服务队、开展结对帮扶等活动，为群众提供更加贴心、高效的服务。

（四）加强制度建设，提高执行力

建立健全基层党组织工作制度，包括学习制度、会议制度、民主决策制度等，确保各项工作有章可循、有据可查。同时，加强对制度执行情况的监督检查，确保制度落到实处。

（五）注重人才培养，激发活力

加大对农村基层党员干部的培训力度，提高其政治素质、业务能力和领导能力。通过选拔优秀年轻党员、吸引外出务工人员回乡等方式，为基层党组织注入新鲜血液。

（六）强化党风廉政建设，树立良好形象

加强基层党风廉政建设，严肃查处违纪违法行为，营造风清气正的政治

生态。通过开展廉政教育、建立廉政风险防控机制等方式，提升党员干部的廉洁自律意识。

三、基层党组织建设的创新与实践

（一）党建引领产业发展

基层党组织要积极探索党建引领产业发展的新模式，通过成立产业党支部、建立党员示范基地等方式，将党建工作与产业发展紧密结合起来，推动农村产业升级和农民增收。

（二）智慧党建平台建设

利用现代信息技术手段，打造智慧党建平台，实现党员在线学习、在线交流、在线服务等功能。通过智慧党建平台，可以提高党建工作的效率和扩大覆盖面，增强党组织的凝聚力和向心力。

（三）党建引领社会治理创新

基层党组织要积极参与社会治理创新，通过党建引领社会组织、志愿服务等力量，共同维护农村社会稳定。例如，可以建立党建引领的村民自治组织、矛盾调解中心等，发挥党组织在社会治理中的核心作用。

（四）党建文化与乡村文化有机融合

基层党组织要注重将党建文化与乡村文化有机融合，通过举办文化节庆活动、开展道德讲堂等方式，传播党的声音和社会主义核心价值观，丰富农民的精神文化生活。

（五）跨区域党建合作

鼓励和支持跨区域党建合作，打破地域限制，实现资源共享、优势互补。例如，可以建立跨区域党建联盟，共同开展党员培训、产业发展等活动，推动跨区域协同发展。

（六）党建引领乡村振兴

基层党组织要充分发挥在乡村振兴中的引领作用，通过制定乡村振兴规划、引导社会资本投入、培育新型农业经营主体等方式，推动农村产业、人才、文化、生态和组织全面振兴。

第三节 乡村法治建设

一、乡村法治建设的意义与目标

（一）意义

一是作为乡村振兴的坚实保障。乡村振兴战略涵盖经济、社会、文化、生态等多方面协调发展，完善乡村法律体系，规范乡村治理行为，能有效保护农民合法权益，激发乡村发展活力，为乡村振兴营造稳定的法治环境。二是助力基层治理现代化。基层治理是国家治理的基石，乡村治理是其重要组成部分。推进乡村法治建设，可完善乡村治理体系，提升治理效能，实现治理方式现代化、科学化，增强农民法律意识，促进农民依法参与乡村治理，形成共建共治共享的格局。三是支撑社会稳定与公平正义。乡村社会稳定是乡村振兴的前提，法治建设是维护社会稳定的关键。加强乡村法治建设，能依法打击违法犯罪，保障农民人身和财产安全；公正处理涉农纠纷，维护农民合法权益，促进社会公平正义。

（二）目标

一是完善乡村法律体系。结合乡村实际，加快涉农领域立法，健全完善地方性法规、规章，确保乡村治理有法可依。二是提升基层治理效能。推进乡村法治建设，优化乡村治理体系，提高治理效率，实现治理方式现代化、科学化。三是增强农民的法治意识。深入实施农村"法律明白人"培养工程，广泛开展法治宣传教育，增强农民法律意识，引导农民依法参与乡村治理。四是维护乡村的稳定与公平。依法打击违法犯罪，保障农民人身财产安全；公正处理涉农纠纷，维护农民合法权益，促进社会公平正义。五是构建完备的法治乡村格局。到2035年，全省牢固树立乡村法治可信赖、权利有保障、义务必履行、道德得遵守的观念，乡风文明显著提升，社会和谐稳定，乡村治理体系和治理能力基本实现现代化，法治乡村基本建成。

二、乡村法治建设的现状与问题

（一）现状

近年来，山西省在乡村法治建设方面取得了显著成效。省委、省政府高度重视乡村法治建设，出台了一系列政策措施，推动乡村法治建设不断向纵深发展。一是法治宣传教育活动深入开展。各地结合实际情况，广泛举办法治宣传教育活动。通过举办讲座、发放宣传资料、开展法律咨询等形式，增强农民的法律意识和法治观念。同时，还充分利用新媒体平台，扩大法治宣传的覆盖面和影响力。二是乡村公共法律服务体系不断完善。各地积极推进乡村公共法律服务体系建设，深化"一村一法律顾问"制度，为农民提供便捷高效的法律服务。同时，还加强了对法律援助工作的支持力度，为经济困难的农民提供必要的法律援助。三是涉农领域立法工作取得进展。结合乡村实际需求，山西省加快了涉农领域立法步伐，制定了一系列地方性法规、规章，为乡村治理提供了有力的法律保障。四是基层治理现代化水平不断提升。各地通过推进乡村法治建设，完善乡村治理体系，提升治理效能。同时，还积极探索创新治理方式，如网格化管理、村民自治等，推动乡村治理向现代化、科学化方向发展。

（二）问题

尽管山西省在乡村法治建设方面取得了显著成效，但仍存在一些问题和不足：一是法律体系尚不完善。尽管出台了一些涉农领域的地方性法规、规章，但整体上法律体系仍不够完善，存在一些空白和漏洞。同时，部分法规、规章的针对性和可操作性不强，难以适应乡村治理的实际需求。二是法治宣传教育力度不足。虽然开展了大量的法治宣传教育活动，但部分地区的宣传力度仍不够大，覆盖面不够广。一些农民的法律意识和法治观念仍然淡薄，难以有效地参与乡村治理。三是法律服务供给不足。尽管乡村公共法律服务体系不断完善，但部分地区的法律服务供给仍显不足。一些农民在遇到法律问题时难以获得及时有效的帮助和支持。四是基层治理现代化水平有待提高。尽管基层治理现代化水平不断提高，但部分地区的治理方式仍较为传统和落后。一些地方在推进网格化管理、村民自治等创新治理方式时存在困难和挑战。五是执法司法保障有待加强。在涉农纠纷案件处理、农村黑恶势力打击等方面仍存在一些问题和不足。部分地区的执法司法保障力度不够，难以有效维护农民的合法权益和社会稳定。

三、乡村法治建设的路径与措施

（一）路径

针对山西省乡村法治建设存在的问题和不足，可以从以下几个方面入手推进乡村法治建设。一是完善乡村法律体系。结合乡村实际需求，加快涉农领域立法步伐，健全完善相关地方性法规、规章。同时，加强对现有法规、规章的清理和修订工作，确保法律体系的完整性和适应性。二是加强法治宣传教育工作。继续深入开展法治宣传教育活动，扩大法治宣传的覆盖面和影响力。创新宣传的方式和方法，提高宣传的针对性和实效性。加强对农民的法律知识培训和教育引导工作，提高农民的法律意识和法治观念。三是完善乡村公共法律服务体系。加强乡村公共法律服务体系建设，深化"一村一法律顾问"制度。扩大法律援助的覆盖面和受益人群的范围，为经济困难的农民提供必要的法律援助。加强对法律服务机构和人员的监管和管理，确保服务质量和效率。四是提升基层治理现代化水平。继续推进乡村治理体系和治理能力现代化建设。加强基层党组织建设，发挥党组织在乡村治理中的领导核心作用。推广网格化管理、村民自治等模式，创新治理方式，提高治理效能和水平。加强对基层干部的培训和教育引导工作，提高其法治素养和治理能力。五是强化执法司法保障。加强涉农纠纷案件处理、农村黑恶势力打击等方面的执法司法保障力度。依法严厉打击各类违法犯罪行为，保障农民的人身财产安全和社会稳定。加强对涉农案件的审判指导和法律监督工作，提高审判质量和效率，确保司法公正和权威。

（二）措施

为了推进山西省乡村法治建设取得新成效，可以采取以下具体措施。一是制订详细的工作计划。结合实际情况，制定详细的工作计划和实施方案，明确目标任务、责任分工和时间节点，确保各项措施得到有效落实和执行。同时加强对工作进展情况的监督检查和评估考核，确保工作取得实效。二是加强组织领导。成立由相关部门组成的乡村法治建设工作领导小组，加强对乡村法治建设工作的统筹协调和组织领导。明确各成员单位的职责和任务，加强沟通协调和协作配合，形成工作合力，共同推进乡村法治建设取得新成效和新进展。三是加大投入力度。加大对乡村法治建设的投入力度，保障各项措施得到有效实施和执行。加强对基层法律服务机构和人员的经费支持，提高其服务质量和效率。同时，加强对法治宣传教育、法律援助等工作的投入力度，确保各项措施得到有效落实和执行，并取得实效。四是创新宣传方式和方法。创新法治宣传方式和方法，提高宣传的针对性和实效性。充分利用新媒体平台，扩大宣传覆盖面和影响力，提高农民对法治建设的认知度和参与度。加强对农民的法律知识培训和教育引导工作，提高其法律意识和法治观念，为乡村法治建设营造良好的社会氛围和环境条件。五是推广先进经验和做法。积极推广各地在乡村法治建设方面的先进经验和做法，鼓励各地结合自身实际情况，积极探索创新治理方式和方法，形成符合本地实际的乡村治理模式和路径。加强对先进经验和做法的宣传和推广力度，引导各地相互学习借鉴，共同推进乡村法治建设取得新成效和新进展。

第四节　乡村矛盾纠纷多元化解机制

乡村治理的核心在于有效预防和化解矛盾纠纷，营造和谐稳定的社会环境。针对三晋大地乡村治理中宅基地纠纷、利益协调等突出问题，山西聚焦构建"排查预警—多元调解—信访攻坚"全链条机制，通过网格化精准排查、多部门协同联动、智能化手段赋能，推动矛盾纠纷从"被动应对"向"主动化解"转变，着力打造"小事不出村、大事不出镇、矛盾不上交"的基层治理新格局，为乡村振兴筑牢平安稳定的社会基础。

一、矛盾纠纷排查预警体系

（一）常态化网格排查机制

构建"村—组—户"三级网格，配备专职网格员，每周开展矛盾纠纷地毯式排查，重点关注宅基地纠纷、土地流转、邻里关系等领域，建立电子台账并实时更新。

（二）重点领域专项排查

在重要节庆、敏感节点前，针对征地拆迁、生态保护、集体资产处置等易引发矛盾的领域开展专项排查，形成风险清单并落实包联责任。

（三）智能预警平台建设

整合12345热线、村民微信群、村级监控等渠道信息，开发乡村矛盾纠纷智能预警系统，通过大数据分析自动识别高频问题和潜在风险点。

（四）跨部门信息共享

建立公安、司法、信访、农业农村等部门信息互通机制，定期召开联席会议，实现矛盾纠纷信息实时共享、协同研判。

（五）村民自治排查联动

依托村民代表大会、监事会等自治组织，发动村民参与矛盾线索举报，对主动发现重大隐患的村民给予适当奖励，形成"人人参与排查"的基层合力。

（六）历史积案清零行动

对长期未化解的信访积案、遗留问题进行专项梳理，成立专班包案化解，明确化解时限和责任主体，实行销号管理。

二、矛盾纠纷多元调解体系

（一）人民调解提质工程

规范村级人民调解委员会建设，吸纳乡贤、律师、退休干部等担任调解员，每年开展不少于两次专业培训，提升调解队伍法律素养和协商能力。

（二）司法调解对接机制

建立"法院+村委会"诉前调解联动机制，对婚姻家庭、小额债务等简易纠纷引导至村级调解组织先行调解，司法确认调解协议的法律效力，降低解纷成本。

（三）行政调解协同机制

强化乡镇政府在土地确权、环境污染等领域的行政调解职能，联合自然资源、生态环境等部门成立专项调解小组，实现行政调解与行政执法的有效衔接。

（四）行业性专业调解机制

在农业产业园区、旅游景区等成立特色调解组织，针对农产品购销、旅游投诉等纠纷提供专业化调解服务，推动行业自治与法治保障相结合。

（五）"互联网+调解"平台

开发线上调解APP，支持视频调解、协议签订、司法确认等功能，为外出务工村民提供远程解纷渠道，实现矛盾纠纷"云端化解"。

（六）调解效力保障机制

建立调解协议履行监督制度，对拒不履行调解协议的当事人，依法引导其申请法院强制执行，维护调解工作的权威性。

三、信访工作长效机制

（一）阳光信访平台建设

升级网上信访系统，实现信访事项"网上受理、办理公开、结果反馈"

全程数字化，信访人可实时查询办理进度，压缩办理时限。

（二）领导干部接访下访

建立县乡领导干部定期接访制度，每月至少到村开展一次"流动接访"，面对面听取群众诉求，现场协调解决合理合法问题。

（三）信访问题分类处理

制定《乡村信访事项分类处理办法》，明确民生类、权益类、涉法涉诉类等不同信访事项的处理流程，避免多头交办、重复处理。

（四）信访积案化解专项行动

每年开展"信访积案攻坚年"活动，对久拖未决的复杂案件实行"一案一策"，通过司法救助、心理疏导、困难帮扶等多元手段推动"案结事了"。

（五）信访源头治理

将信访工作与村级事务公开相结合，全面落实"四议两公开"制度，从源头上减少因村务不透明引发的信访问题，提升村民的信任度。

（六）信访法治宣传

开展"信访法规进乡村"活动，通过以案释法、发放手册等形式，引导群众依法理性表达诉求，规范信访秩序，降低越级访、重复访的发生率。

第五节 乡村安全保障体系建设

安全是乡村治理的底线，更是群众幸福生活的根基。面对三晋乡村在社会治安、生产安全、应急处置等领域的挑战，山西以"筑牢安全屏障、守护万家灯火"为目标，统筹推进社会治安防控、安全生产监管、应急管理体系建设，通过"雪亮工程"全域覆盖、群防群治力量整合、智慧安防技术应用，构建起"人防+物防+技防"一体化安全网络，全力保障村民生命财产安全、农业生产平稳有序、乡村发展安定和谐，为乡村振兴营造安全稳定的发展环境。

一、社会治安防控体系

（一）雪亮工程全覆盖

推进"雪亮工程"向乡村延伸，在村口、主干道、集市等重点区域安装高清监控摄像头，接入县乡综治中心平台，实现24小时实时监控和预警。

（二）群防群治队伍建设

组建"红袖标"巡逻队、"十户联防"小组等群防群治力量，制订巡逻排班表，重点加强夜间和农忙时节巡逻，织密基层治安防控网。

（三）智慧安防村建设

试点"智慧安防村"项目，整合人脸识别、智能门禁、无人机巡航等技术，对流动人口、重点人员实现动态管理，提升治安防控智能化水平。

（四）校园及周边安全整治

定期开展乡村学校周边交通秩序、食品安全、文化环境等专项整治，设立护学岗，确保学生上下学安全，营造平安校园环境。

（五）特殊人群服务管理

建立刑满释放人员、社区矫正对象等特殊人群档案，落实"一人一策"帮扶措施，通过技能培训、就业指导等方式降低其重新违法犯罪率。

（六）警民联动机制

推行"一村一辅警"制度，辅警兼任法治宣传员、矛盾调解员，定期召开警民恳谈会，及时回应群众关切，构建和谐警民关系。

二、安全生产监管体系

（一）农业生产安全专项治理

开展农药、化肥、农机具使用安全专项检查，推广"智慧农机"监控系统，对收割机、拖拉机等设备进行定期检测，消除机械作业安全隐患。

（二）农村建筑施工安全监管

建立农村自建房、基础设施建设项目备案制度，对施工队伍资质、建材质量、施工流程进行全程监管，遏制违法违规建设行为。

（三）农村消防安全提升

加强乡村易燃建筑集中区消防设施建设，配备消防水池、灭火器等设备，组建村志愿消防队，每季度开展消防演练，提升火灾应急处置能力。

（四）食品药品安全守护

落实农村集体聚餐申报制度，对农村小卖部、小作坊开展定期抽检，严惩销售假冒伪劣食品药品的行为，保障村民"舌尖上的安全"。

（五）燃气及用电安全整治

针对使用液化气、煤炉的农户，开展燃气管道、电线电路安全排查，免费更换老化设备，普及安全使用知识，防范中毒、火灾等事故。

（六）安全生产责任落实

制定《乡村安全生产责任清单》，明确村"两委"、生产经营主体的安全责任，每年签订安全责任书，将安全生产纳入村级考核的重要内容。

三、应急管理体系

（一）建设应急预案体系

制定乡村防汛、防火、地震、疫情等多领域应急预案，明确应急组织机构、响应程序、物资储备清单，每两年开展一次综合应急演练。

（二）完善应急物资储备网络

在乡镇建立应急物资储备库，村级设立应急物资储备点，储备防汛沙袋、灭火器、急救药品等必备物资，定期更新补充，确保关键时刻"调得出、用得上"。

（三）组建应急救援队伍

依托退役军人、青壮年村民成立村级应急救援队，邀请专业机构进行救援技能培训，配备必要装备，承担初期应急处置和自救互救任务。

（四）发布灾害预警信息

整合气象、水利、自然资源等部门的预警信息，通过大喇叭、短信、微信群等渠道实时发布灾害预警,确保预警信息第一时间传递到村到户。

(五)灾后恢复重建机制

建立灾损评估、资金拨付、重建规划等全流程工作机制,对因灾受损的房屋、基础设施优先纳入修复计划,保障受灾群众的基本生活和生产恢复。

(六)公共卫生应急能力提升

加强村卫生室标准化建设,储备必要防疫物资,开展村民卫生应急知识培训,健全重大疫情、公共卫生事件的发现、报告和处置机制,筑牢基层防疫防线。

第八章

生活富裕：乡村振兴的民生保障

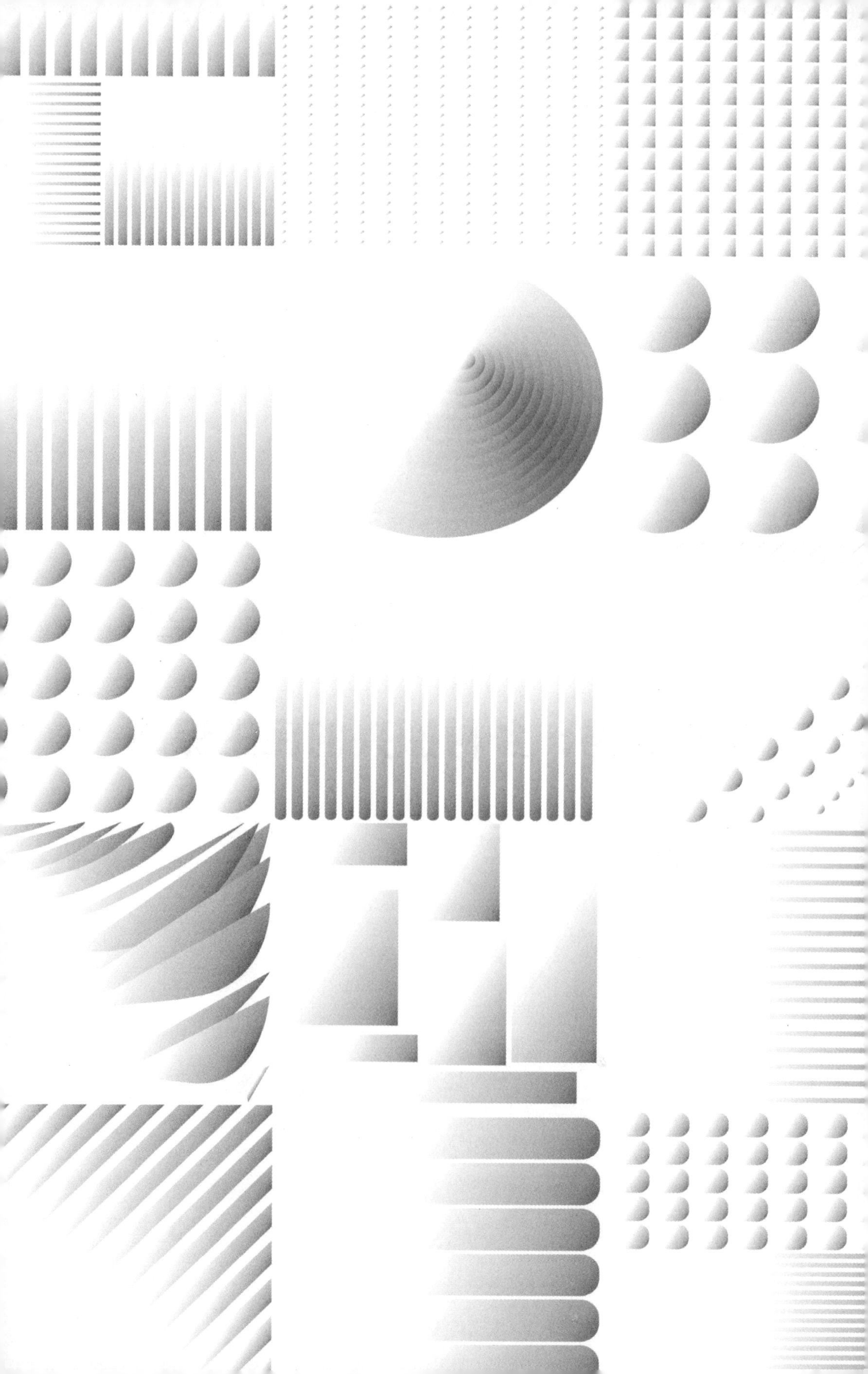

生活富裕不仅仅是物质层面的富足,更是精神世界的充实与满足,是乡村全面振兴的生动注脚。随着乡村振兴战略的深入实施,乡村经济蓬勃发展,特色产业如雨后春笋般涌现,为农民提供了多样化的增收渠道。从田间地头的智慧农业,到乡村旅游的蓬勃兴起,每一处都洋溢着创新与活力的气息。这些变化,让农民的钱袋子鼓了起来,生活水平实现了质的飞跃。生活富裕还体现在乡村公共服务体系的不断完善上。教育、医疗、养老等民生领域得到全面加强,让农民群众享受到了更加便捷、优质的公共服务。孩子们在家门口就能接受良好的教育,老人们也能在温暖的阳光下安享晚年,这一切都是乡村振兴带来的民生福祉。更重要的是,生活富裕让农民的精神世界得到了极大的丰富。文化活动丰富多彩,乡风文明蔚然成风,农民群众在追求物质富裕的同时,更加注重精神文化的提升。这种由内而外的富裕,让乡村焕发出了前所未有的生机与活力。生活富裕作为乡村振兴的民生保障,是乡村振兴战略的最终目标和归宿。它让农民群众在共享发展成果的同时,也感受到了乡村振兴带来的幸福与自豪。

第一节 加强乡村基础设施建设

乡村基础设施建设是乡村振兴的重要组成部分,对于提高农民生活水平、促进农村经济发展具有至关重要的作用。

一、乡村道路建设与改善

(一)乡村道路建设的重要性

乡村道路作为农村经济发展的重要基础设施,不仅是农民出行、农产品流通的基本保障,更是推动乡村振兴、实现农业农村现代化的关键要素。乡村道路的改善和建设,对于促进农村经济发展、提高农民生活水平、加强城乡交流具有重要意义。一是良好的乡村道路条件能够极大地改善农民的出行环境,提高农民出行的便捷性和安全性。这不仅方便了农民的日常生活,也为他们提供了更多的发展机会。二是乡村道路的改善有助于农产品的流通和销售。顺畅的交通条件能够缩短农产品从田间到市场的运输时间，减少损耗，提高农产品的市场竞争力。三是乡村道路的建设和改善也是实现乡村振兴、促进农村经济发展的重要途径。通过改善交通条件，可以吸引更多的投资和资源进入农村，推动农村产业的发展和升级。

（二）乡村道路建设的具体措施

为了实现乡村道路的改善和建设，各地政府采取了一系列具体的措施。一是科学规划布局。各地政府根据当地的地形、气候、交通需求等因素，科学编制农村公路网规划，完善路网布局。形成县域内以乡镇为区域中心、建制村为节点，覆盖广泛、互联互通的农村公路网。这样的规划布局既考虑了当前的交通需求，也为未来的发展预留了空间。二是提升建设品质。在乡村道路建设过程中，各地政府坚持"因地制宜、经济适用、绿色生态"的原则，全面提升农村公路建设品质。推进农村公路建设项目向进村入户倾斜，加快新升级县乡道改造，提高路网通畅水平。加强项目管理，严格规范基本建设程序，落实建设项目招投标制、合同管理制、工程监理制和"七公开"制度，健全完善工程质量监督机制，实行质量责任终身制。三是实施农村公路桥梁安全"消危"行动。针对农村公路桥梁存在的安全隐患，各地政府纷纷实施农村公路桥梁安全"消危"行动，及时处置新发现的五类桥梁隐患，确保农村公路桥梁安全畅通。落实农村公路安全防护、排水、公交站（点）、停车港湾等设施与主体工程同时设计、同时施工、同时验收交付使用制度，加大危旧桥梁改造力度，按计划实施危桥改造工程。四是鼓励支持村内通户道路硬化。为了进一步改善农民出行条件，各地政府鼓励支持村内通户道路硬化，逐步实现村内道路硬化全覆盖。通过政府补贴、村民自筹等多种方式筹集资金，支持村内通户道路硬化。动员社会力量参与村内通户道路硬化建设，形成政府主导、社会参与的良好氛围。

二、乡村供水供电设施提档升级

（一）乡村供水设施升级的重要性

乡村供水设施直接关系到农民的生活质量和健康水平。随着农村经济社会的发展和农民生活水平的提高，对供水设施的要求也越来越高。然而，长期以来，由于资金、技术和管理等方面的原因，许多乡村地区的供水设施相对落后，无法满足农民的基本需求。因此，加快乡村供水设施升级，提高供水保障能力，对于改善农民生活条件、促进农村经济社会发展具有重要意义。一是乡村供水设施升级能够保障农民的饮水安全。通过改善供水设施，可以提供更加清洁、卫生的饮用水，减少因水质问题引发的疾病。二是供水设施升级能够提高农民的生活质量。稳定的供水设施可以为农民提供更加便捷的生活条件，如满足洗澡、洗衣等日常用水需求。三是乡村供水设施升级也是推动农村经济社会发展的重要基础。良好的供水条件可以吸引更多的投资和资源进入农村，促进农村产业的发展和升级。

（二）乡村供水设施升级的具体措施

一是巩固完善农村供水基础设施。各地政府积极争取上级资金支持，用于农村供水基础设施建设。实施农村配水站设施改造、村内管网改造等工程，确保供水设施安全稳定运行。加强水源地保护和水质监测工作，确保供水水源的安全可靠。二是推行农村供水标准化管理。为了提升农村供水专业化、信息化管理水平，保障供水工程安全、稳定、长效运行，各地政府积极开展农村供水工程标准化管理创建工作。制定了一系列的标准和规范，用于指导供水设施的建设和管理。通过标准化管理，可以确保供水设施的运行更加规范、高效。三是加强水质安全监督。为了确保供水水质的安全可靠，各地政府不定期组织开展农村饮水安全专项检查、农村生活水源置换工程"回头看"等工作。全面落实水质安全监管工作责任制度，加强水质监测能力建设。通过定期开展水质检测工作，可以及时发现并解决水质问题，确保供水水质的安全可靠。四是注重科技创新和人才培养。为了提升乡村供水设施的技术水平和管理能力，各地政府注重引进先进的供水技术和设备，并加强人才培养和培训工作。通过举办培训班、技术交流会等方式，提高供水设施管理人员的技术水平和管理能力。

三、乡村信息通信网络建设

（一）乡村信息通信网络建设的重要性

乡村信息通信网络是农村信息化建设的重要基础。随着信息技术的快速发展和互联网的普及应用，信息通信网络已成为农民获取信息、学习技能、开展电商活动的重要渠道。然而，长期以来，由于资金、技术和管理等方面的原因，许多乡村地区的信息通信网络建设相对滞后，无法满足农民的基本需求。因此，加快乡村信息通信网络建设对于促进农村信息化发展、推动乡村振兴具有重要意义。一是乡村信息通信网络建设能够拓宽农民的信息获取渠道。通过建设完善的信息通信网络，可以为农民提供更加便捷、高效的信息获取途径，帮助他们了解市场动态、学习先进的技术和经验。二是信息通信网络建设能够促进农村电商的发展。完善的信息通信网络可以为农村电商提供更加稳定、高效的网络支持，从而推动农村电商的快速发展。三是乡村信息通信网络建设是推动农村社会治理现代化的重要手段。通过建设智能化的信息通信网络，可以提高农村社会治理的效率和水平，推动农村社会的和谐稳定发展。

（二）乡村信息通信网络建设的具体措施

一是加强基础信息网络建设。建设以光纤、3G/4G/5G网络为主的传输骨干网，提高基础传输网的带宽和传输速率。完善边远山区信息通信网络覆盖，确保信息通信网络覆盖到每一个村庄和农户。加强网络安全保障工作，确保信息通信网络的安全稳定运行。二是推进"三网融合"。为了实现信息资源的共享和高效利用，注重优化提升电信网、互联网、广播电视网的承载能力，并逐步实现农村"三网融合"。通过"三网融合"，可以降低运营成本、提高服务效率、满足农民多样化的需求。同时，"三网融合"还可以推动农村信息化服务的发展和创新。三是推广移动电子政务应用。为了实现更加便捷高效的政务服务，各地政府积极支持在应急指挥、市政管理、交通引导等领域应用移动电子政务技术。他们建设基于移动互联网的政府门户网站，方便农民通过移动终端获取办事服务和信息服务。同时，他们还注重加强移动电子政务的安全保障工作，确保政务信息的安全可靠。四是注重人才培养和技术创新。为了提升乡村信息通信网络的技术水平和管理能力，各地政府注重引进先进的信息通信技术和设备，并加强人才培养和培训工作。举办培训班、技术交流会等，提高信息通信网络管理人员的技术水平和管理能力。鼓励企业和社会力量参与乡村信息通信网络的建设和运营，推动乡村信息通信网络的快速发展。

第二节 乡村就业与社会保障

在新时代背景下，农村劳动力转移就业已成为推动乡村经济发展、促进农民增收的重要途径。随着工业化、城镇化的快速推进，越来越多的农村富余劳动力选择外出务工，以寻求更广阔的发展空间和更高的收入水平。这一趋势不仅缓解了农村就业压力，也为城市经济发展注入了新的活力。

一、乡村劳动力转移就业

在山西省，乡村劳动力转移就业是促进农民增收、推动乡村经济发展的重要途径。为鼓励和支持乡村劳动力有序转移，山西省政府及各级部门出台了一系列政策引导与激励措施，旨在构建更加完善的就业服务体系，提高乡村劳动力的就业竞争力和稳定性。

（一）政策引导与激励

1. 制定专项政策文件

山西省政府根据中央及省委关于乡村振兴和就业工作的部署要求，结合本省实际，制定了多项关于乡村劳动力转移就业的政策文件。如《山西省关于做好2024年脱贫劳动力务工就业工作的通知》等，明确了乡村劳动力转移就业的目标任务、政策措施和保障措施，为全省乡村劳动力转移就业工作提供了政策依据和指导方向。

2. 加大财政资金投入

政府加大了对乡村劳动力转移就业的财政资金投入力度，通过设立专项基金、提供财政补贴等方式，支持乡村劳动力转移就业工作。例如，对跨省务工的乡村劳动力给予一次性交通补贴，对吸纳乡村劳动力就业的企业给予岗位补贴和社会保险补贴等，有效地降低了乡村劳动力的转移成本和企业的用工成本。

3. 优化就业服务

各级政府部门积极优化就业服务，为乡村劳动力提供全方位的就业指导和帮助。通过举办各类招聘会、职业介绍活动、技能培训等方式，搭建乡村劳动力与用工企业之间的桥梁，促进供需双方的有效对接。同时，加强就业信息服务平台建设，实现就业信息的快速传递和精准匹配，提高乡村劳动力的就业成功率。

4. 鼓励企业吸纳乡村劳动力

政府积极鼓励企业吸纳乡村劳动力就业，对吸纳乡村劳动力达到一定比例的企业给予税收减免、贷款贴息等优惠政策。同时，加强企业与乡村地区的劳务协作，建立长期稳定的合作关系，为乡村劳动力提供更多就业机会和岗位选择。

5. 强化技能培训

技能培训是提升乡村劳动力就业竞争力的重要手段。政府加大对乡村劳动力技能培训的投入力度，围绕市场需求和乡村劳动力的技能特点，开展各类职业技能培训。培训内容涵盖制造业、服务业、农业等多个领域，旨在提高乡村劳动力的专业技能和综合素质。通过培训，乡村劳动力不仅掌握了更多的就业技能，也增强了适应市场变化的能力。

6. 实施重点群体就业帮扶

针对乡村地区的重点就业困难群体（如脱贫劳动力、残疾人等），政府实施了一系列就业帮扶措施。通过提供岗位推荐、技能培训、创业扶持等方式，帮助这些群体实现就业和增收。同时，加强公益性岗位的开发和管理，为就业困难群体提供兜底保障。

（二）就业服务与保障

为确保农村劳动力顺利转移就业，各级政府部门加强了就业服务体系建设。

1. 优化就业服务

通过举办各类招聘会、职业技能培训等活动，为农村劳动力提供丰富的就业信息和技能培训机会。

2. 完善劳动协作关系与权益保障机制

建立健全劳动关系协调机制，保障农村转移就业人员的合法权益。加强与用工量大的地区的劳务协作，建立"点对点"协作机制，争取更多稳定性强、收入高的就业岗位。

（三）技能培训与提升

技能培训与提升是乡村劳动力转移就业的核心环节，对于提高乡村劳动力的就业竞争力和适应能力具有至关重要的作用。政府在此方面进行了全面而深入的布局与实施。

1. 多元化培训内容

培训内容不仅涵盖了传统的农业技能，如现代农业种植、养殖、农产品加工等，还扩展到了制造业、服务业、信息技术等多个领域，确保乡村劳动力能够掌握多样化的技能，适应更广泛的就业市场。

2. 创新培训方式

结合乡村劳动力的实际需求和特点，采用了线上与线下相结合、理论与实践并重的培训方式。线上通过网络课程、远程教学等平台，提供灵活便捷的学习途径；线下则通过实地培训、实操演练、师徒制等方式，确保学员能够真正掌握所学技能。

3. 强化实训基地建设

为了提升培训效果，政府加大了实训基地的建设力度。这些基地不仅配备了先进的实训设备,还与用工企业紧密合作。为学员提供真实的职场环境,帮助他们更好地适应未来的工作岗位。

4. 鼓励职业资格认证

政府积极鼓励并支持乡村劳动力参加职业技能鉴定,获得相应的职业资格证书。这不仅是对他们技能水平的一种认可,也是提升他们就业质量和收入水平的重要途径。

5. 持续跟踪与评估

为了确保技能培训的有效性和针对性,政府还建立了完善的跟踪与评估机制。定期对培训项目进行评估,收集学员和企业的反馈意见。及时调整培训内容和方式,确保技能培训能够真正满足市场需求和乡村劳动力的实际需求。

(四)面临的挑战与对策

1. 挑战一:乡村劳动力整体素质有待提升

对策:继续加大技能培训力度,特别是针对青年劳动力的培训,提高他们的技能水平和就业竞争力。推广终身学习理念,鼓励乡村劳动力持续学习和自我提升。

2. 挑战二:基础设施和信息传递瓶颈

对策:加强乡村地区的基础设施建设,特别是交通和信息网络的建设。利用现代信息技术手段,如移动互联网、大数据等,提高就业信息的传递效率和精准度。

3. 挑战三:用工企业的歧视和偏见

对策:政府积极与企业沟通合作,推动用工企业消除对乡村劳动力的歧视和偏见。通过政策引导和市场机制,鼓励企业更多地吸纳乡村劳动力,为他们提供公平的就业机会和职业发展空间。

4. 挑战四:乡村劳动力流动性大

对策:建立健全乡村劳动力流动监测和预警机制,及时掌握乡村劳动力流动情况。加强与用工地区的劳务协作，建立稳定的劳务输出渠道，为乡村劳动力提供更多的就业机会和岗位选择。

5.挑战五：乡村劳动力就业稳定性差

对策：政府应与企业合作，推广灵活就业和共享员工等新型就业模式，为乡村劳动力提供更多的就业选择和保障。加强对乡村劳动力的法律援助和权益保护，确保他们的合法权益不受侵害。通过以上政策引导、技能培训、基础设施改善、企业合作等多方面的努力，山西省正逐步构建更加完善的乡村劳动力转移就业服务体系，推动全省乡村振兴战略的深入实施。

二、乡村创业支持政策

（一）创业资金扶持

1.小额担保贷款

山西省为乡村创业者提供最高可达30万元的小额担保贷款。对合伙经营或组织起来创业的，贷款额度可提升至每人15万元。对于已成功创业且带动就业5人以上、经营稳定的企业，可进一步提供最高50万元的贷款再扶持。

2.一次性创业补贴

首次创办小微企业或从事个体经营，且正常运营1年以上的毕业年度和离校5年内高校毕业生、返乡入乡创业人员及就业困难人员，根据创业带动就业人数，给予一次性创业补贴，每人不超过1000元，总额不超过5000元。

3.社会保险补贴

毕业5年内高校毕业生及毕业学年高校毕业生从事个体经营或创办小微企业的，可享受实际缴纳社保费的2/3作为补贴，期限最长可达3年。

4.创业担保贷款财政贴息

乡村创业者在人力资源社会保障、财政部门指定的金融机构申请到创业担保贷款并按期还款的，可享受财政贴息政策，减轻创业者资金压力。

5.省级优秀创业项目奖励

对省级评选的大学生创业星火项目、省级优秀创业项目和获得全国性创业大赛前5名且在本省登记注册的创业项目，分别给予6万元、8万元、10万元的奖励，激励高质量创业项目的发展。

（二）创业场地支持

1. 场地租赁补贴

离校5年内高校毕业生自主创业且正常经营6个月以上的，以及返乡入乡创业人员首次创办小微企业或从事个体经营且正常经营1年以上的，可申请每年不超过3000元的场地租赁补贴，最长补贴期限为3年。

2. 经营场地租金补贴

对高校毕业生自主创业且正常经营6个月以上的，从创业资金中按每年不超过2000元的标准给予最长3年的经营场地租金补贴。

3. 创业园区建设补助

对入驻高校毕业生创业户数占园区总户数70%以上、入驻户数20户以上且稳定经营1年以上的创业园区，给予创建单位一次性建设补助，每户不超过5000元。

4. 免费或低价创业工位

鼓励各类创业孵化基地、园区为乡村创业者提供免费或低成本的创业工位，降低初期的创业成本。

5. 灵活用地政策

对乡村创业项目，尤其是涉及现代农业、乡村旅游等领域的，提供灵活的用地政策，支持利用闲置土地、农房等资源开展创业活动。

（三）创业培训与指导

1. 创业培训课程

组织开展SYB（创办你的企业）等创业培训课程，覆盖乡村创业者，提高其创业技能和知识水平。为普通高校在校大学生提供创业意识培训和创办企业培训，并分别给予一定的补贴。

2. 师资培训

定期举办创业培训师资培训班，提升创业培训师资的专业水平和授课能力，确保创业培训质量。

3. 一对一创业指导

建立创业导师制度，邀请成功企业家、行业专家为乡村创业者提供一对一的创业指导和咨询服务。

4. 网络创业平台

搭建网络创业服务平台，提供在线创业课程、项目展示、融资对接等一站式服务，方便乡村创业者获取资源和信息。

5. 政策宣讲会

定期举办创业政策宣讲会，邀请政府部门、金融机构等解读创业扶持政策，帮助乡村创业者了解并享受政策红利。

（四）创业氛围营造

1. 创业典型宣传

通过媒体、网络等渠道广泛宣传乡村创业典型事迹和成功案例，激发更多人的创业热情。

2. 创业大赛

举办各类创业大赛，鼓励乡村创业者参与，通过比赛展示项目、交流经验、获取资金和资源支持。

3. 创业文化节

定期举办乡村创业文化节，搭建创业者交流平台，促进创意碰撞和合作机会的产生。

4. 政府引导与扶持

各级政府出台更多鼓励乡村创业的政策措施，加大财政投入，优化创业环境，为乡村创业者提供更多支持和保障。

5. 社会参与与支持

鼓励社会组织、企业、个人等社会各界参与乡村创业支持工作，形成政府引导、社会参与的创业支持体系，共同营造浓厚的乡村创业氛围。

三、乡村社会保障体系建设

社会保障体系是保障乡村居民基本生活权益、促进社会和谐稳定的重要基石。随着乡村振兴战略的深入实施和城乡一体化发展的加快推进，乡村社会保障体系建设日益受到重视。

（一）新型农村社会养老保险制度

新型农村社会养老保险（简称"新农保"）制度是国家为了保障农村居民年老时的基本生活需求，建立的一项社会养老保险制度。这一制度的实施对于完善我国的社会保障体系，解决农民养老问题具有重要意义。

1. 制度背景与目标

新农保制度是在我国经济社会快速发展、城乡差距逐步缩小以及人口老龄化趋势日益明显的背景下提出的。其目标是建立一个覆盖全体农村居民，与城镇职工基本养老保险相衔接，保障水平适中、可持续发展的农村社会养老保险体系。

2. 参保范围与对象

新农保的参保范围为年满16周岁（不含在校学生）、未参加城镇职工基本养老保险的农村居民。这意味着，无论是务农的农民，还是进城务工的农民工，只要没有参加城镇职工基本养老保险，都可以自愿参加新农保。

3. 资金筹集与管理

新农保的资金筹集采取个人缴费、集体补助、政府补贴相结合的方式。其中，个人缴费是主要的资金来源，集体补助和政府补贴则起到补充和激励的作用。新农保基金实行县级管理，逐步过渡到省级管理，确保基金的安全和有效使用。

4. 养老金待遇与发放

新农保的养老金待遇由基础养老金和个人账户养老金两部分组成。基础养老金由中央财政全额支付，确保每个参保农民都能享受到最基本的养老保障。个人账户养老金则根据个人的缴费情况和基金的运营情况来确定，体现多缴多得、长缴多得的原则。养老金按月发放，方便农民领取和使用。

5.制度实施与效果

自新农保制度实施以来，我国农村居民的养老保障水平得到了显著提升。越来越多的农民开始关注并参与到这一制度中来，为自己的老年生活提前做好了准备。同时，新农保制度的实施也促进了农村社会的和谐稳定，为农村经济的发展提供了有力保障。

（二）医疗保障制度建设

医疗保障制度是社会保障体系的重要组成部分，对于提高农村居民的健康水平，减轻医疗负担具有重要意义。近年来，我国不断完善农村医疗保障制度，努力实现农村居民病有所医的目标。

1.制度框架与政策

农村医疗保障制度主要由新型农村合作医疗（简称"新农合"）和大病保险两部分组成。新农合是农村居民自愿参加的，以大病统筹为主的医疗互助共济制度。大病保险则是在新农合的基础上，对农村居民因患大病发生的高额医疗费用给予进一步保障的制度。

2.资金筹集与使用

新农合的资金筹集采取个人缴费、集体扶持和政府资助相结合的方式。政府资助是新农合资金的主要来源，体现了政府对农村居民医疗保障的重视和支持。新农合资金主要用于支付农村居民的医疗费用，特别是大病医疗费用，确保农村居民在患病时能够得到及时有效的治疗。

3.医疗服务与管理

为了提高农村医疗服务水平，我国不断加强农村医疗卫生体系建设，完善农村医疗服务网络。同时，加强对新农合资金的管理和监督，确保资金的安全和有效使用。此外，还通过推广家庭医生签约服务、加强基层医疗卫生人才培养等措施，提高农村医疗服务的可及性和质量。

4.制度成效与挑战

新农合制度的实施取得了显著成效，农村居民的医疗保障水平得到了显著提升。然而，随着经济社会的发展和农村居民医疗需求的增加，新农合制度也面临着一些挑战，如资金筹集压力增大、医疗服务水平有待提高等。因此，需要不断完善新农合制度，提高农村居民的医疗保障水平。

（三）社会救助与福利保障

社会救助与福利保障是社会保障体系的重要组成部分，对于保障农村困难群众的基本生活权益具有重要意义。山西省不断完善农村社会救助与福利保障制度，努力实现农村困难群众的基本生活保障。

1. 救助对象与标准

农村社会救助的对象主要包括农村五保供养对象、农村低保对象、农村受灾群众以及其他符合条件的农村困难群众。救助标准根据当地经济社会发展水平和物价变动情况适时调整，确保救助对象的基本生活需求得到满足。

2. 救助内容与方式

农村社会救助的内容主要包括生活救助、医疗救助、教育救助、住房救助等方面。救助方式采取现金救助、实物救助和服务救助相结合的方式，确保救助对象得到及时有效的救助。同时，还通过政府购买服务、社会组织参与等方式，提高救助服务的专业化和社会化水平。

3. 福利保障政策与措施

除了社会救助外，还通过一系列福利保障政策与措施来提高农村居民的福利水平。例如，实施农村危房改造工程，改善农村困难群众的住房条件；实施农村饮水安全工程，保障农村居民的饮水安全；实施农村文化惠民工程，丰富农村居民的精神文化生活等。

4. 制度完善与发展

近年来，山西省不断完善农村社会救助与福利保障制度，提高救助标准和福利水平。同时，还加强了对救助对象和福利保障对象的动态管理，确保救助和福利保障的精准性和有效性。未来，还需要进一步加强农村社会救助与福利保障制度的建设和发展，为农村困难群众提供更加全面、更加有效的保障。

（四）面临的挑战与对策

尽管山西省在乡村社会保障体系建设方面取得了显著成效，但仍面临着一些挑战。为了进一步完善乡村社会保障体系，需要采取以下对策：

1. 挑战一：资金筹集压力增大

随着农村社会保障制度的不断完善和保障水平的提高，资金筹集压力也在不断增大。为了解决这个问题，可以采取多元化的资金筹集方式，如增加政府投入、引导社会资本参与等。同时，还可以通过优化财政支出结构、提高资金使用效率等措施来减轻资金筹集压力。

2. 挑战二：医疗服务水平有待提高

虽然农村医疗服务体系不断完善，但医疗服务水平仍有待提高。为了解决这个问题，可以加强农村医疗卫生人才培养和引进力度，提高农村医生的医疗技术和服务水平。同时，还可以通过推广远程医疗、加强医疗卫生信息化建设等措施来提高农村医疗服务的可及性和质量。

3. 挑战三：救助和福利保障的精准性有待提高

在社会救助和福利保障方面，还需要进一步提高救助和福利保障的精准性。为了实现这个目标，可以加强对救助对象和福利保障对象的动态管理，确保救助和福利保障的及时性和有效性。同时，还可以通过建立信息共享机制、加强部门协作等方式来提高救助和福利保障的精准性。

4. 挑战四：制度衔接与整合问题

目前，乡村社会保障体系中的各项制度还存在衔接不畅、整合不够的问题。为了解决这个问题，可以加强制度之间的衔接与整合力度，如推动新农保与城镇职工基本养老保险的衔接、整合农村医疗保障制度等。同时，还可以通过建立统一的社会保障信息平台、完善社会保障法律法规等方式来促进制度之间的衔接与整合。

第三节 乡村医疗卫生事业

乡村医疗卫生事业是保障农村居民健康的重要基石，也是实现乡村振兴的关键环节。近年来，山西省乡村医疗卫生事业取得了显著进展，但仍面临诸多挑战。为了进一步推动乡村医疗卫生事业的发展，需要从多个方面入手，不断完善乡村医疗卫生服务体系建设，加强乡村公共卫生与防疫工作，以及完善乡村医疗保障制度。

一、乡村医疗卫生服务体系建设

（一）强化基础设施建设

乡村医疗卫生服务体系建设的第一步是强化基础设施建设。这包括提升乡镇卫生院和村卫生室的服务能力，确保它们具备基本的医疗设备和诊疗环境。各级政府应加大对乡村医疗卫生设施的投入，推动乡镇卫生院标准化建设，完善诊疗科室和住院病房，配备先进的医疗设备和必要的药品。鼓励和支持村卫生室进行改扩建，提升其服务能力和水平，确保村民能够就近获得基本的医疗服务。

（二）优化资源配置

优化资源配置是提升乡村医疗卫生服务体系效能的关键。应根据乡村形态变化和人口迁徙流动情况，因地制宜地合理配置乡村两级医疗卫生资源，提升单体规模和服务辐射能力。重点支持建设一批能力较强、具有一定辐射和带动作用的中心乡镇卫生院，使其在服务人口多、区域面积大的地区发挥龙头作用。加强边远地区、民族地区以及山区、海岛、牧区、库区等特殊地区的村卫生室建设，通过政府补贴、社会捐赠等多种方式筹集资金，确保这些地区的村民都能享受到基本的医疗卫生服务。

（三）推进县域医共体建设

县域医共体建设是整合县域内医疗卫生资源、提升整体服务效能的重要举措。通过推进县域内医疗卫生服务一体化，可以实现县级医院、乡镇卫生院和村卫生室之间的紧密合作和资源共享。建立健全分级诊疗制度，明确各级医疗机构的诊疗范围和职责，引导患者合理有序地就医。加强县域内医疗卫生人才一体化配置和管理，促进人才在城乡之间的合理流动，为乡村医疗卫生事业提供有力的人才保障。

（四）提升信息化水平

信息化是提升乡村医疗卫生服务体系效率的重要手段。应完善区域全民健康信息标准化体系，推进人口信息、电子病历、电子健康档案和公共卫生信息的互联互通共享。这不仅可以提高医疗服务的效率和质量，还可以为医疗卫生政策的制定和实施提供有力的数据支持。大力推进"互联网+医疗健康"，构建乡村远程医疗服务体系，推广远程会诊、预约转诊、互联网复诊、远程检查等服务模式。这可以让村民在家门口就能享受到优质的医疗服务，减轻他们的就医负担。

（五）加强人才队伍建设

人才是乡村医疗卫生事业发展的核心要素。应改革完善乡村医疗卫生人才培养机制，扩大全科、儿科、中医等紧缺人才供给。为此，可以逐步扩大农村订单定向免费医学生培养规模，完善协议服务政策，鼓励医学专业高等学校毕业生到乡村两级医疗卫生机构工作。落实艰苦边远地区县乡医疗卫生机构公开招聘的倾斜政策，吸引更多优秀人才扎根乡村。加强在岗乡村医生的继续教育和培训，提升其专业能力和服务水平，确保他们能够为村民提供高质量的医疗服务。

二、乡村公共卫生与防疫工作

乡村公共卫生与防疫工作是保障村民健康的重要防线，也是乡村医疗卫生事业的重要组成部分。为了加强乡村公共卫生与防疫工作，需要从以下几个方面入手：

（一）完善公共卫生服务体系

建立健全乡村公共卫生服务体系是保障村民健康的基础。依托乡镇卫生院和村卫生室，完善传染病疫情报告和监测网络，及时发现和报告疫情信息。加强疫苗接种工作，特别是针对老年人等重点人群的新冠病毒疫苗接种，坚持"应接尽接"的原则，提高疫苗接种覆盖率。加强公共卫生宣传教育，提高村民的卫生意识和自我防护能力。

（二）加强传染病防控

传染病是威胁村民健康的重要因素之一。为了加强传染病防控工作，应建立健全传染病预警和应急机制，确保在发生传染病疫情时能够及时响应和处置。同时，加强传染病监测和报告工作，及时发现和隔离传染源，防止疫情扩散。此外，还应加强传染病防治知识的宣传教育，提高村民的自我防护意识和能力。

（三）提升突发公共卫生事件应对能力

突发公共卫生事件对村民的健康和生命安全构成严重威胁。为了提升突发公共卫生事件应对能力，应加强乡村两级医疗卫生机构的应急能力建设，完善应急预案和处置流程。加强应急物资储备和调配工作，确保在发生突发公共卫生事件时能够及时提供必要的医疗救治和物资保障。此外，还应加强应急演练和培训工作，提高乡村医疗卫生人员的应急处置能力和水平。

（四）深入开展爱国卫生运动

爱国卫生运动是提升村民健康水平、改善乡村环境卫生状况的重要途径。应深入开展爱国卫生运动，加强环境卫生整治和健康教育宣传。通过组织村民参与环境卫生清理、垃圾分类等活动，提升村民的环保意识和健康素养。加强健康教育宣传工作，普及健康知识和健康生活方式，引导村民养成良好的卫生习惯和健康行为。

（五）加强公共卫生人才培养和引进

公共卫生人才是乡村公共卫生与防疫工作的关键力量。应加强公共卫生人才培养和引进工作，鼓励医学专业高校毕业生从事公共卫生工作。加强对在岗公共卫生人员的继续教育和培训工作，提升其专业能力和服务水平。此外，还可以通过政府补贴、社会捐赠等方式吸引更多优秀人才从事乡村公共卫生与防疫工作。

三、乡村医疗保障制度不断完善

乡村医疗保障制度是减轻村民医疗负担、防止因病致贫返贫的重要保障。为了进一步完善乡村医疗保障制度，需要从以下几个方面入手：

（一）巩固和扩大新农合制度覆盖面

新农合制度是乡村医疗保障制度的重要组成部分。应继续巩固和扩大新农合制度覆盖面，提高参保率。通过政府补贴、社会捐赠等多种方式筹集资金，确保更多村民能够纳入新农合制度保障范围。加强新农合制度的宣传和推广工作，提高村民对新农合制度的认知度和参与度。

（二）建立居民医保筹资周期性调整机制

针对农村居民参保缴费负担重、缴费标准增长过快等问题，应建立居民医保筹资周期性调整机制。通过科学评估村民的缴费能力和医疗需求，合理制定筹资调整规划，确保村民能够承担得起医保费用。加强对医保基金的监管和管理工作，确保医保基金的安全和有效使用。

（三）建立连续缴费激励机制

为了鼓励村民连续参保缴费，可以建立连续缴费激励机制。通过设置不同的缴费档次和相应的医保待遇水平，引导村民选择更高的缴费档次并连续参保缴费。加强对连续参保缴费村民的奖励和优惠政策，提高他们的医保待遇水平和医疗保障能力。

（四）扩大国家基本药物目录范围

国家基本药物目录是保障村民基本医疗需求的重要基础。应扩大国家基本药物目录的范围，将一些常用的、便宜的药物纳入报销范围。这可以减轻村民的医疗费用负担，提高他们的医疗保障水平。同时，加强对基本药物的监管和管理工作，确保基本药物的质量和供应的稳定性。

（五）加强医保基金监管力度

医保基金是乡村医疗保障制度的重要支撑。应加强医保基金的监管力度，防止过度医疗和骗保行为发生。通过建立健全医保基金监管机制和风险防控体系，加强对医疗机构和医保经办机构的监管和管理工作，确保医保基金的安全和有效使用。加强对村民的医保政策宣传和教育工作，提高他们的医保意识和自我管理能力。

第四节 乡村教育事业发展

一、乡村学前教育与义务教育发展

（一）乡村学前教育的重要性与现状

乡村学前教育作为基础教育的重要组成部分，对儿童的全面发展具有深远的影响。它不仅关乎儿童的健康成长，更是国家未来发展和民族振兴的基石。然而，当前山西省乡村学前教育的发展仍面临诸多挑战。教育经费不足、师资力量薄弱、教学设施落后等问题，严重制约了乡村学前教育质量的提升。首先，教育经费的短缺是制约乡村学前教育发展的首要因素。由于学前教育不属于义务教育范畴，其经费来源相对有限，且缺乏统一的财政支持政策。这导致许多乡村幼儿园经费紧张，难以维持正常的教学运营。同时，乡村学前教育缺乏统一的收费标准，进一步加剧了经费短缺的状况。其次，乡村学前教育的师资力量亟待加强。目前，乡村地区学前教育教师的学历水平普遍偏低，多数教师仅具备职业中专或职业高中的教育程度，缺乏系统的专业学习和培训。这不仅限制了教师的教育教学能力，也影响了乡村学前教育的整体质量。此外，由于农村学前教育教师待遇偏低，工作环境艰苦，难以吸引和留住高素质的教师人才。

（二）推进乡村学前教育普及与优质发展

针对乡村学前教育面临的挑战，应多措并举，推进其普及与优质发展。

首先，政府应加大对乡村学前教育的财政投入，将其纳入国家财政统筹范围，确保经费的稳定来源。同时，建立健全经费保障机制，加强对农村学前教育的专项补助，提高经费使用效率。其次，加强乡村学前教育师资队伍建设。通过政策引导和经济激励，吸引更多高素质的教师到乡村任教。建立和完善教师培训体系，加强对现有教师的在职培训和继续教育，提升其专业素养和教育教学能力。此外，建立健全教师社会保障体系，提高教师待遇，改善工作环境，稳定教师队伍。

（三）优化乡村学前教育资源配置

优化乡村学前教育资源配置是实现其高质量发展的关键。一方面，应加强对农村学前教育机构的布局规划，合理调整学前教育机构布局，避免资源的重复建设和浪费。鼓励和支持社会力量参与乡村学前教育办学，丰富办学形式，扩大学前教育规模。另一方面，注重乡村学前教育的内涵式发展。根据乡村儿童的特点和需求，完善课程体系，丰富教学内容。除了国家规定的基础课程外，还可以开设一些具有地方特色的课程和活动，如农耕文化、乡村手工艺等，激发学生的学习兴趣和创造力。同时，加强信息技术教育，提高乡村学生的信息素养和数字化学习能力。

（四）乡村义务教育的巩固与提升

乡村义务教育是保障适龄儿童接受基本教育的重要环节。近年来，山西省在推进乡村义务教育均衡发展方面取得了显著成效，但仍需进一步巩固和提升。首先，应继续加大对乡村义务教育的财政投入，改善学校基础设施和教学条件，为师生提供良好的教学和学习环境。其次，加强乡村义务教育师资队伍建设。通过政策引导和经济激励，吸引更多优秀教师到乡村任教。同时，建立健全城乡教师交流机制，促进优质教育资源的共享和互补。加强对乡村教师的在职培训和继续教育，提升其教育教学能力和专业素养。

（五）促进乡村学生全面发展

乡村学生的全面发展是乡村教育事业的重要目标。在推进乡村学前教育与义务教育发展的同时，应注重培养学生的综合素质和能力。一方面，加强德育工作，引导学生树立正确的世界观、人生观和价值观。注重培养学生的社会责任感、创新意识和实践能力。另一方面，关注学生的身心健康。加强体育、美育和劳动教育，提高学生的身体素质和艺术修养。建立健全学生心理健康教育体系，关注学生心理健康问题，提供必要的心理支持和辅导。

（六）构建乡村教育支持体系

构建完善的乡村教育支持体系是推动乡村教育事业持续发展的重要保障。政府应加强对乡村教育工作的领导和支持，制定和完善相关政策措施。同时，鼓励社会力量参与乡村教育的建设和发展，形成政府主导、社会参与的多元支持格局。加强乡村教育信息化建设，提高教育资源的数字化水平。建立乡村教育资源库和在线学习平台，实现优质教育资源的共享和普及。加强乡村教育科研工作，探索适合乡村特点的教育模式和教学方法，提高乡村教育的针对性和实效性。

二、乡村职业教育与技能培训

（一）乡村职业教育的重要性

乡村职业教育是提升乡村劳动力素质、促进乡村经济社会发展的重要途径。通过职业教育和技能培训，可以使乡村劳动力掌握一技之长，提高就业能力和创业能力，推动乡村产业发展和经济繁荣。

（二）构建完善乡村职业教育体系

构建完善的乡村职业教育体系是推动乡村职业教育发展的基础。应根据乡村经济社会发展的需求，合理设置职业教育专业和课程。加强县级职业教育机构建设，提升其办学水平和教学质量。鼓励和支持社会力量参与乡村职业教育办学，形成多元化的职业教育供给体系。

（三）加强涉农专业与技能培训

涉农专业是乡村职业教育的重点。应根据乡村农业生产的实际需求，加强涉农专业的建设和发展。开设与农业生产紧密相关的课程和活动，如现代农业技术、农产品加工与营销等。同时，加强涉农技能培训，提高农民的农业生产技能和经营管理能力。

（四）推进校企合作与产教融合

校企合作与产教融合是提升乡村职业教育质量的有效途径。应鼓励和支持职业院校与乡村企业建立紧密的合作关系，共同开展人才培养、技术研发和社会服务等工作。通过校企合作和产教融合，实现教育链、人才链与产业链、创新链的有机衔接，推动乡村经济社会高质量发展。

（五）创新职业教育与技能培训模式

创新职业教育与技能培训模式是适应新时代乡村发展需求的重要举措。应积极探索和实践线上线下相结合的教学模式，运用现代信息技术手段提高教学效果和学习体验。注重实践教学和实训环节的设置和实施，提高学生的实践能力和创新能力。

（六）加强乡村职业教育师资队伍建设

乡村职业教育师资队伍建设是保障教学质量的关键。应加强对乡村职业教育教师的培养和引进工作，提高其专业素养和教育教学能力。建立健全教师激励机制和保障体系，提高教师待遇和工作环境，稳定教师队伍。加强教师之间的交流和合作，促进优质教育资源的共享和互补。

三、乡村教育资源共享与优化

（一）建立乡村教育资源共享平台

建立乡村教育资源共享平台是实现乡村教育资源优化配置的重要途径。应充分利用现代信息技术手段建立在线教育平台和资源库，实现优质教育资源的线上共享。通过平台的建设和运营，可以打破地域限制和时空界限，让更多的乡村学生享受到优质的教育资源。

（二）推进城乡教育一体化发展

推进城乡教育一体化发展是实现教育公平和高质量发展的重要举措。应建立健全城乡教育交流合作机制，促进城乡教育资源的共享和互补。鼓励城市学校与乡村学校建立结对帮扶关系，开展教师交流、学生互访等活动。加强城乡教育规划和布局调整工作，促进城乡教育协调发展。

（三）优化乡村学校布局与资源配置

优化乡村学校布局与资源配置是提高乡村教育资源使用效率的关键。应根据乡村人口分布和学龄儿童数量等因素，合理调整学校布局和资源配置，避免资源的重复建设和浪费现象的发生。同时，加强对薄弱学校的支持和帮扶工作，提高其办学水平和教学质量。

（四）加强乡村教育信息化建设

加强乡村教育信息化建设是提高乡村教育现代化水平的重要途径。应加大对乡村教育信息化建设的投入力度，提高教育资源的数字化水平。建立健全教育信息化基础设施和平台体系，为师生提供良好的信息化教学和学习环境。加强信息技术培训和应用推广工作，提高师生的信息素养和数字化学习能力。

（五）发挥社会力量在乡村教育中的作用

发挥社会力量在乡村教育中的作用，是实现教育资源优化配置的重要途径之一。应鼓励和支持社会力量参与乡村教育建设和发展工作，形成政府主导、社会参与的多元支持格局。通过引导社会资本投入、鼓励志愿服务等方式促进乡村教育事业的持续健康发展。

（六）完善乡村教育政策与制度体系

完善乡村教育政策与制度体系是保障乡村教育事业持续健康发展的关键所在。应加强对乡村教育工作的政策研究和制度建设，制定和完善相关政策措施和制度规范。同时加强对政策执行情况的监督和评估，确保政策的有效落实和执行效果的最大化。

第五节　乡村养老事业

一、乡村养老保障制度建设

（一）乡村养老保障制度的重要性

乡村养老保障制度建设是乡村社会发展的重要组成部分，对于保障乡村老年人的基本生活需求、提高乡村老年人的生活质量、促进乡村社会的和谐稳定具有重要意义。随着乡村老龄化的加剧，乡村养老保障制度建设显得尤为迫切。

（二）完善乡村养老保险制度

完善乡村养老保险制度是乡村养老保障制度建设的核心。当前，乡村养老保险制度还存在覆盖面窄、保障水平低等问题。因此，应逐步扩大乡村养老保险的覆盖面，将更多的乡村老年人纳入保障范围。同时，提高乡村养老保险的保障水平，确保乡村老年人能够享受到基本的养老保障。

（三）建立乡村养老救助制度

针对乡村中生活困难的老年人，应建立乡村养老救助制度。通过政府救助、社会捐助等方式，为生活困难的乡村老年人提供必要的生活救助和医疗救助，确保他们的基本生活需求得到满足。

（四）推动乡村养老保障制度与城市接轨

随着城乡一体化进程的加快，应推动乡村养老保障制度与城市接轨。逐步统一城乡养老保障标准，实现城乡养老保障制度的衔接和融合，为乡村老年人提供更加公平、可持续的养老保障。

（五）加强乡村养老保障制度的监管与评估

为确保乡村养老保障制度的有效实施，应加强对其的监管与评估。建立健全乡村养老保障制度的监管机制，加强对制度执行情况的监督检查。同时，政府应定期对乡村养老保障制度进行评估，及时发现问题并进行改进，确保制度的有效性和可持续性。

（六）提升乡村老年人的养老保障意识

除了制度建设外，还应提升乡村老年人的养老保障意识。通过宣传教育等方式，引导乡村老年人了解养老保障制度的重要性，积极参与养老保障制度的建设和实施，为自己的晚年生活提供更好的保障。

二、乡村养老服务设施建设

（一）乡村养老服务设施的重要性

乡村养老服务设施是乡村养老事业的重要组成部分，对于满足乡村老年人的养老服务需求、提高乡村老年人的生活质量具有重要意义。因此，应加强乡村养老服务设施的建设和管理，为乡村老年人提供更加便捷、优质的养老服务。

（二）加强乡村养老院建设

乡村养老院是乡村养老服务设施的重要组成部分。应加强乡村养老院的建设和管理，提高其服务质量和水平。同时，鼓励社会力量参与乡村养老院的建设和运营，形成多元化的养老服务体系。

（三）推进乡村社区养老服务设施建设

除了养老院，还应推进乡村社区养老服务设施建设。在乡村社区中建设养老服务中心、老年人活动室等设施，为乡村老年人提供日间照料、文化娱乐等服务。鼓励乡村社区居民自发组织养老互助活动，形成社区养老的良好氛围。

（四）优化乡村养老服务设施布局

在乡村养老服务设施的建设过程中，应注重优化其布局。根据乡村老年人的分布情况和养老服务需求，合理规划养老服务设施的布局和规模。同时，加强乡村养老服务设施之间的衔接和配合，形成覆盖乡村的养老服务网络。

（五）提高乡村养老服务设施的服务质量

为确保乡村养老服务设施的服务质量，应加强对其的管理和监督。建立健全乡村养老服务设施的服务标准和管理制度，加强对服务人员的培训和管理。定期对乡村养老服务设施进行服务质量评估，及时发现问题并进行改进。

（六）促进乡村养老服务设施的可持续发展

为确保乡村养老服务设施的可持续发展，应注重其经济效益和社会效益的平衡。在保障乡村老年人养老服务需求的同时，探索乡村养老服务设施的多元化运营模式。通过政府补贴、社会捐助、老年人自费等方式，形成多元化的资金来源渠道，确保乡村养老服务设施的可持续运营和发展。

三、乡村养老服务质量提升

（一）乡村养老服务质量提升的重要性

乡村养老服务质量提升是乡村养老服务事业发展的重要方向。随着乡村老龄化的加剧和乡村老年人对养老服务需求的增加，提升乡村养老服务质量显得尤为重要。通过提升乡村养老服务质量，可以更好地满足乡村老年人的养老服务需求，提高他们的生活质量。

（二）加强乡村养老服务人才队伍建设

人才是提升乡村养老服务质量的关键。应加强乡村养老服务人才队伍的建设和管理，提高服务人员的专业素养和服务能力。通过培训、引进等方式，增加乡村养老服务人才的数量和质量。建立健全乡村养老服务人才的激励机制和保障体系，吸引更多的人才投身乡村养老事业。

（三）推动乡村养老服务创新

创新是提升乡村养老服务质量的重要途径。应鼓励和支持乡村养老服务机构和人员进行创新实践，探索适合乡村特点的养老服务模式和方法。通过引入新技术、新理念等方式，提高乡村养老服务的效率和质量。

（四）加强乡村养老服务标准化建设

标准化建设是提升乡村养老服务质量的重要保障。应加强对乡村养老服务的标准化建设和管理,制定和完善乡村养老服务的相关标准和规范。通过标准化建设,提高乡村养老服务的规范化和专业化水平。

(五)强化乡村养老服务的监管与评估

为确保乡村养老服务质量的提升,应加强对乡村养老的监管与评估。建立健全乡村养老服务的监管机制,加强对服务机构和服务人员的监督检查。定期对乡村养老服务进行质量评估,及时发现问题并进行改进。

(六)营造尊老敬老的社会氛围

除了以上措施外,还应营造尊老敬老的社会氛围。通过宣传教育等方式,引导乡村居民树立尊老敬老的价值观念,关心和支持乡村养老事业的发展。同时,鼓励乡村居民积极参与养老志愿服务等活动,为乡村老年人提供更加温馨、关爱的社会环境。

第九章

探索乡村振兴的实践途径与模式

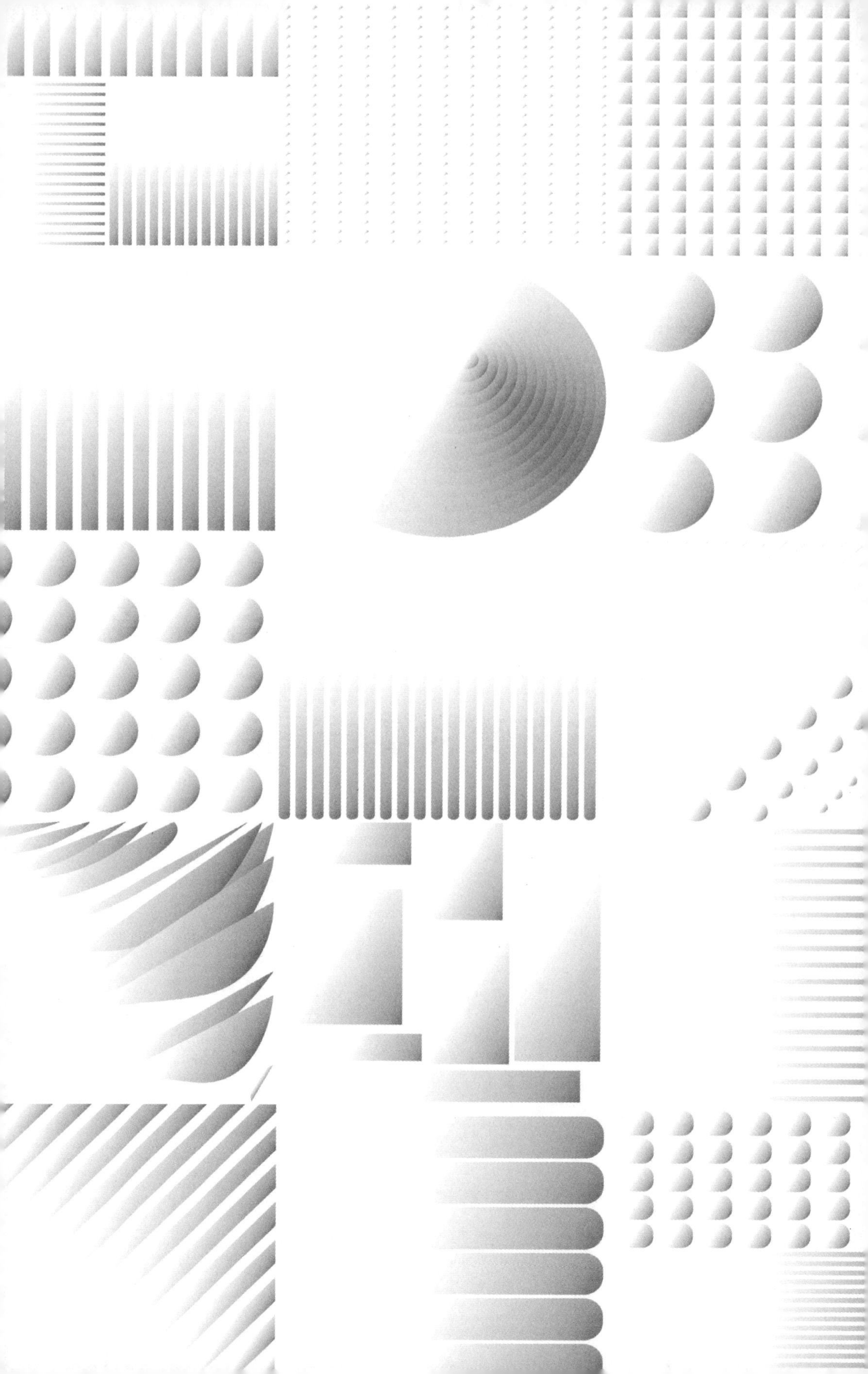

第一节　乡村振兴国际经验与启示

以法国专业化、生态化发展的经验与启示为例，法国的乡村振兴之路历经两大阶段：首先是农业的全面振兴，随后是乡村的多元化发展。自二战后的艰难起步，法国农业历经蜕变，从昔日的落后状态跃升至快速发展阶段，实现了从粮食自给不足到成为全球农产品出口大国的惊人转变。这一进程是循序渐进的，得益于以"一体化农业"和"领土整治"为核心的农村改革策略。在这些政策的驱动下，法国成功构建了农工商紧密结合的一体化农业体系，在政府引导与市场机制的双重作用下，农业生产实现了专业化发展，产量激增，并广泛出口至世界各地，同时树立了鲜明的品牌形象，极大地加速了农业现代化的步伐。随着农业专业化的不断深入，乡村的多元化与生态化发展逐渐受到重视。生态农业的兴起与乡村旅游的蓬勃发展，不仅有效改善了乡村环境，更为乡村注入了新的活力，使其焕发出勃勃生机。这一生态化的发展趋势，不仅促进了乡村经济的多元化，还提升了乡村的整体吸引力，为法国的乡村振兴之路增添了浓墨重彩的一笔。

一、农村改革

一体化农业与领土整治的双向驱动使法国能够在短时间内实现农业现代化的飞跃，离不开工业的强大推动力以及适时推进的农村改革。这场改革以"一体化农业"和"领土整治"为核心，旨在调整工农关系、推动现代农业发展、扶持落后地区。

（一）一体化农业的深度实践

"一体化农业"是法国农业现代化进程中的一项重要战略，它基于生产的专业化和协调化，通过工商业资本家与农场主的紧密合作，利用现代科技和管理方法，将农业与其相关的工业、商业、运输、信贷等部门联结成一个利益共同体。这一模式始于20世纪50年代中期，是法国应对二战后民生凋敝、粮食短缺等挑战的重要举措。为提高农业产量，法国政府大举借债发展农业机械化，并实施了价格补贴、鼓励农业机械合作社发展等一系列政策。

随着农业机械化率的逐步提高，经济迅速发展，城市人口猛增，工业和服务业也迎来了空前繁荣。在此背景下，为了满足工业对农业原料的需求、解决银行过剩资本问题，法国政府采取了补贴、投资、减税、贷款等一系列政策措施，支持农业前后向产业链与农业一体化发展，加快了工商业对农业的反哺步伐。在欧盟共同农业政策的保护和法国政府政策的扶持下，法国农业产业结构得到了有效调整，农民自发经济组织不断壮大，自给自足的传统农业逐步向高度专业化、集约化的现代产业转变。在全球化推动欧洲开放市场的压力下，法国农业更是衍生出了农产品加工等跨界发展形势，展现了强大的生命力和竞争力。

法国一体化农业的成功，是政府力量与市场作用高度配合的结果。其高效的市场机制可概括为三类：一是互相控股，通过工业、商业、金融和农业企业的互相控制股份，实现合理分工、利益共享；二是垂直合同，通过合同将农业相关行业组织起来形成综合体，提高社会劳动生产率，推进农业专业化和现代化进程；三是各类合作社的支持，法国合作社数量众多、形式多样，为农场主提供了全方位的一体化服务。

此外，法国一体化农业的组织体系和运行机制也极具特色。政策管理体系方面，农业食品渔业部作为主管部门，负责贸工农一体化的管理，而协调部门则负责协调关系和协商农业的重要政策。在公共管理方面，行业管理局负责补贴管理、标准制定、创新支持等工作，与政府职能不交叉。农业经营者组织方面，包括各类行业协会和经济组织，它们在推动农业制度和政策的产生方面发挥了重要作用。同时，私营加工企业与合作社之间形成了良性竞争互补的关系，共同推动了法国农业的发展。

（二）领土整治

法国的"领土整治"战略自20世纪50年代中期起便拉开了序幕，旨在通过法律法规的制定与实施，为经济欠发达的乡村地区注入发展活力，优化社会资源配置，从而有效应对区域发展失衡、环境综合治理与保护等挑战。法国的发展不均衡问题主要体现在两大方面：一是巴黎与外省之间的显著差异，巴黎以其强大的吸引力对周边地区形成了"虹吸效应"；二是东部工业区与西部农业区之间的不平衡，东部凭借第二、第三产业的繁荣集中了众多大型企业，而西部则仍以传统农业为主导，基础设施相对滞后。

为缓解日益加剧的贫富差距，合理开发利用国土资源，法国于1955年颁布了《国土整治令》，标志着均衡化领土整治的正式启动。此后，一系列举措相继出台，如实施"工业分散化""平衡大都市"等政策，成立"领土整治与地区行动代表处"作为领导核心，划分"领土整治区"等，致力于推动产业、城市、城乡以及人与自然之间的均衡发展。法国的"领土整治"战略强调协商干预与系统化管理，经过三十余年的不懈努力，取得了显著成效。落后地区的工业化与城镇化进程显著加速，城乡居民生活水平差距逐渐缩小，城乡融合发展的态势日益明显。在扶持落后乡村地区的具体政策上，政府设立了地区"平衡基金"，致力于改善乡村基础设施，促进农村工商业、手工业与畜牧业的良性互动。同时，限制大城市的无序扩张，加大公路、地铁等基础设施的建设力度，促进巴黎、新城与农村地区的深度融合。

此外，鼓励中小城市的建设与发展，通过工业的分散化与合理化布局，带动小城镇的健康发展。在城乡规划与管理方面，法国制定了统一的城市总体规划和土地利用计划，并颁布了《领土整治与发展指导法》及一系列配套性法律，为城乡土地利用提供法律指导。优先保障绿地、农牧场、村庄建设及绿色边界等，以促进可持续发展。同时，充分利用乡村的高品质生态优势与文化特色，大量建立自然保护区与文化村落，划定保护红线，保持乡村形态与自然景观的完整性，进一步推动城乡融合发展。

二、农业产业专业化

政府与市场协同发力法国，凭借其得天独厚的自然条件——优越的气候、充沛的雨水、充足的阳光以及适宜的温度，加之人均耕地面积与世界平均水平相当，成为仅次于美国的全球第二大农业出口国。其农业之所以如此发达，不仅得益于自然条件的恩赐，更在于其农业专业化与现代化程度在全球处于领先地位。法国农业的专业化可细分为六大方面：区域专业化、农场专业化、作业专业化、土地规模化、机械化以及信息服务专业化。

第一，在区域专业化上，法国根据自然条件、历史习惯和技术水平，将全国划分为22个农业大区和470个农业小区，形成专业化的商品产区，促进了农业产业集群和产业融合的发展。

第二，农场专业化方面，法国农场按照经营内容大致可分为畜牧农场、谷物农场、葡萄农场、水果农场和蔬菜农场等，专业农场通常专注于一种产品的生产。

第三，作业专业化使得过去由单个农场完成的全部工作，如耕作、田间管理、收获、运输、储藏和营销等环节，现在由相关企业分别承担，实现了从自给自足向商品化生产的转变。

第四，在土地规模化方面，法国政府采取了一系列措施促进土地适度集中，形成了以中等规模为主的家庭农场经营模式，显著提高了农业生产率。这些措施包括设立"调整农业结构行动基金"和"非退休金的补助金"，鼓励老年农场主退出土地，鼓励青年农民外出投资就业，并规定农场继承权只能由一个继承对象继承。同时，政府还组建了"土地整治与农村安置公司"，负责将分散的土地整理成片，并为符合条件的农场主提供购买土地的优惠贷款，积极推动土地租赁经营。

第五，机械化方面，法国政府通过发放农机补贴、鼓励集体购买或使用合作社共享的农机设备、成立农机研发中心、发挥农业协会的宣传推广作用以及严格把控农机企业的质量标准和服务关等方式，在短时间内大大提高了农机使用率。

第六，在信息服务专业化方面，政府、专业协会和私人企业共同构建了三位一体的信息服务体系。政府在其中占据主导地位，建立了涵盖种植、渔业、畜牧、农产品加工等方面的完备的农业信息数据库，并正在打造一个涵盖高新技术研发、商业市场咨询、法律政策保障以及互联网应用等的"大农业"数据体系。这个体系能够定期公布农业生产信息，管控农业生产销售环节的秩序，并根据国际大宗商品及主要农产品的价格变动为本国农民提供最新的生产建议。市场化的农业协会也提供详细的农业信息资讯付费服务，并与农民建立了灵活的交流方式。而私人企业则作为法国农业信息化服务体系的重要补充力量，提供"定制化"的服务模式，为农民提供了更多的选择和便利。

这六大专业化的协同发展，使得原本分散的小农户家庭生产被纳入了规模化、科学化、集约化、组织化、社会化和市场化的生产体系。在这一过程中，既发挥了有效市场的交易机制作用，如工商企业的广泛参与，又彰显了有为政府的宏观引领与规制作用，如对土地规模化、农机装备化的政策推动。这使得法国的农业产业链得到了充分的发展和优化，专业化优势显著地提高了农业产出率。

三、生态农业与乡村旅游的融合发展

曾经，法国乡村因过度追求专业化发展而面临环境破坏的困境。然而，在石油危机、二噁英污染等一系列环境事件的警醒下，法国政府深刻认识到可持续发展的重要性，乡村发展因此迎来了多元化、生态化、融合化的新篇章。经过数十年的不懈努力，法国乡村振兴取得了显著成果。特别是在21世纪以来，其乡村地区凭借人口分布低密度这一独特优势，反而变得更加具有吸引力。人口回流、功能产业多样化、生态环境优越以及乡村文化精品化等特点日益凸显，生态农业与乡村旅游更是焕发出蓬勃生机，走在了世界的前列，成功实现了乡村的复兴。如今，法国乡村不仅保留了其宁静与美丽的自然风光，还通过生态农业的发展，实现了农业与环境的和谐共生。同时，乡村旅游的兴起也为乡村经济注入了新的活力，让乡村文化得以传承与发扬。这一系列的变革与成就，共同见证了法国乡村从困境中崛起，走向繁荣与复兴的历程。

（一）生态农业的法国实践

法国的生态农业之旅始于1931年，当时部分农民开始尝试使用有机肥料提升土壤肥力，种植出品质上乘的小麦，标志着生态农业的初步形态。1985

年，生态农业被正式纳入法律框架，而2010年后，其更是迎来了快速发展期。在这一历程中，法国不仅加强了与邻国的生态农业交流，还成立了生态农业组织和协会，受回归自然运动的影响，生态农业得到了有力推动。生态农业博览会、生态农业标识的设立、国家生态农业生产协会及企业协会的创建等举措，都促进了生态农业的繁荣发展。在法国，生态农业的发展得到了法律、政策、技术研发、培训和组织协同等多方面的综合支持。

一方面，法国不断完善法律制度体系，制定长期规划。自1985年将生态农业写入法律以来，又相继出台了《农业发展指导法》和《生态农业发展规划》，为生态农业的发展奠定了坚实基础并指明了方向。2001年，生态农业发展和促进署的成立，更是与多方建立了高效的信息沟通机制。2009年，法国遵循欧盟的严格规定，对生态农业的生产、加工、标识、验证及有机产品进口等方面进行了全面规范。2014年，"生态农业"更是被写入《未来农业法》。

另一方面，法国政府还通过财政资金支持生态农业的发展。鉴于生态农业的高投入成本，法国建立了生态农业未来基金、专项补贴和计划拨款，提高了生态农业转换农户的税收抵免额度，并设立了防止污染扩散的专项资金。这些政策的引导和资金的大力支持，使得生态种植面积大幅增加，形成了良性循环。在技术层面，法国建立了高标准、前瞻性的技术标准体系，制定了20多个生态农业标签的技术指标，明确了生产、保存、加工等基本原则，并建立了生态农产品可追溯系统。同时，法国还注重研发创新和技术培训，设立了生态农业优先研究计划，并为从业人员提供开放式的在线课程。在市场推广方面，鉴于生态农产品的高昂价格，法国加大了宣传力度，不断培育品牌，拓宽销售渠道。通过互联网加强生产者与消费者的互动，有效提升了消费者的购买意愿。

综上所述，法国作为欧洲的生态农业强国，通过综合运用法律、政策、技术研发、培训和组织协同等手段，成功推动了生态农业的蓬勃发展，实现了生态与经济的良性循环。

（二）乡村旅游的法国魅力

乡村旅游作为农业旅游、生态旅游与文化旅游的完美融合，为游客提供了体验乡村生活、购买土特产、游览自然环境及参与特色文化活动的独特机会。法国，作为世界首屈一指的旅游入境国，其乡村旅游自20世纪50年代起步，历经数十年的发展，已步入高度发达的成熟阶段。二战结束后，随着工业化与城镇化的加速推进，法国乡村面临着人口外流、老龄化及"空心化"等挑战。为振兴乡村经济，政府出台了一系列扶持政策，包括制定农业指导乡村基础法、成立土地发展与乡村规划协会、鼓励乡村工作与居住、推动基础设施建设等，并明确提出发展乡村旅游的构想，从宏观层面为乡村旅游的发展提供了全方位的支持。

20世纪70年代，随着农业产业化经营的深入及城镇化步伐的放缓，人们更加向往自然休闲的生活方式。法国凭借其广袤的农业景观与完善的基础设施，使绿色、原真的乡村旅游迅速崛起，形成了涵盖美食、休闲与住宿三大领域的九大乡村旅游项目，如农场客栈、农产品农场、点心农场等，满足了游客多样化的需求。在法国乡村旅游的发展过程中，政府、协会、企业与农户共同构建了"四位一体"的发展模式。政府发挥主导作用，支持乡村房屋修缮、公路建设，并设立管理机构与营销服务网络；协会作为桥梁，协助政府制定标准，为农户提供咨询培训与营销服务；企业则负责旅游产品供给，明确市场定位与营销方式；农户作为经营主体，充分利用本地资源，深入开发旅游产品。法国乡村旅游的特色在于其原真性、本土性与多元化。美食体验以农产品采摘、烹饪培训、美食品尝为主，强调食材与加工的本土化；住宿选择多样，包括乡村别墅、露营与乡村酒店等；农场类型丰富，如骑马农场、狩猎农场等；文化体验则注重与当地建筑风格、人文精神相融合。同时，法国乡村旅游具有较强的行业自律，通过行业协会与品质认证制度，确保旅游要素的规范化管理。此外，法国还建立了完善的营销体系，明确市场定位，通过网络营销、展会营销等多种渠道，加强与游客的沟通与联系，推动品牌建设与可持续发展。

总之，法国乡村旅游以其独特的魅力，吸引了无数国内外游客前来体验。在政府的引导与支持下，法国乡村旅游将继续蓬勃发展，为乡村经济的振兴与文化的传承贡献力量。

四、法国乡村振兴的启示

二战的硝烟散去后，法国乡村农业不仅实现了从自给自足到全球出口的华丽转身，更跃居为世界第二大农产品出口国与第一大农产品加工出口国，其农业强国的地位无可撼动。同时，法国在生态农业与乡村旅游领域的卓越成就，亦使其成为该领域的领航者。这一系列辉煌成就的背后，是法国对农业发展规律的深刻洞察与精准施策，是对现代化农业生产与生态功能深度融合的不懈探索。这里旨在深入剖析法国乡村振兴的成功经验，为我国乡村振兴提供宝贵的启示与借鉴。

（一）农村改革构建农业竞争力的基石

1.产业链整合与区域协调的战略部署

法国乡村振兴的首要经验在于其深刻的农村改革，特别是以产业链整合和区域协调为核心的战略部署。法国通过"一体化农业"策略，打破了传统农业体系内工商结合的壁垒，吸引大型工商企业深入农业领域，形成了工农互促的良性循环。这一模式不仅提升了农业生产效率，还促进了农产品加工、销售等环节的协同发展，构建了紧密衔接的产业链、供应链体系。对于我国而言，要实现农业振兴，就必须借鉴法国经验，大力推进农业与关联产业的深度融合。通过政策引导和市场机制，促进农业与工业、商业、服务业等领域的跨界融合，形成农工商一体化、产供销紧密衔接的经营网络。同时，要注重区域经济的协调发展，根据不同地区的经济基础和自然条件，制定差异化的农村发展目标，优化农业主体功能和空间布局，推动形成优势互补、协同发展的农业发展新格局。

2.城乡互促与农业互促的经济生态

法国乡村振兴的另一个重要特征是城乡互促与农业互促的经济生态。

通过加强城乡之间的经济联系和互动，法国有效激发了农村地区的经济发展活力。同时，通过农业与其他产业的深度融合，特别是与农村旅游、文化产业等领域的结合，法国成功打造了多元化的农村经济体系。我国在新农村建设和乡村振兴过程中，也应注重城乡之间的互促发展。通过完善城乡基础设施、促进劳动力流动、加强信息交流等措施，推动城乡经济一体化发展。同时，要深入挖掘农村地区的资源优势和文化特色，大力发展乡村旅游、农村电商等新兴产业，为农村经济发展注入新的动力。

（二）农业产业专业化与品牌化迈向现代化的关键路径

1.专业化模式的全面构建

法国在农业现代化进程中，高度重视农业产业的专业化建设。通过政府、农业合作组织以及私人企业的紧密合作，法国成功构建了区域专业化、农场专业化、作业专业化、土地规模化、机械化、信息服务专业化等六类专业化模式。这些专业化模式的实施，不仅提升了农业生产的效率和质量，还增强了农产品的市场竞争力。我国在实现农业现代化过程中，也应注重农业产业的专业化建设。通过政策扶持和市场引导，鼓励农民和农业企业向专业化方向发展。同时，要加强农业科技创新和人才培养，提升农业生产的科技含量和智能化水平。此外，还应建立健全农业信息服务体系，为农民提供及时、准确的市场信息和技术指导，帮助他们更好地适应市场需求的变化。

2.品牌化战略的深入实施

法国农业的另一大亮点是其卓越的品牌化战略。通过专注于开发差异化产品、加强国际推广和品牌建设等措施，法国成功打造了一批具有国际影响力的农产品品牌。这些品牌不仅提升了法国农产品的市场竞争力，还带动了整个农业产业链的升级和发展。我国也应借鉴法国的经验，深入实施农业品牌化战略。通过加强农产品质量监管和品牌建设，提升农产品的品质和市场知名度。同时，要注重挖掘农产品的文化内涵和地域特色，打造具有地方特色的农产品品牌。此外，还应加强农产品的国际推广和营销，提升我国农产品在国际市场上的竞争力和影响力。

(三）生态农业与乡村旅游拓展乡村产业新空间的双轮驱动

1. 生态农业的可持续发展之路

法国在生态农业方面取得了显著成就。通过制定严格的法律法规、健全管理体制、设立高标准的技术指标和专项资金等措施，法国成功地推动了生态农业的可持续发展。这不仅提升了农产品的品质和竞争力，还促进了农村地区的生态保护和可持续发展。我国在发展生态农业时也应注重可持续发展原则。通过建立和完善生态农业发展的长期规划和管理体制，加强生态农业的立法和监管力度。同时，要注重技术创新和人才培养，提升生态农业的科技含量和智能化水平。此外，还应建立健全生态农业的服务体系和技术推广机制，为农民提供全方位的技术支持和服务保障。

2. 乡村旅游的多元化发展模式

法国乡村旅游以其原真性、本土性和多元化特色而闻名于世。通过注重服务质量标准、加强行业自律和多元化供给等措施，法国成功打造了乡村旅游的可持续发展模式。这不仅为游客提供了丰富的旅游体验，还促进了农村地区的经济发展和社会进步。我国在发展乡村旅游时也应注重多元化发展模式。通过深入挖掘农村地区的资源优势和文化特色，打造具有地方特色的乡村旅游产品。同时，要注重规划和管理，提升乡村旅游的服务质量和吸引力。此外，还应加强政策支持和资金投入，为乡村旅游的发展提供有力保障。同时，要注重行业自律和多元化供给，推动乡村旅游健康发展。

3. 强化政策支持与制度保障

法国乡村振兴的成功经验表明，政策支持与制度保障是实现乡村振兴的重要保障。我国应进一步完善乡村振兴的政策体系，加强政策协调和配合，形成合力，推动乡村振兴的深入发展。同时要注重制度创新和机制建设，为乡村振兴提供有力的制度保障。

4. 注重科技创新与人才培养

科技创新与人才培养是实现农业现代化和乡村振兴的关键。我国应加大农业科技研发投入，推动农业科技创新和成果转化。同时，要注重农业人才培养和引进，提升农业从业人员的素质和能力。通过科技创新和人才培养，推动农业产业转型升级和高质量发展。

5.加强生态保护与可持续发展

生态保护与可持续发展是实现乡村振兴的重要目标。我国应坚持绿色发展理念，加强农村生态环境保护，推动生态农业和乡村旅游的可持续发展。同时，要注重资源节约和循环利用，推动农村经济的循环发展和低碳发展。通过生态保护与可持续发展，实现农村地区的经济、社会和环境的协调发展。

6.推动城乡融合发展

城乡融合发展是实现乡村振兴的重要途径。我国应加强城乡之间的经济联系和互动，推动城乡经济一体化发展。通过完善城乡基础设施、促进劳动力流动和加强信息交流等措施打破城乡壁垒，推动城乡资源的优化配置和共享。同时，要注重农村地区的文化建设和社会事业发展，提升农村居民的生活品质和社会福祉水平。法国乡村振兴的成功经验为我国提供了宝贵的启示与借鉴。通过深入剖析法国在产业链整合、区域协调、农业产业专业化与品牌化、生态农业与乡村旅游等方面的成功经验，我们可以发现实现乡村振兴需要多方面的努力和探索。在未来的乡村振兴实践中，我国应充分借鉴法国经验，结合自身实际情况，制定切实可行的政策措施和发展战略，推动乡村振兴的深入发展，为实现农业强国和乡村全面振兴的目标贡献智慧和力量。

第二节　探索国内乡村振兴的典型模式之县域篇

一、省内典型案例

（一）一村带动一片的振兴之路——山西省长治市上党区振兴新区产业振兴的实践探索

1.背景情况

振兴村位于山西省长治市上党区振兴新区，总面积12.6平方公里，农业人口2309人，职工2000人，下设1个集团企业、7个子公司，资产总额30亿元，年上缴国家税收超亿元，村集体年收入约6900万元，村民人均收入3.69万元。振兴村曾荣获"全国文明村镇""国家AAAA级景区""国家五星级企业园区""中国美丽休闲乡村""全国乡村旅游重点村""全国美丽乡村示范村"、全国"一村一品"示范村镇、"中国全面小康十大示范村镇""全国乡村治理示范村""全国农村创新创业孵化实训基地""全省先进基层党组织"等荣誉称号。

2. 主要做法和成效

近年来，振兴村深入实施乡村振兴战略，取得了显著成效。在产业层面，以乡村旅游为突破口，激活乡村经济；在人才建设上，强化职业培训，为乡村振兴提供智力支持；文化振兴方面，重视基础教育，传承乡土文化；生态建设上，坚守绿水青山理念，打造宜居环境；组织建设领域，则聚焦于为民服务，以党建为引领，率先垂范，探索出一条独具特色的乡村振兴之路。

深耕乡土四十余载，矢志不渝走共富路。振兴村党支部书记牛扎根，正如其名，四十七年来深深扎根于这片养育他的土地。振兴村也如其名，在牛扎根这位老黄牛的辛勤耕耘下，不断振翅高飞，日益繁荣。自21岁踏上农村基层领导岗位，26岁加入中国共产党以来，牛扎根始终践行党员职责，坚守信念，扎根基层，心系百姓。他常说："我的名字蕴含了我的使命，只有扎根土地、心系民众，走共同富裕之路，方能不负党恩、不负乡亲、不负父母所赐之名。"数十年来，牛扎根言行一致，以立党为公、村民至上的初心，引领振兴乡村发展。昔日，振兴村原名关家村，村民生活在落差百米的坡沟之间，因山高石多，世代饱受行路难、饮水难、上学难之苦，挖煤卖煤是唯一的生计。为改变村容村貌，20世纪80年代初，牛扎根带领村民兴办小煤矿。历经两次煤矿改革，振兴村坚持走集体化道路，成立振兴集团，成为现代化的村集体股份制企业，村集体与村民分别持有60%和20%的股份，公司下设7家子公司，年村集体收入约6900万元。基于此，振兴村党支部与村民共同探索出"三带并举抓产业"的发展模式,即企业带动新农村建设、工业带动农业发展、商业带动乡村旅游,实现了经济的持续飞跃。"独木不成林,百花方为春。"2009年,为带动周边村庄共同富裕,上党区将原关家村、郜则掌村、向阳村三个党支部并入振兴试验区,由振兴试验区党委和管委会直接领导。2010年7月23日,长治县城乡统筹振兴试验区(振兴新区)正式成立,旨在探索以企业优势引领村庄社会经济整体发展的新路径。在牛扎根的带领下,村民们齐心协力,开启了"敢教日月换新天"的创业征程。他们夜以继日,新修街道、改河迁坟、挖山填沟,新建别墅式住宅和单元楼,于2007年让三个村子的家家户户住上了新居,极大地改善了群众的生活环境,提升了群众的幸福指数。如今的振兴村,不仅是经济发达的典范,更是共同富裕的社会主义新农村。

(1)乡村振兴"三带"并举,产业蓬勃发展。振兴村秉持"以企带村、以工带农、以商带户"的发展理念,推动产业全面振兴。

绿色发展,守护绿水青山。面对资源消耗、环境污染等挑战,振兴村主动转型,延伸煤炭产业链条,引入煤矸石砖制造和洗煤项目,实现能源循环利用。同时,依托生态优势,发展观光农业和商贸物流业,壮大村集体经济。2007年,振兴村启动新农村建设,坚持"三不"原则:不破坏原有生态植被、不改变原有山水景观、不拆迁原有古建遗迹。历经三年,新建别墅式住宅和单元楼569套,让2000余名村民搬进了宽敞明亮的新居。

农旅融合,提升农业品质。为服务旅游发展,振兴村采用"公司+农户"模式,统一规划、分片承包、自主经营,打造特色农庄、种植基地和农艺博览园,丰富种植内容,提升农业品质。同时,开发马刨泉矿泉水、振兴村酒、老陈醋等多元化农产品,年产值超2000万元,充分调动农民积极性,拓宽增收渠道。

文旅结合,挖掘文化价值。自2010年起,振兴村先后建成抗战主题广场、孝廉公园等20余个人文景点,特别是2019年初心园的开园,成为文化教育新阵地。此外,规划建设了观景台、花海景区等休闲娱乐设施,修通了景区环山路。通过丰富旅游产品和营销策划，形成"季季有看点、全年不间断"的文化风景线。如今的振兴村，已成为自然风光与人文景观交相辉映、文化内涵与经济产业共生的特色乡村旅游胜地。

商旅互促，繁荣餐饮物流。近年来，振兴村推出农家菜、农家屋等旅游项目，鼓励农民建设农家乐、民俗酒店等，吸引周边游客。目前，上党印象商贸一条街已入驻160余家商户，全村开通公交班车和旅游直通车，建立物流中心、快递服务站和游客接待中心。年接待游客超100万人次，旅游综合收入达5000余万元，形成全村互动抓旅游、家家户户共致富的喜人局面。

（2）强化基础教育，"三育"融合筑牢根基。义务教育与素质教育并驾齐驱。振兴村坐拥一所由振兴集团斥资5100余万元兴建的九年一贯制寄宿学校——振兴学校。该校设有中小学部22个教学班及幼儿园4个教学班，共计1600名学生，教职工团队包括90名教师在内的120名成员。校园内绿树葱郁，花香四溢，绿化覆盖率高达36%，四季景致宜人，构成了"春赏花、夏纳凉、秋品果、冬观青"的优美教育环境，为培育学生兴趣特长、提升综合素质提供了得天独厚的条件。

职业教育蓬勃发展，赋能人才振兴。在夯实义务教育的基础上，振兴村积极布局，先后创立了太行振兴数智学校、长治职业技术学院振兴分院及长治市中小学研学基地。紧抓乡村振兴的历史机遇，振兴村瞄准一流乡村教育的目标，奋力抢占产教融合的高地，矢志在短期内将振兴小镇打造成为具有鲜明振兴特色、人才优势显著的全市标杆、全省领先、全国知名的教育名镇。

乡村振兴实用人才培训市场开拓进取。村内矗立着太行乡村振兴人才学院，常年举办农业技术人才、新型职业农民、乡村工匠等各类乡村人才培训班。学院采用课堂理论讲授、实践现场教学与专题调研相结合的教学模式，全力服务乡村人才振兴。学院汇聚了中央党校（国家行政学院）、农业农村部、清华大学、中国农业大学等顶尖机构与院校的知名专家及地方农村领军人物共100人，组成了国内一流的师资队伍。学院紧密依靠党组织，专注培训村干部及乡村振兴实用人才，坚持市场化运作，致力于培育农村商务、电商、家教、康养、酒店、服务等领域的新型职业人才，为乡村振兴注入强劲动力。

（3）"三风"共育，携手并进促进文明新风尚。深耕传统文化，打造教育新高地。振兴村精心布局，先后落成红色文化主题广场与红色收藏馆，构筑起爱国主义教育的新阵地；孝廉公园内，24尊石雕生动演绎孝道故事，彰显传统孝道文化的深厚底蕴；全国首屈一指的村志收藏馆，广纳百家村志，集文化之大成；更有梅、兰、竹、菊四大民俗文化长廊，将传统文化精髓融入街巷命名，如"崇仁街""崇义路"等，让传统文化在振兴村落地生根。

特色活动纷呈，传承民俗与国学精髓。振兴村定期邀请专家学者，举办国学讲座，评选好媳妇、好公婆，弘扬传统美德。尤值一提的是，九九重阳节之际，振兴村更是盛情邀请周边村庄的老人，提供免费体检、发放慰问品，共拍全家福，同享长街宴，让尊老爱老的传统美德深深根植于每位村民心中。

"三色"文化并进，共筑精神家园。振兴村匠心独运，推出"金""红""古"三色文化体系："金"色文化，引领村民体验农耕文明与民俗风情；"红"色文化，传承革命精神与先烈遗志；"古"色文化，铭记传统美德与历史根脉。这些文化元素如同精神灯塔，照亮村民前行的道路，让勤劳俭朴、敬业持家的光荣传统成为村民永恒的精神财富。

（4）"三生"同步，共绘新村和谐画卷。绿化生态，山水相依绘美景。振兴村在护绿与植绿上双管齐下，精心打造生态之美。一是实施山坡植绿工程，规划建设"五个千亩"种植基地，既绿化了山坡，又催生了绿色经济。二是实施身边增绿工程，全面绿化村内道路与街巷，建成3座花卉园，绿化总面积超2000亩（1亩≈666.67平方米）。三是实施庭院披绿工程，鼓励村民参与庭院绿化，免费提供葡萄等植物幼苗及种植指导。目前，全村绿化覆盖率高达62%，人均绿化面积35平方米，总投资达6500万元，生态之美蔚然成风。

规划功能，中西合璧展新颜。振兴村在规划与功能上同步推进，实现"五化"与"五化四供三通"目标，即教育医疗、日常做饭、冬季取暖、用电照明、垃圾处理现代化,以及道路硬化、院内绿化、村中亮化、统一供热、统一供气、统一供水、统一供电、网络宽带、数字电视、程控电话全覆盖。同时,高标准建设康养中心,提供"医、康、养、护、乐"五位一体服务,并借助"互联网+智慧医疗"技术,构建医联体大数据中心,打造集养身、养心、养性、养德、养老于一体的旅游度假胜地。

保护与恢复,古今对话显和谐。为传承农耕文明与传统文化,振兴村在建设中坚持保护与恢复并重,对重要历史遗迹进行精心修复。目前,已保护和恢复古建院落9处,重建融儒佛道于一体的槐荫寺,新建具有北方民居特色的茅草屋与古典风格的振兴坛、振兴阁。这些古建院落与新建民居被开发为民俗酒店,实现了在保护中开发、在开发中传承、在传承中超越的良性循环,让古今对话在振兴村绽放和谐之美。

(5)党建引领,振兴乡村共绘发展新篇章。党委领航大事,决策精准有力。振兴村坚决贯彻中央及省、区委党建工作部署,聚焦提升组织力,强化政治功能与服务功能。在党的建设、安全稳定、疫情防控、脱贫攻坚、森林防火、环境整治等关键领域,创新实施"五级联包"机制,即党委委员分片包干,支部委员包班组,党小组组长包党员,党员包农户,农户包家人,形成了党委领航、支部实干、党员奉献的新格局。

支部聚焦民生,实事惠及百姓。一是就业保障有力,确保青壮年劳动力充分就业,特殊群体被纳入社保体系。二是医疗体系健全,卫生院药品零利润销售,小额医疗费全免,大病医疗补助完善,村民医疗互助会运行良好,有效缓解了看病贵问题。三是教育普惠政策,振兴学校学生享受免费校服、住宿及伙食补助,考上大学者学费报销。四是养老福利丰厚,60岁以上老人享受养老金、免费体检及医药费全报,重阳节敬老活动温馨人心,孤寡老人得到了妥善安置。五是社会福利全面覆盖,实现供暖、供水免费,用气、用电补贴,每人每年发放福利金,开通免费公交班车,提升了村民的生活质量。

党员本色不变,服务群众暖心。党的十九大后,振兴村迅速行动,编印习近平总书记金句手册,党员人手一份,积极开展"三亮三做"活动,即党委领导亮身份作表率,"两委"干部亮学习成果,党员亮行动树形象,确立了乡村振兴日和学习承诺日,激发了党员队伍的活力与担当。十余年间,振兴村发展日新月异,振兴集团解决了3000余人就业,村民人均收入大幅提升,人口与职工数量显著增加,土地规模扩大,形成了集智慧农业、加工制造、康养服务、文化旅游、教育培训于一体的产业格局。"十四五"规划期间,振兴村将全力打造农文旅康综合体,逐年推进各项重点项目建设,实现智慧产业全覆盖,书写乡村振兴新篇章。振兴村,从创业到创新,从提升到提质,从共建到共享,始终坚守初心,担当使命,学习先进,追赶强村,向着现代化乡村的美好愿景奋力前行。未来,振兴村将继续坚持党建引领,融合农业、教育、康养、旅游等产业实现高质量发展,共创美好生活新典范。

3. 经验启示

(1) 领袖的力量:从能人引领到贤能共治。在乡村振兴的征途中,领导者的角色至关重要。从最初的能人引领,到后来的贤能共治,这一转变不仅体现了乡村治理模式的升级,更是对领导者综合素质的更高要求。牛扎根,作为振兴村的灵魂人物,他的出现,恰如一股清泉,滋润了这片干涸的土地,激发了乡村发展的无限可能。牛扎根的"能",体现在他敏锐的市场洞察力和果敢的决策能力上。在改革开放初期,他凭借敏锐的直觉,抓住了煤炭产业的机遇,从白手起家的小煤矿起步,逐步发展成为资产雄厚的多元化企业集团。然而,牛扎根的"贤",则更多地体现在他对乡村发展的长远规划和无私奉献上。他深知,乡村振兴不是简单的经济堆砌,而是需要产业、生态、文化、教育、治理等多方面的协同推进。因此,他始终将村民的利益放在首位,致力于构建一个和谐、富裕、可持续发展的乡村社会。

(2) 公心与德行:共同富裕的坚实基石。在牛扎根的领导下,振兴村实现了从贫穷落后到共同富裕的华丽转身。这一转变的背后,是他那颗始终为公、无私奉献的心。牛扎根的公心,体现在他对乡村发展的全局考虑和对村民福祉的深切关怀上。他深知,只有让每一位村民都享受到发展的成果,才能真正实现乡村的振兴。因此,他积极推动医疗、教育、养老等公共服务的完善,让村民在物质和精神上都得到了极大的满足。同时,牛扎根的德行也深深感染了每一位村民。他始终保持着质朴的生活态度,住着与村民一样标准的房子,过着几十年不变的平凡生活。这种以身作则、率先垂范的精神风貌,不仅赢得了村民的尊敬和爱戴,更为乡村的治理树立了良好的榜样。在他的影响下,振兴村形成了一种团结互助、共同奋斗的良好风尚,为乡村的全面振兴奠定了坚实的基础。

(3)创新驱动发展:爱乡情深的实践探索。爱乡情深,是牛扎根带领振兴村不断前行的动力源泉。自改革开放以来,他始终将振兴家乡作为自己的使命和责任。在他的带领下,振兴村的创新之火从未熄灭,从荒山绿化、农田改造到企业改制,再到"以企带村、兴业富民"战略的实施,每一步都凝聚着他对家乡深沉的爱与责任。特别是在进入21世纪后,牛扎根更是将目光投向了乡村旅游这一新兴市场。他敏锐地意识到,随着人们生活水平的提高和休闲方式的多样化,乡村旅游将成为未来发展的重要方向。于是,他果断决策,瞄准打造旅游度假胜地的目标,规划实施了三大旅游板块的建设。这些项目的成功落地,不仅为振兴村带来了可观的经济效益,更为乡村的可持续发展注入了新的活力与希望。

(4)多业并举:构建乡村发展的多元格局。面对山西作为煤炭大省面临产业结构单一的挑战,振兴村在牛扎根的带领下,积极探索产业转型升级之路。他们充分利用本土资源,围绕旅游这一新兴市场,构建了集民俗体验、农业观光、生态旅游、健康养生等多元功能于一体的乡村旅游度假胜地。这种多业并举的发展模式,不仅丰富了乡村的产业形态,也提高了乡村经济的抗风险能力。在农业方面,振兴村通过引进现代农业技术和管理模式,实现了传统农业向现代农业的转型升级。他们大力发展特色种植和养殖业,打造了一批具有市场竞争力的农产品品牌。同时,他们还注重农业与旅游业的结合,推出了生态采摘、农艺博览等旅游项目,让游客在享受自然风光的同时,也能体验到农耕文化的魅力。在旅游方面,振兴村依托丰富的自然资源和人文底蕴,精心打造了三大旅游板块。振兴雄山欢乐谷以其惊险刺激的游乐设施和优美的自然风光吸引了大量游客;振兴民俗文化村则通过展示乡村传统文化和民俗活动,让游客感受到了浓郁的乡土气息;而振兴农业博览园则是一个集农业科技展示、农产品销售、农业知识普及于一体的综合性平台,为游客提供了一个了解农业、亲近自然的好去处。

振兴村的成功经验,为我们提供了宝贵的启示。首先,乡村的全面振兴离不开一位立党为公、德才兼备的领袖的引领。这样的领袖不仅要有敏锐的市场洞察力和果敢的决策能力,更要有为公之心和奉献精神。其次,乡村振兴需要注重产业、生态、文化、教育、治理等多方面的协同推进。只有实现这些方面的均衡发展,才能构建出一个和谐、富裕、可持续发展的乡村社会。最后,创新驱动是乡村发展的不竭动力。只有不断创新思维、创新模式、创新产业,才能为乡村的发展注入新的活力与希望。

总之,振兴村的故事告诉我们,在乡村振兴的道路上,只要我们坚定信念、勇于探索、不断创新,就一定能够走出一条符合自身实际、具有鲜明特色的乡村振兴之路。

(二)黑木耳产业的振兴之路——山西省吕梁市中阳县产业振兴的实践探索

1. 背景情况

黑木耳是著名的山珍,可食、可药、可补,是中国老百姓餐桌上久食不厌的佳品,有"素中之荤"之美誉。近年来,中阳县委、县政府深入贯彻习近平总书记"小木耳、大产业"重要指示精神,因地制宜,因势利导,黑木耳产业蓬勃发展,产品影响力不断提升。中阳黑木耳真正鼓起了全县农民群众的"钱袋子",走出了一条立足特色促转型的中阳路径。中阳县先后被中国食用菌协会授予"全国木耳十大主产基地县""黑木耳产业助力乡村振兴重点联系县域""中国食用菌协会木耳产业特色专业镇",被中国乡镇企业协会食用菌产业分会授予"全国黑木耳产业助力乡村振兴示范县"等荣誉称号。中阳县森林覆盖率达49.09%,自然条件适宜,为黑木耳菌棒的生产提供了先天支撑。中阳黑木耳菌棒的原料来自本土的核桃木、刺槐木、枣树等，能使"柴火"变"财源"。中阳县高海拔、低纬度、日照长、温差大，从地域环境到气候条件，都适合木耳栽植。每年可从4月中旬开始入棚出耳，一直到10月底结束，出耳时间长。中阳境内山泉水水量丰富，富含维生素，又属于木耳新产区，光照足，病虫害较少，特有的地理资源和气候条件造就了中阳黑木耳"接近天然、耳形如月、光泽黑亮、肉厚细腻、筋道耐嚼、口感滑爽、胶质丰富"的独特品质。黑木耳产业是集经济效益、生态效益和社会效益于一体的好产业，更是带动农民增收致富的好项目。

2. 主要做法和成效

（1）倾心持续帮扶。省委统战部定点帮扶中阳县以来，将产业帮扶作为根本之策，下功夫帮助中阳县发展壮大黑木耳产业，先后进行70余次产业专题调研、20余次主题座谈会，就培育新型经营主体，深化消费扶贫，促进产销衔接，推动产业带动增收致富进行专题研究，并就提高质量和产量、拓宽销路等方面，同中阳县委、县政府一道想办法、谋思路。帮助协调促成中阳县与"中国黑木耳第一城"黑龙江省东宁市友好城市的战略合作，与山西农业大学签订战略合作协议，形成全方位的交流合作格局。联系专家教授，利用中华职业教育社、新的社会阶层人士联谊会等平台资源，帮助种植户提升专业技术，激发群众发展产业、增收致富的干劲和决心。联合省工商联、省侨联，联同中阳县举办多场黑木耳推介会。依托山西省中华职业教育社，联系电商销售网红团队到中阳县开展电商销售直播培训，着力引导农民树立市场意识，通过"快手""抖音"等直播带货的新业态新模式，主动找市场、闯市场。在省委统战部的大力帮扶下，建立了中阳木耳产学研基地和食用菌人才培养基地。协助我县成功举办了2020年、2021年、2023年三届全国木耳大会，进一步提升中阳木耳的知名度和影响力。中阳县黑木耳产业发展已经从无到有、从小到大，开辟了群众脱贫增收的新渠道，成为乡村振兴的希望产业、持续长久的富民产业。

（2）发展成效显著。近年来，中阳县通过采取政府奖补政策引导、引进技术保障、山西心言生物科技有限公司和山西腾宇生物科技有限公司等龙头企业带动、种植户参与、市场拓展等手段推动黑木耳产业不断发展壮大，研究制定《中阳县2022年黑木耳产业高质量发展二十条措施》《中阳县黑木耳产业高质量发展三年行动方案（2023—2025年）》，推动黑木耳产业成为富民强县的特色产业。产业规模"从小到大"。2018年小试牛刀，在黑木耳试种方面进行了学习探索，在车鸣峪乡首次尝试棚栽、地栽。2019年逐渐推广，成立黑木耳产业发展中心，筹备建设菌棒生产加工厂，栽植282万棒。2020年以来全面铺开、快速发展，2020年栽植1600万棒，2021年栽植4340.4万棒，2022年栽植4019万棒。2023年栽植数量达到4835万株。空间布局"从无到有"。经过近三年来一系列扶持政策和发展模式的探索，全县6个乡镇均实现了规模化种植，呈现区域化布局、产业化经营、市场化运行的良好发展格局。

发展水平"从量到质"。坚持用科技提质量、增效益，建立了以黑木耳产业发展中心和乡镇为主体，以龙头企业、专业合作社、种植示范大户为基础，以各乡镇技术服务员为纽带的黑木耳技术推广服务体系，及时解决菌棒生产、挂棚技术、管理技术、销售分析等方面的问题。今年计划在有条件的基地进行大棚智能化升级改造，逐步实现全县所有大棚的智能化。带贫能力"从弱到强"。直接带动农民1万余人，年均增收6000元。在增加农民收入的同时，也带动了相关产业的发展，可带动菌棒厂、采摘园、销售、产品包装等周边产业实现产值近1.5亿元，实现产值共计5亿多元，增加固定投资4亿多元，为黑木耳产业的后续发展奠定了基础。产业链条"从短到长"。坚持"四化一机制"（即规模化种植、标准化管理、产业化经营、品牌化销售和农户增收利益联结机制）产业发展思路，木耳全产业链不断提档升级。建设中阳县黑木耳产业发展综合开发项目，该项目被省政府确定为"全省转型标杆项目"，总投资7.8亿元，目前年产1亿棒的菌棒生产厂已建成投产。利用废弃菌棒发展双孢菇产业，解决养牛业的饲料问题，探索畜禽粪便混合加工发展有机肥产业。成立包装公司，合理筛选、精品包装，提高木耳的商品价值。集合中阳柏籽羊肉、核桃等特色产品，发展木耳特色菜品，丰富我县的饮食文化。

3. 经验启示

中阳县黑木耳产业的振兴之路为我们提供了宝贵的经验和启示。

一是要坚持因地制宜、因势利导的原则。中阳县充分利用当地自然资源优势和发展条件，选择适合本地发展的黑木耳产业作为主导产业，并通过科学规划和合理布局，推动产业规模化、标准化发展。

二是要注重科技支撑和人才培养。中阳县通过建立黑木耳技术推广服务体系和产学研基地等举措，不断提升黑木耳产业的技术水平和市场竞争力。同时，加强人才培养和引进工作，为黑木耳产业的持续健康发展提供有力的人才保障。

三是要坚持产业链延伸和多元化发展。中阳县通过发展周边产业和延伸产业链条，实现了黑木耳产业的多元化发展。这一举措不仅提高了产业的附加值和竞争力，还为当地农民提供了更多的就业机会和收入来源。

四是要注重品牌建设和市场开拓。中阳县通过加强品牌建设和市场开拓工作，不断提升中阳黑木耳的知名度和影响力。同时，积极拓展销售渠道和市场空间，为黑木耳产业的持续健康发展提供了广阔的市场前景。综上所述，中阳县黑木耳产业的振兴之路是一条立足特色、因地制宜、科技支撑、产业链延伸、品牌建设和市场开拓的成功之路。这一经验对于我们推动其他地区的产业发展具有重要的借鉴意义和指导作用。

二、省外典型案例

（一）串起石榴文化价值链——枣庄"小石榴"带动大产业

1. 背景情况

2023年9月24日，正值中国农民丰收节之际，习近平总书记亲临枣庄，视察了位于枣庄峄城的石榴园，参观了石榴种质资源库，与乡亲们亲切交谈并就枣庄市石榴产业发展作出重要指示。习近平总书记指出，"人们生活水平在提高，优质特产市场需求在增长，石榴产业有发展潜力。要做好品牌、提升品质、延长产业链，增强产业市场竞争力和综合效益，带动更多乡亲共同致富。"这一重要指示对于加快枣庄市石榴产业高质量发展，促进农业增效和农民增收具有重大意义，深入挖掘石榴文化的内涵和底蕴，对于促进石榴产业的发展同样具有重要意义。

（1）石榴的传入与枣庄石榴的起源追溯。石榴，亦称安石榴，其原生地可追溯至古代波斯及其邻近区域。据西晋《博物志》所载，西汉张骞出使西域时，将涂林安石榴的种子带回中原，因此得名"安石榴"。至汉代刘歆所著《西京杂记》中提及，汉武帝于长安兴建上林苑，百官竞相献上奇花异果，其中便包含安石榴，且记载上林苑内植有"安石榴十株"。东汉至魏晋南北朝期间，石榴树在士人学者的诗歌文章中频繁出现，赞美其花果之美，这表明石榴已广泛种植。它逐渐从皇家宫苑中的珍稀树种、果实，用于重要宾宴及赏赐观赏，转变为普通士人乃至民间家庭普遍种植的果木。石榴也因此成为这一时期备受人们喜爱的佳果之一。在此阶段，石榴的传播主要向东、向南延伸，以长安为起点，经东汉都城洛阳为次级传播中心，向北扩展至河北、山东，向南则至湖北、湖南。隋唐时期，石榴备受推崇，迎来了全盛期，其作为果树栽培种植得到了大力发展，出现了"榴花遍近郊"的壮丽景象。《全唐诗》中至少有九十余处描绘了石榴或与石榴相关的场景。进入宋元时期，石榴的栽培、采收、储藏及加工技术日益精细并被全面推广，栽种范围进一步扩大。至明清时期，石榴生产的各项技术已臻于成熟，对石榴的利用方式也愈发多样，除传统的食用和药用价值外，还发展出了酿酒、盆栽等多种用途。

（2）石榴传入枣庄。石榴传入枣庄的历程颇具传奇色彩。据《汉书·匡衡传》所载，匡衡乃东海承（今山东峄城）人士，于汉元帝时期步步高升，终至丞相之位，并被赐予乐安侯的封号。历史学者深入考究后证实，在汉成帝统治期间，匡衡心怀故土，将皇家禁苑中的石榴引种至他的家乡，这些石榴逐渐在当地繁衍生息，蔚然成园。至明朝，石榴园已扩展至万亩之广，其历史可追溯至2000多年前的汉代。时至今日，枣庄的石榴种植面积已扩大至约12万亩，其中连片种植区域就达到了10万亩。尤为值得一提的是，枣庄石榴园内的石榴种质资源库,作为全国唯一的国家级石榴林木种质资源库,肩负着收集保存、扩繁保护及研究利用的重任,其保存的国内外石榴种质资源数量高达432份,位居全国之首。2021年6月,该资源库更是取得了新的突破,完成了500份石榴种质资源的入库工作。更为神奇的是,峄城的石榴种子曾搭乘神舟十二号飞船遨游太空90天,如今这些历经太空之旅的种子已培育成苗,扎根于大地之上。如今,石榴花不仅是枣庄市的市花,更是这座城市的骄傲,城乡各处皆以石榴为荣。而峄城石榴园更是被山东省赋予了"花之路"旅游区的美名,吸引着无数游客前来探访。

（3）石榴的文化寓意。自石榴传入中国以来,这种珍稀果树便被赋予了丰富的美好寓意,其独特的树形与观赏价值也深深吸引了文人墨客,使石榴在文学、绘画、诗词等领域占据了独特地位,流传下无数美妙的故事。石榴花以火红之色著称,其绚烂如火的姿态赢得了"五月榴花红胜火"的赞誉,不仅常被用来形容女性绚烂的衣裙,如石榴裙,更成为文人笔下竞相描绘的对象。据史书记载,武则天与杨贵妃皆对石榴花裙情有独钟,唐明皇甚至下令文武百官向杨贵妃行跪拜礼,留下了"拜倒在石榴裙下"的千古佳话。诗词中亦不乏石榴花的身影,如汉代《汉乐府诗》中的"石榴花葳蕤",蔡邕《翠鸟诗》中的"庭陬有若榴,绿叶含丹荣",以及曹植将石榴花比作美丽少女的妙笔。石榴果实圆润饱满,色泽从粉白至鲜红各异,籽粒晶莹剔透,汁水丰富,酸甜可口,成为备受喜爱的美味果实。其"千籽同房颗颗相抱"的特性,更让石榴成为"多子多福"的象征,催生了石榴剪纸、年画、民谣、歌曲等多种艺术形式。在许多地方,结婚生子送石榴、中秋节以石榴为供果、庆生贺寿及祭祀庆典中摆放石榴的习俗至今仍保留。石榴树以其自然旋转生长的姿态,成为书画中的重要元素和观赏树种中的佼佼者。徐渭的《折枝石榴图》《摄竹石榴图》、沈周的《卧游图》等传世佳作中,都不乏石榴的身影。作为观赏树种,石榴很早就成为盆栽盆景的重要材料。清朝嘉庆年间,苏灵在《盆玩偶录》中将盆景植物分类,石榴树被列为"十八学士"之一。石榴根雕也因其独特的欣赏价值而受到推崇。

此外，石榴全身是宝，不仅可用于染色，还具有丰富的药用价值：石榴花能止血明目，石榴籽有助于调节肠胃消化，石榴皮具有抑菌收敛功效，可治疗腹泻、痢疾等，是保健品的重要成分。石榴汁更是因其抗氧化成分而成为美容养颜的天然补品，被广泛应用于高档化妆品制作。石榴还被赋予了多重象征意义。习近平总书记在多次讲话中，用"紧紧抱在一起的石榴籽"来比喻民族团结和凝聚精神，强调了各民族之间的和谐共处。在视察枣庄石榴园时，他更祝愿乡亲们的日子像石榴果一样红红火火，寓意着繁荣与幸福。

2. 主要做法和成效

枣庄的石榴种植历史源远流长，其石榴文化及其衍生产品同样绚烂多彩，荣获了"冠世榴园"、山东古石榴国家森林公园、枣庄石榴园省级风景名胜区以及峄城石榴园省级自然保护区等一系列称号。枣庄在全国率先深耕"石榴文化"，成功打造了世界上首个以石榴园林为基底，旨在弘扬石榴文化、展示石榴科技的中华石榴文化博览园和中国石榴博物馆。这里不仅蕴含着匡衡"凿壁偷光"的励志故事、三近书院的深厚文化底蕴、荀子《劝学》的启迪智慧，还有万福园的美好寓意、石榴王的壮观景象以及榴花仙子的美丽传说，这些石榴文化历史元素与传统文化、红色文化、宗教文化以及地域文化巧妙融合，共同铸就了独具魅力的峄城石榴文化。自改革开放以来，枣庄市（原文中的"中庄市"应为笔误）对石榴产业的发展和文化内涵进行了深度挖掘与提升，以"石榴+"为战略核心，持续加大政策与资金的支持力度，科研投入与文化内涵的双重加持为石榴产业带来了新的发展契机与蓬勃活力。

（1）枣庄市以"节庆主题文化"活动为杠杆，撬动石榴产业知名度的显著提升。近年来，该市精心策划并成功举办了一系列品牌活动，如"上台走运·枣城有戏""乡村好时节""榴光溢彩·欢乐一夏"群众文化节、"看大戏·赏非遗·购好物"黄河大集赶集活动以及冠世榴园欢乐季等，这些活动不仅丰富了产品供给，激活了旅游市场，还推出了文化旅游优惠套餐，让市民与游客共享欢乐盛宴。早在1988年10月，山东枣庄便率先举办了"首届石榴节暨经济技术洽谈会",开启了石榴节庆文化的先河。随后,2013年9月,山东峄城成功召开了"第一届世界石榴大会暨第三届国际石榴及地中海气候小水果学术研讨会",进一步提升了枣庄石榴的国际影响力。2015年9月16日,以"互联网+石榴"为主题的第二届世界石榴大会在枣庄市峄城区盛大开幕,旨在推广石榴产业发展的前沿理念、高端技术和科研成果,促进产学研交流与合作,构建石榴种植、加工、流通一体化的发展平台。2018年9月,枣庄市峄城区又举办了"国家石榴产业科技创新联盟成立筹备暨石榴设施栽培技术交流会",为石榴产业的科技创新注入了新的活力。而到了2023年9月26日至27日,枣庄再次迎来了"2023年石榴产业发展大会"。此次大会恰逢习近平总书记9月24日视察枣庄石榴园之后,吸引了更多商家和投资者的目光。大会以"榴聚新动能·共谋新发展"为主题,聚焦石榴产业的融合创新与高地打造,致力于将枣庄打造成为"全国石榴看枣庄,枣庄石榴誉全球"的产业新标杆。

(2)以"冠世榴园·生态枣庄"为品牌标识,枣庄市正着力塑造一个全新的旅游IP——"石榴文化"。随着文化旅游融合的新趋势日益显著,枣庄市积极探索石榴产业与石榴文化深度融合的旅游新路径,这一创新举措极大地推动了当地经济社会的发展。枣庄峄城的石榴园,凭借其悠久的历史底蕴、丰富的资源储备以及众多古树名木,享誉中外。这里拥有超过30000株百年以上的石榴古树,构成了国内规模最大、树龄最悠久、分布最密集的石榴古树群落。自1983年被联合国粮农组织官员发掘并指出其潜在的旅游价值以来,枣庄市委、市政府高度重视石榴园旅游功能的开发,全力推进石榴生态旅游产业的发展。1985年,峄城冠世榴园景区被正式批准为省级重点旅游区;2003年,晋升为国家AAA级旅游景区;2007年,更是荣升为国家AAAA级旅游景区。石榴生态旅游业的蓬勃兴起,反过来又加速了石榴鲜果、加工品及包装等相关产业的快速发展。2015年,枣庄市区南部与峄城区北部被国家林业局授予"古石榴国家森林公园"的称号。至此,"冠世榴园·生态枣庄"的品牌形象得以成功树立并深入人心。

（3）秉承"传承创新"的核心理念，枣庄市全力推进石榴文化产业的建设与发展。在石榴种植、加工、旅游及营销等多领域深度融合的基础上，枣庄市将石榴文化产业的发展提上了重要日程。通过政策激励与资金扶持等举措，有效促进了石榴文化产业的繁荣发展，成功打造了一系列石榴文化产业项目。其中，占地15公顷的中华石榴文化博览园尤为引人注目，作为世界上首个集石榴文化展示、基因保存、创新利用、良种繁育、风采示范、生态旅游及红色教育等功能于一体的石榴主题公园，它内含中国石榴博物馆、国家石榴林木种质资源库、石榴丰产示范园、石榴良种苗圃、石榴精品盆景园以及完善的广场、人工湖、道路与绿化设施，为弘扬石榴科技、传承石榴文化、推动石榴及旅游产业的蓬勃发展做出了巨大贡献。此外，石榴盆景栽培技艺、峄城石榴酒酿造技艺、榴芽茶制作技艺、石榴园的传说及峄城石榴栽培技艺等五项非物质文化遗产被列入了枣庄市市级保护名录，多位石榴盆景制作者被认定为市级非物质文化遗产代表性传承人。2013年，石榴盆景栽培技艺更是荣登山东省省级非物质文化遗产保护名录。与此同时，一批专注于石榴生产与栽培技术的专家学者也取得了丰硕的研究成果，相关书籍与文章接连出版发表。为此，枣庄市专门成立了榴园文化研究会，并举办了多场石榴文化专题研讨会。柳琴戏《榴花正红》更是荣获了山东省群众性小戏小剧"大擂台"金奖。如今，石榴花已成为枣庄市的市花，石榴也成为这座城市的重要标志与对外开放的一张亮丽名片，深刻体现了枣庄市的文化底蕴。

（4）以"盆景艺术"为全新增长引擎，枣庄正全力打造石榴盆景特色品牌。枣庄的石榴园艺产业已蔚然成风，成为国内石榴盆景生产规模最大、技艺水平最高的产地与集散中心。年产量约20万盆，在园总量超30万盆，年产值高达5亿多元，直接从事石榴盆景产业的人员超过3500人，盆景园数量接近400家。峄城的石榴盆景制作技艺，以其精湛的工艺和独特的艺术魅力，不仅在国内园艺花卉博览会上屡获殊荣，更在国际舞台上赢得了特等奖、金奖、银奖等300余项大奖，峄城也因此被誉为"中国石榴盆景之都"。为了进一步推动石榴盆景产业的发展，峄城区通过组建石榴盆景盆栽制作合作社、提供金融贷款补贴等一系列措施，为从业者提供技术和资金上的大力支持，助力石榴盆景艺术走向更加辉煌的明天。

（5）秉持"挖深贴近"的核心理念，石榴文创产品行业正迎来一场创新浪潮。我们深入挖掘民间历史文化传说，通过一系列举措丰富石榴文化的内涵。我们出版了石榴专题画册，发行了石榴专题纪念邮票，并建立了榴城文旅消费扶贫产品展馆，围绕石榴元素精心设计了"榴礼"品牌系列产品。这些产品包括石榴仙子塑像、石榴花开纪念杯等工艺纪念品，以及茶叶、精酿啤酒、石榴鲜花饼、红参石榴饮、冠世榴园手绘文创陶瓷杯等多样化的文创产品。其中，石榴茶、石榴汁、石榴啤酒、石榴挂件等产品深受消费者喜爱，特别是"王老吉"品牌的石榴系列产品，正逐步从石榴汁制品向石榴化妆品、保健品、艺术品等高端领域拓展。此外，石榴剪纸、石榴根雕木雕、石榴琉璃制品、石榴书画等艺术形式的产品也在市场上崭露头角，不断开拓市场，占据越来越多的市场份额。2023年，正值共建"一带一路"倡议提出十周年之际，枣庄市一甲动漫制作股份有限公司精心打造的52集大型原创动画片《丝路》在中央电视台少儿频道首播。这部动画片以2000余年前引入枣庄的石榴为背景，讲述了枣妮和榴娃为了帮助枣树公公和榴花仙子重建冠世榴园，重走丝绸之路远赴波斯取回榴仙秘籍重建家园的动人故事。动画片不仅展现了"一带一路"沿线地区和国家绚烂的传统文化和有趣的风俗人情，还进一步拓展了石榴文化的历史底蕴，显著提升了枣庄石榴文化的知名度和影响力。

（6）以"专精特新"为发展目标，枣庄市正积极推动石榴文旅融合的持续升级。精心策划了一系列具有专业特色、新颖多样的精品旅游线路，旨在满足不同旅游群体的需求。依托国家AAAA级"冠世榴园风景名胜区"和"古石榴国家森林公园"等优质资源，深入挖掘石榴文化内涵，大力发展精品游、采摘游、研学游以及精品民宿等特色旅游项目，成功推出了"榴光溢彩田慢城"沉浸游、"稻花香里说丰年"与"春生夏长万物并秀"乡村游、基地研学游、假日精品游等一系列旅游线路。同时，还建设了云深处飞行小镇、水木石田园综合体等农文旅融合精品项目，并成功举办了"冠世榴园欢乐季"、飞行小镇音乐节、"中国作家峄城行"暨首届榴花笔会等活动，荣获了"山东人游山东最喜爱研学旅行目的地"的称号。

然而，也必须清醒地认识到，枣庄的石榴文化及产业发展仍面临诸多挑战。一方面，品牌意识薄弱，品牌影响力不足。在品牌打造上，缺乏足够的力度和创新，地域性高知名度的商标稀少，品牌推介和市场营销效果不佳，旅游形象不够鲜明，难以吸引外地游客。同时，石榴文化与现代融媒体、自媒体的结合不够紧密，举办有影响力的国际性节会活动较少，历史名人底蕴的传承和加持不足，"冠世榴园·匡衡故里"的知名度和美誉度仍有待提升。另一方面，产业规模偏小，附加值偏低。枣庄市石榴文化产业发展起步较晚，规模较小，多以个人经营、家庭制作或小微企业运作为主。石榴盆景多为民间家庭作坊式自发制作，规模不大且分布零散，缺乏专业化、市场化、现代化的管理手段。同时，石榴深加工龙头企业数量少、规模小，精深加工能力不足，主要以中低端产品为主，高端产品的研发制造仍处于起步阶段。此外，文创产品如石榴根雕、木雕等因原料供应不足而不敢扩大规模打开外部市场。再者，相关配套设施建设滞后。缺乏规模大、功能全的文创产品市场和高端石榴盆景展示交易平台，市场发展潜力未得到充分释放。冠世榴园景区缺乏深度开发，景点主题不够突出，现代配套设施不够完善，路网建设不够畅达。文化底蕴未得到充分彰显，缺乏留住游客的"吃住行游购娱"全旅游要素。生态旅游虽初见成效，但石榴文化特色旅游仍需进一步提档升级。最后，人才资源不足也是制约枣庄石榴文化产业发展的一大瓶颈。这导致在产品设计、文创灵感、文化品牌打造等方面创新和宣传上遭遇困难，石榴文化的挖掘和传承不够深入。

3. 经验启示

在黄河流域生态保护和高质量发展这一国家重大战略的引领下，枣庄市以其独特的地理优势和文化底蕴，积极响应时代号召，聚焦"强工兴产、转型突围"的宏伟目标，精心构建"6+3"现代产业体系，将石榴产业作为这一体系中的璀璨明珠,通过一二三产业的深度融合,不仅打造了集产学研游、文旅康养于一体的"醉美榴乡",更为乡村产业振兴与农文旅结合提供了鲜活的枣庄样板。以下是对枣庄市石榴文化及石榴文化产业发展的深刻启示。

(1)坚持因地制宜、系统谋划。绘制石榴产业宏伟蓝图:发展石榴文化产业,是一场深刻而系统的变革,它要求我们在深挖文化底蕴的同时,更要聚焦产业实际,从全局出发,进行精准而系统的谋划。枣庄市委、市政府高瞻远瞩,将石榴产业视为推动乡村振兴的重要引擎,于2021年制定了《枣庄市石榴产业发展三年攻坚突破行动实施方案》,明确了"大规划、大产业、大市场、大品牌、大旅游、大统筹"的战略思路。这一方案的出台,为石榴产业的未来发展指明了方向,奠定了坚实的基础。在此基础上,枣庄市正进一步高标准制定《枣庄石榴产业发展中长期发展规划》,力求从一二三产业发展的现状出发,深入挖掘产业融合的潜力,拓宽产业融合的广度与深度。通过整合青檀精神、三近书院、荀子《劝学》等丰富的文化资源,枣庄市致力于打造石榴主题景区、核心景点,将石榴园建设成为集文化博览、休闲度假、盆景观赏、文化体验于一体的综合性园区。同时,加快榴宝农庄、水木石田园综合体、石榴文化博览园等一系列重点项目的建设,以"体验式""沉浸式"的旅游模式,让游客在享受美景的同时,也能深刻感受到石榴文化的独特魅力。

(2)坚持以人民为中心。共绘乡村振兴美好图景:枣庄市在推动石榴产业发展的过程中,始终坚持以人民为中心的发展思想,将促进当地农民致富和提升游客体验作为工作的出发点和落脚点。为了提高石榴的产量和品质,枣庄石榴研究院历经数年艰辛,成功培育出全国唯一的国审良种"秋艳",并免费向果农提供种苗,极大地激发了果农的种植热情。同时,通过创新专业合作社的种植栽培模式、扶持家庭农场和田园综合体等新业态模式,枣庄市积极引导农户将集体林地经营权流转,实现了土地资源的优化配置和高效利用。在保障农户利益方面,枣庄市加大了石榴种植保险的推广力度,消除了农户扩大种植规模的后顾之忧。此外,还积极推进石榴盆景盆栽制作工艺的创新,为农户提供了更多的增收渠道。在文旅项目建设上,枣庄市注重提升现有项目的品质和服务水平,推出了一系列针对不同层级、面向不同群体的文旅产品,如"石榴+康养""石榴+研学""石榴+旅游"等深度融合场景,让游客在享受旅游乐趣的同时,也能感受到石榴文化的独特魅力。

(3)坚持不断解放思想、大胆创新。激发石榴产业新活力:面对国内七大石榴主产区的激烈竞争,枣庄市深知唯有不断创新才能保持领先地位。为此,枣庄市积极引进国企、央企、大型民企等战略合作伙伴,共同参与石榴产业发展和冠世榴园景区建设。通过引进新上一批石榴主题文旅项目,整合优化园内资源,策划推出了一批具有鲜明特色的石榴文化旅游精品线路和特色景点。同时,枣庄市还大力推进石榴景观大道、观光特色小镇、石榴农庄等基础设施建设,打造了一系列石榴"田园慢游"打卡地,吸引了大量游客前来观光旅游。在活动策划方面,枣庄市更是别出心裁,成功举办了冠世榴园国际马拉松赛、世界石榴大会等一系列世界性、全国性的重要展会节会活动。这些活动不仅提升了枣庄石榴的知名度和影响力,还促进了石榴文化的交流与传播。此外,枣庄市还注重开发富有石榴元素的文创产品,通过打好石榴文创产品研发销售的"组合拳",进一步拓宽了石榴产业的发展空间。

(4)坚持"走出去"和"引进来"相结合。拓宽石榴产业发展国际视野:枣庄市在推动石榴产业发展的过程中,始终秉持开放包容的心态,坚持"走出去"和"引进来"相结合的发展策略。一方面,枣庄市积极整合提升石榴茶、石榴汁、石榴啤酒等现有产品,并策划包装更多组合产品,如"石榴四宝""石榴礼盒"等文创产品。同时,通过与国际知名网红媒体合作,将枣庄石榴文化和产品推向世界各地。另一方面,枣庄市也注重引入国际先进的制造工艺和储存技术,提升石榴鲜果和制成品的品质与口感。此外,枣庄市还加大了"以榴招商"的力度,吸引外资开发建设具有石榴文化元素、以科幻和互动体验为特色的大型科技主题乐园,为石榴产业的持续发展注入了新的动力。在习近平总书记视察枣庄的重要契机下,枣庄市将进一步擦亮石榴这张最具特色、最具优势、最富潜力的"金名片"。通过全面提升石榴产业发展的质量和效益，深入挖掘石榴文化的丰富内涵，充分发挥石榴文化品牌的效应，枣庄市将致力于打造"石榴+"发展新业态，绘就榴业强、榴乡美、榴农富的乡村振兴新画卷。这不仅是对枣庄石榴产业发展的美好愿景，更是对乡村振兴战略的生动实践和深刻诠释。

（二）乡村文化振兴的代村实践—兰陵县代村党建引领乡村文化振兴的实践探索

1. 背景情况

兰陵县下庄街道代村地处兰陵县城西南隅，是典型的城郊村，全村现有1200余户、3800多人，村域面积3.6平方千米。20世纪90年代，代村没能跟上市场经济发展形势，土地分配严重不均，社会治安状况较差，信访矛盾十分突出，村集体负债380多万元，成了远近闻名的穷村、乱村。1999年4月，王传喜当选为代村党支部书记、村委会主任。临危受命接手"烂摊子"后，他团结带领村"两委"班子成员，充分发挥村党组织战斗堡垒作用和党员先锋模范作用，着力破解代村发展难题。经过20余年发展，代村从负债累累的"脏乱穷差"村蜕变成远近闻名的小康村，成为全村各业总产值38亿元、集体经营性收入1.6亿元、村民人均年收入7.2万元的乡村振兴示范村，实现了产业、人才、文化、生态和组织的全面振兴。代村相继荣获"全国文明村镇""全国民主法治示范村""全国乡村治理示范村""全国乡村旅游重点村""中国美丽乡村""山东省先进基层党组织""平安山东建设先进单位"等荣誉称号。2018年3月8日，习近平总书记在参加十三届全国人大一次会议山东代表团审议时，对代村推动乡村振兴的实践给予充分肯定。

2. 主要做法和成效

乡风文明建设作为乡村振兴的关键一环，扮演着乡村振兴推动剂和软实力展现的重要角色。在王传喜的引领下，代村村"两委"班子充分发挥党支部的先锋模范作用，以优良的党风引领淳朴民风，积极弘扬沂蒙精神。他们聚焦农民群众最关心、最直接、最现实的问题，持续改善村容村貌，不断提升农民的整体素质和乡风文明程度,为乡村文化振兴注入了强劲动力。

(1)以党风引领民风,焕新乡村风貌。1998年的代村,深陷困境:负债高达380多万元,成为全县闻名的乱村、穷村。短短半年内,法院传票如雪片般飞来,共计126张。水电费无力缴纳,全村遭受长达六个多月的停水之苦,夏日更遭遇一个多月停电的困境。村中治安混乱,上访频发,打架斗殴、赌博偷盗、邻里纠纷不断,村子几近崩溃边缘,村民纷纷呼吁分村,连场院、学校也不放过。面对此景,新村"两委"班子深知,唯有先"治乱",方能引领村庄发展。王传喜挺身而出,从村民最关切的问题入手,带领村干部深入调研,倾听党员、村民的心声,剖析"穷、脏、乱"的根源,统一思想。

"两委"首先从改善居住环境做起,针对乱搭乱建、街道脏乱现象,启动"三清五化"工程:清理乱搭乱建、粪土堆、乱石堆、垃圾柴草堆以及街道;实现绿化、亮化、美化、硬化、净化。同时,推行"生态家园富民行动",家家户户建沼气池、种葡萄,发展葡萄架下养殖,形成"葡萄+沼气+养殖"的立体生态经济模式,彻底扭转了"脏乱差"的局面。为根治乱象,"两委"制定"户户参与,持牌上岗,群防群治,综合治理"的制度。以一起偷牛事件为契机,全村划分为45个治安小组,每晚45人站岗巡逻,村"两委"成员带头,此制度沿用至今,村庄治安显著好转。

"治穷"紧随其后。王传喜上任首日即面临126张法院传票,全村停水停电。面对巨额债务,"两委"多次研讨,拒绝变卖土地、人均分摊,坚定认账,制订还款计划。通过招租土地、成立建筑队、旧村改造等举措,王传喜带头筹款,分期分批偿还债务,代村的诚信形象逐步恢复。

此后,代村吸纳优秀人才加入村干部队伍,建设精干队伍,党员根据特长"岗位认领",参与村级事务,积极性高涨。2012年5月,代村成立全市首个农村社区纪委,选聘廉政监督员,实现"零距离"监督。19年来,"两委"班子历经六次换届,无一人因非正常原因落选,经手钱物上亿元,无一人违纪。"一花独放不是春",代村致富后,携手周边11个村联动发展,派驻"第一书记",项目带动、产业对接、基础设施互联互通,实现共建共享。12个村土地、人才、资本"三整合",总投资50亿元的农企园项目将带动协同发展,共绘乡村振兴新画卷。

(2)"三线结合",点燃乡村旅游新篇章。随着村庄逐渐趋于稳定,村"两委"开始着手考虑发展大计。当时,村庄人均年收入仅千余元,部分家庭连温饱问题都难以解决。然而,面对资源匮乏、区位不佳、产业缺失的现状,发展之路显得尤为艰难。在这关键时刻,代村坚守土地不卖的底线,成为最大机遇。代村地处县城近郊,土地价值不言而喻。尽管出售宅基地能迅速偿还债务,甚至带来某些"好处",但村"两委"深知土地对农民的重要性,卖地无疑会破坏村民的信任,阻碍村庄发展。因此,王传喜和村"两委"果断出台"三不"政策:不占用耕地建房、不出让土地给个人、不上污染项目。即便面对巨大诱惑和种种压力,他们依然坚守原则,只为守护这片土地和村民的未来。然而,土地分配不均成为新的矛盾焦点。2000年春节期间,村"两委"经过反复研究,制定了"全村人均每户两块地"的调整方案。尽管面临重重阻力,王传喜和村干部们依然耐心地做群众工作,最终顺利完成了土地调整,赢得了村民的信任和支持。

土地问题解决后,村"两委"开始探索新的发展路径。代村人多地少,传统农业难以致富。在赴江苏华西村、河南南街村等地学习后,王传喜带领"两委"班子决定走农业旅游、乡村旅游的绿色发展之路。2005年,中央一号文件提出承包经营权流转和适度规模经营的政策,为代村土地流转提供了政策依据。村"两委"广泛征求农户意见后,实施土地流转由村集体统一经营,迈出了集体化道路的第一步。为了彻底解决土地流转后村民的后顾之忧,代村"两委"推出三项举措:村集体统一免费供给粮食、副食及生活必需品;村民以地入股,年底保证不低于股份分红,并优先在村内企业就业;确权不确地,实行土地股权动态管理,确保公平公正。乡村旅游作为长线发展项目,投入大、见效慢。为此,代村采取"三线结合"的发展策略:长线发展乡村旅游和现代农业;中线建设批发市场,快速见效;短线通过房地产开发、建筑施工等行业迅速盈利。同时,代村还规划实施了"五区一网""五园一带""五场一站"等产业规划,并成功申请建设了现代农业示范园和全国首个"国家农业公园"试点。兰陵国家农业公园作为代村乡村旅游的亮点,将传统农业与现代农业相结合,融入人文历史和农耕文明,展示了兰陵的美丽画卷。此外,代村还规划建设了代村商城作为中线支撑,发展商贸物流,提升了商城形象和百姓的信任度。同时,通过房地产开发和建筑施工等短平快行业迅速盈利,增加了产业融合的广度和深度。在王传喜的带领下,代村实现了长线、中线、短线的有机结合和良性循环,掌握了万亩土地的经营权,实现了乡村旅游梦。如今,代村正向着产业更兴旺、生活更富裕、治理更有效、生态更宜居、乡风更文明的发展目标奋力前进。

（3）用文化振兴凝心聚力,不断提升人民群众获得感、幸福感。习近平总书记指出:"乡村振兴既要塑形,也要铸魂。"代村模式也说明乡村文化振兴要顺应新时代的要求,让社会主义核心价值观在乡村深深扎根,不断提高农村群众在文化成果上的获得感以及在精神文化生活上的幸福感。让村民腰包鼓起来,让村民过上更加美好的生活,共享发展成果,是代村始终坚持的发展理念和奋斗目标,也是新时代乡村振兴战略的内在要求。让人民有更多的获得感,凝聚最广泛的深化农村改革的共识,就能汇聚广大农民的智慧和力量,实现乡村振兴。

代村在发展壮大集体经济的过程中,坚持边发展边惠民,走共同富裕之路,让村民共享代村的发展成果。代村通过土地流转、集中经营,使村民从土地中解放出来,生产方式发生了根本改变。村民不种地了干什么?这成为代村"就地城镇化"要重点解决的问题。代村坚持"两手抓",一手保基本民生,一手鼓励村民自主创业就业。一方面,完善保障体系。优先关爱老年人。为了让老年人住上最好的房子,享受最好的待遇,村里建起了2处老年公寓,一室一厅一厨一卫,面积65平方米,还有10平方米的储藏室,水、电、暖、气以及床铺、衣柜、沙发、电视等全部由村集体配置,55周岁以上的老年人拎包就可以免费入住。对跟随子女居家养老的老人,村集体每年每户发放4000元的补助。同时,从2005年开始,除了国家的新农保外,村里开始给

60岁以上老年人发零花钱。实行覆盖全体村民的生活基本保障制度，年满18周岁的"户籍村民"，个人承担部分由村集体代缴"新农保"。大病救助金在1万元至10万元范围内（包括新农合报销部分）的，报销总额达到70%。另一方面，依托代村商城、兰陵国家农业公园、沂蒙老街等村集体产业，安置有劳动能力的村民就地就业，培训年轻人从事企业管理，引导65岁以下的老年人从事保洁、门卫等工作，力所能及、各尽所能。另外，对有创业想法的村民，实行"商铺优先、价格优惠"政策，支持创业、鼓励创业。通过自主创业就业和村集体二次、三次分配，代村逐步实现了村民收入"橄榄型"结构。2022年，村民人均纯收入达到7.2万元，比20多年前增长了30多倍，群众幸福指数不断攀升。已经80岁高龄的退休村干部李学全经常用一句顺口溜形容自己的幸福生活："一日三餐饭有米，也有面，鸡鱼肉蛋还不断，吃饭讲营养，换着花样办，想办咱就办，不办下饭店。"让村容村貌美起来。

为了改善居住环境，让村民早日住上和城里人一样的楼房，代村"两委"班子在2005年开始谋划旧村改造，经过分组征求意见、开会宣传、调整完善、开会再宣传等多个环节，最后确定了"评估补偿、低价安置、按需分配"的思路，成品房以每平方米500元的低价进行安置，并根据家庭人口分户实际需要分配成品房，而且每平方米500元的价格长期保持不变。为什么是每平方米500元？这个价格是支部通过党员挨家挨户入户丈量、评估测算出来的。按当时的政策，每户旧房子评估后多在8万~10万元之间，盖好的成品房以120平方米为主，按每平方米500元计算，就是6万元左右，每户还剩余2万~4万元。按当时的价格，6万元住上楼房跟村民自己盖房子的价格也差不多，并且一些手头不宽裕的家庭，还可以分期付款，提前上楼。当然，这个价格在当时都不够建楼房的成本，但是为了让大部分村民拆了旧房子不仅能住上新房子，而且手中还能剩余一部分旧房子的补偿款，利用一部分拆迁出来的土地搞商业开发，获得盈利，补贴村民住房，十多年累计补贴两个多亿元。代村在建设、分房、选房过程中，全程接受党员群众的监督，坚持做到公平、公开、公正，并号召在同等条件下党员户要让群众优先选房。在这一过程中，代村尊重村民意愿，坚持先安置后拆迁的原则。一部分中老年人，房子面临拆迁，人却不想上楼；而一些年轻人，房子所在区域尚未拆迁，人却想提前上楼，代村采取了独创的"旧房流转"模式。针对想上楼的年轻人，村委以5000~10000元的价格，回收他们的旧房子，然后村委再以同样的价格转让给面临拆迁但不想上楼的中老年人，作过渡安置。这些举措，保证了旧村改造工作的顺利进行。到2015年底，代村在没有占用一寸耕地建房的情况下完成了旧村改造，共建起了65栋居民楼、170户小康楼，腾出宅基地600多亩，实现了零占地、零违章、零投诉的目标。让乡村文化兴起来。加强村级文化建设，践行社会主义核心价值观。

在发展过程中，代村十分重视文化建设，努力践行社会主义核心价值观，坚持弘扬沂蒙精神，大力培植"爱国爱村、大气谦和、朴实守信、勇于拼搏"的"代村精神"。每年坚持开展以文明为主题的评选活动，如"道德模范""星级文明户""创业之星"和好党员、好村民代表、好婆婆、好媳妇等评选，树立典型，弘扬正气，形成了谦虚厚道、忠诚实在、乐于助人的淳朴民风。通过文化建设，增强了村民的村庄荣誉感，凝聚了群众力量。丰富村民文化生活，培树乡村文明新风尚。代村为了更好地宣传党的方针政策，提高村民文化生活，2011年7月1日正式创办了《新代村》报，成为记录、宣传代村在发展进程中"大事小情"的重要窗口，是全村父老乡亲交流思想、沟通心灵、凝聚智慧、展示才华的平台。代村还建设了"运粮河公园""农耕文化墙""农谚大道""孝文化墙""科普法治文化一条街""农民书屋"和"儿童乐园"等文化阵地，成立秧歌队、腰鼓队、舞狮队、民乐队、门球队、合唱团等文体组织，既丰富了村民的文化生活，也向来自国内外的游客展现了中华民族优秀的农耕文化。建设乡村文化展馆，对外推介优秀的乡村文化。建设了兰陵博物馆、非遗活态馆，增加了非遗传承人与游客的互动项目，集中展现兰陵的传统历史文化。2018年以知识青年的"爱国情怀"和"奋斗精神"为主旨的"中国知青村"对外开放。它对原山东建设兵团三师独立营营部院内建筑物修复加固后建成，并选择梁家河窑洞、新疆地窝子等全国比较有代表性的知青旧居进行还原和集中展示。"中国知青村"通过博物馆、资料馆、知青旧居等形式，为中国知青历史文化提供一个展示的平台，成为集知青文化研讨、旅游观光、联谊活动为一体的服务基地。2020年，改造修复了1700多年的食盐和粮食的漕运航道，将废弃的小脏河变成休闲健身的运粮河公园。2014年在全县率先建起了代村村史馆，2020年新建代村村史馆，村史馆内的每一件物品、每一张照片都讲述着代村的历史和变迁，展现着代村乡土文化和民俗风情的独特底蕴，展示着"美丽代村"一幅幅蒸蒸日上的奋斗画卷。

3. 经验启示

在历史的长河中，代村的变迁如同一幅波澜壮阔的画卷，缓缓展开在世人面前。这二十年间，代村在王传喜的坚强领导下，不仅实现了物质层面的飞跃，更在精神与文化层面书写了辉煌的篇章。代村的发展历程，是基层党组织战斗堡垒作用的生动体现，是社会主义核心价值观深入人心的真实写照，是生态资源转化为发展动能的创新实践，更是以人民为中心发展理念的深刻践行。

（1）充分发挥基层党组织的战斗堡垒作用。领航前行，凝聚力量代村的蓬勃发展，离不开基层党组织的坚强领导和有力支撑。在这场乡村振兴的伟大实践中，基层党组织不仅是引领者，更是实践者，其战斗堡垒作用得到了淋漓尽致的展现。

选好"领头雁"，树立典范。王传喜，这位代村的"领头雁"，以其坚定的政治信念、强烈的担当精神、深厚的为民情怀和高尚的道德情操，成为全体村民心中的楷模。他不仅是政策的执行者，更是发展的规划者，用实际行动诠释了"领头雁"的深刻内涵。在他的带领下，代村党员干部队伍更加团结有力，成为推动村庄发展的中坚力量。

建强队伍，夯实基础。代村深知，一支高素质的党员干部队伍是村庄发展的基石。因此，代村注重党员队伍的培养和建设，通过加强教育培训、完善管理机制、激发工作活力等措施，打造了一支能够担当重任、勇于创新的党员干部队伍。他们深入基层、贴近群众,用实际行动赢得了村民的信任和支持,为村庄的发展奠定了坚实的基础。

攻坚克难,推动发展。面对发展中的各种困难和挑战,代村基层党组织始终保持着高昂的斗志和坚定的信心。他们善于抓住群众关心的热点难点问题,从大处着眼、从小处入手,以短期见效的人居环境、治安环境改善为切入点,让群众看到实实在在的变化。同时,他们还注重以社会主义核心价值观为引领,凝心聚力、循序渐进地推动村庄发展,让村民在享受发展成果的同时,也感受到文化的力量和精神的富足。

(2)用社会主义核心价值观引领农村文化阵地,建设塑造新风,提升内涵。在乡村文化振兴的征途中,代村充分发挥社会主义核心价值观的引领作用,不仅推动了乡村文化的繁荣发展,也提升了村民的文明素养和精神风貌。

弘扬正气,凝聚人心。代村通过弘扬社会主义核心价值观和沂蒙精神,树立了一批批优秀典型和先进事迹。这些典型人物和事迹成为村民学习的榜样和前进的动力。同时,代村还积极建设村史馆等文化设施,深入挖掘和传承乡村文化记忆,增强了村民的文化认同感和归属感。此外,代村还注重发挥乡规民约、道德规范的约束作用,培育了文明乡风、良好家风、淳朴民风,为乡村振兴提供了强大的精神支撑。

丰富活动,增进感情。代村注重整合乡村文化资源,搭建乡村舞台,挖掘有文化特长的人才,开展了一系列丰富多彩的文化活动。这些活动不仅增进了村民之间的感情交流,也增强了村民的集体意识和团队精神。同时,这些活动还丰富了村民的文化生活,提高了村民的幸福感和满意度。

文化创意,激活资源。代村在文化创意方面进行了大胆尝试和探索。他们利用粮食、蔬菜等农产品和兰花等花卉资源,打造了"幸福家园""华夏菜园"等主题展馆;利用建设兵团旧址等资源,建设了中国知青村等文化旅游项目。这些文化创意项目不仅唤醒了沉睡的乡村文化资源,也实现了经济效益和社会效益的双促进。它们不仅吸引了游客的眼球,也提升了代村的知名度和美誉度。

（3）生态资源是乡村文化振兴的最大资本。绿色引领，持续发展。代村深知生态资源是农村发展的最大资本。他们坚持"绿水青山就是金山银山"的发展理念，将生态资源的科学利用作为推动乡村文化振兴的重要途径。

保护优先，科学利用。代村在生态资源的保护上下足了功夫。他们通过实施严格的生态保护措施和科学的规划布局，确保了生态资源的可持续利用。同时，他们还注重将生态资源与产业发展相结合，通过发展生态农业、生态旅游等产业，实现了生态资源的经济效益和社会效益的最大化。

资源整合，激发活力。代村注重将闲置的宅基地、集体建设用地、土地、山林等资源进行整合利用。他们通过实施建新拆旧、边拆边建等方式，将生态资源转化成发展资本。同时，他们还积极引入工商资本和社会力量参与村庄的经营发展，形成了资源、资本、产业的良性互动局面。这些举措不仅保护了村民的利益不受损害，也激发了村庄的发展活力。

绿色发展，引领未来。代村坚持走绿色发展之路，将生态文明建设贯穿于乡村振兴的全过程。他们注重推广绿色生产方式和生活方式，倡导低碳环保的理念和行为习惯。同时，他们还积极引进先进的环保技术和设备，提高生态资源的利用效率和管理水平。这些举措不仅改善了村庄的生态环境质量，也为村庄的可持续发展奠定了坚实的基础。

（4）始终坚持以人民为中心的发展理念。共享成果，促进发展代村在乡村振兴的过程中，始终坚持以人民为中心的发展理念。他们注重保障村民的各项权益和利益诉求，让村民在发展中共享成果、增强信心、凝聚力量。

改善环境，提升生活品质。代村注重改善村民的生活环境和生活条件。他们通过加强基础设施建设、完善公共服务设施、推进环境整治等措施，让村民在享受优美环境的同时，也能感受到生活的便利和舒适。这些举措不仅提升了村民的生活品质，也增强了村民对村庄发展的认同感和归属感。

保障权益，共享发展红利。代村注重保障村民的各项权益和利益诉求。他们通过建立健全村民自治机制、完善利益分配机制等措施，确保村民在发展中能够共享成果、获得实惠。同时，他们还注重加强对弱势群体的关爱和扶持，让每一个村民都能感受到社会的温暖和关怀。

广泛参与，凝聚发展合力。代村注重激发村民参与村庄事务的积极性和主动性。他们通过主动公开公示村级事务、问计于民等方式，让村民更广泛地参与村庄事务的决策和管理。这些举措不仅增强了村民的参与感和责任感，也凝聚了改革发展的强大合力，推动了村庄的全面发展。

总之，代村二十年来的发展历程为我们提供了宝贵的经验和启示。在未来的乡村振兴道路上，我们应该继续发挥基层党组织的战斗堡垒作用，用社会主义核心价值观引领农村文化阵地，注重生态资源的科学利用和绿色发展，始终坚持以人民为中心的发展理念让人民群众在乡村振兴的伟大实践中过上更加幸福美好的生活。

第十章

新时代下推进乡村振兴的路径选择

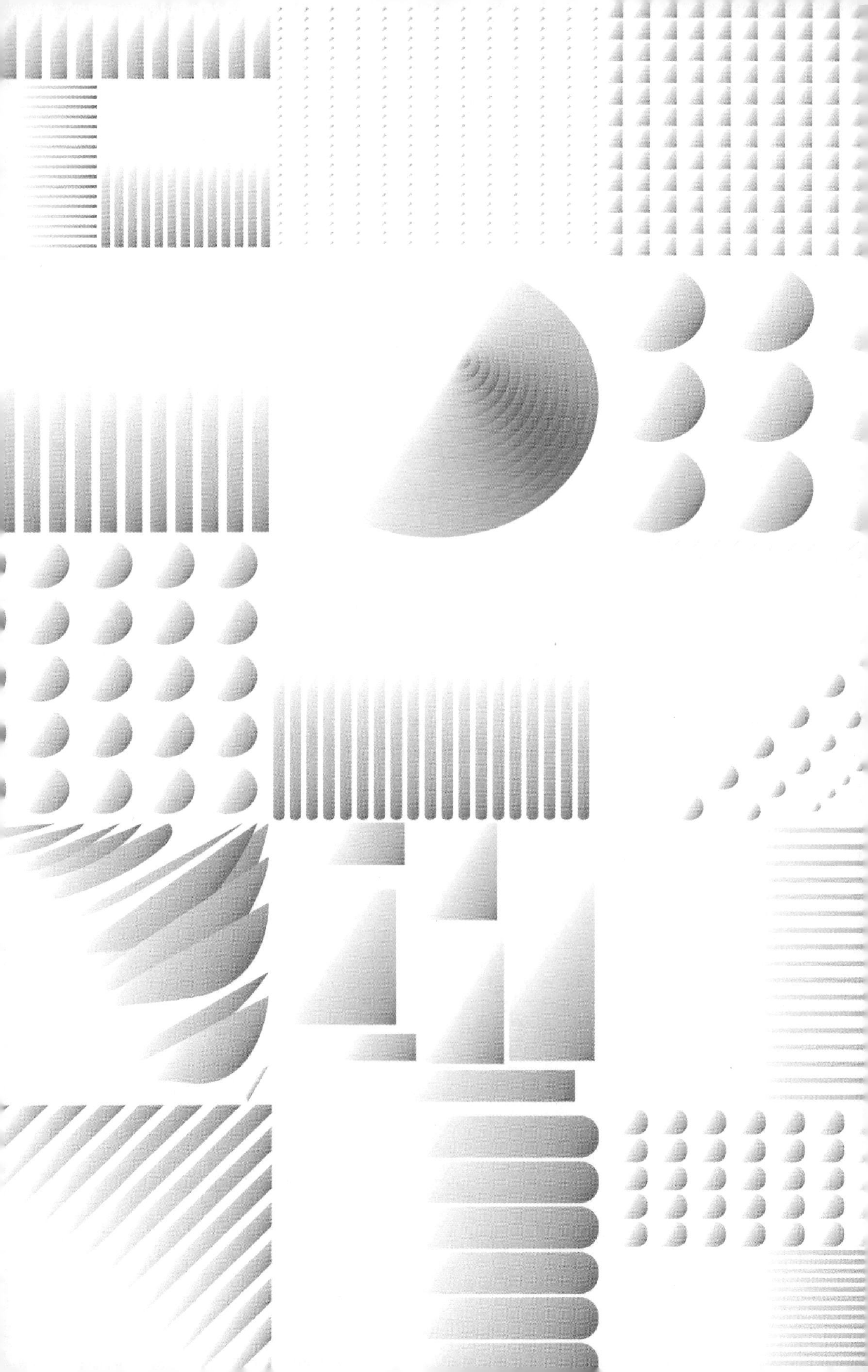

第一节　巩固拓展脱贫攻坚成果

一、坚决守住不发生规模性返贫底线

在全面建设社会主义现代化国家的新征程中，确保不发生规模性返贫是巩固拓展脱贫攻坚成果、实现乡村振兴的重要任务。坚决守住不发生规模性返贫的底线是一项长期而艰巨的任务。需以高度的政治责任感和使命感，加强返贫监测预警机制建设、实施精准帮扶、强化政策兜底保障，确保困难群众基本生活得到有效保障。同时，要注重加强组织领导、强化资金保障、加强宣传引导和监督检查等工作，形成全社会共同关心、支持、参与帮扶工作的良好局面，为全面建设社会主义现代化国家、实现中华民族伟大复兴的中国梦作出积极贡献。

（一）加强返贫监测预警机制

建立返贫监测预警机制是防止规模性返贫的第一道防线。为了有效应对可能出现的返贫风险，必须建立健全这一机制，确保能够及时发现、准确识别潜在返贫人口，并采取有效措施进行干预。

1.完善监测体系

建立健全返贫监测网络，实现对农村低收入人口和脱贫不稳定人口的全面覆盖。通过定期走访、数据比对等方式，及时收集和分析相关信息，确保监测工作的准确性和时效性。同时，要加强部门间的信息共享和协作，形成工作合力，共同做好返贫监测工作。

2.设定科学预警指标

根据当地经济发展水平、居民收入状况、就业市场变化等因素，设定科学合理的返贫预警指标。这些指标应能够敏感地反映潜在返贫风险，为及时采取干预措施提供有力依据。同时，要根据实际情况对预警指标进行动态调整，确保其有效性和适用性。

3. 建立快速响应机制

一旦发现潜在返贫风险，要立即启动快速响应机制，组织相关部门和人员进行深入调查和分析，制定针对性的帮扶措施。要确保响应机制的灵敏性和高效性，确保在第一时间对潜在返贫人口进行有效干预。

（二）实施精准帮扶，及时消除返贫风险

精准帮扶是消除返贫风险的关键环节。要根据潜在返贫人口的实际情况和需求，制定个性化的帮扶方案，确保帮扶措施的有效性和针对性。

1. 开展产业帮扶

针对因产业失败而面临返贫风险的人口，要积极开展产业帮扶。通过提供技术支持、资金扶持、市场开拓等方式，帮助他们重新发展产业，增加收入来源。同时，要引导他们调整产业结构，发展具有市场竞争力的特色产业，提高抗风险能力。

2. 实施就业帮扶

就业是保障居民收入的重要来源。对于因失业或就业不稳定而面临返贫风险的人口，要实施就业帮扶。通过提供职业培训、创业指导、就业岗位推荐等方式，帮助他们实现稳定就业。同时，要积极引导企业履行社会责任，为脱贫人口提供更多就业机会。

3. 加强教育帮扶

教育是阻断贫困代际传递的重要途径。对于因教育问题而面临返贫风险的家庭，要加强教育帮扶。通过提供助学金、减免学费、改善学校设施等方式，确保他们的子女能够接受良好的教育。同时，要积极引导他们树立正确的教育观念，重视子女教育，提高家庭整体素质。

4. 实施健康帮扶

健康是居民生活的重要保障。对于因健康问题而面临返贫风险的人口，实施健康帮扶。通过提供医疗救助、健康咨询、疾病预防等方式，帮助他们解决医疗负担过重的问题。同时，要积极引导他们树立健康的生活方式，提高身体素质和抗病能力。

（三）强化政策兜底保障，确保困难群众基本生活

政策兜底保障是确保困难群众基本生活的最后一道防线。要进一步完善相关政策，确保在极端情况下，困难群众的基本生活能够得到有效保障。

1. 完善社会保障体系

进一步完善社会保障体系，确保覆盖所有困难群众。通过提高社会保障标准、优化社会保障服务、加强社会保障监管等方式，确保困难群众能够享受到应有的社会保障待遇。同时，要积极引导社会力量参与社会保障事业，形成多元化的社会保障格局。

2. 加大救助力度

对于因突发事件或特殊原因而陷入困境的群众，要加大救助力度。通过提供临时救助、灾害救助、特困人员救助等方式，确保他们的基本生活能够得到及时有效的保障。同时，要积极引导社会慈善力量参与救助工作，形成政府与社会共同救助的良好局面。

3. 保障基本公共服务

基本公共服务是居民生活的基础。对于困难群众来说，保障基本公共服务尤为重要。需进一步完善基本公共服务体系，确保困难群众能够享受到均等化的基本公共服务。通过加强基础设施建设、提高公共服务质量、优化公共服务布局等方式，确保困难群众在就医、就学、养老等方面得到基本保障。

4. 推动社会帮扶

社会帮扶是缓解困难群众生活压力的重要途径。要积极推动社会帮扶工作的发展，引导社会各界力量参与社会帮扶事业。通过鼓励企业履行社会责任、引导社会组织参与帮扶、动员志愿者开展志愿服务等方式，形成全社会共同关心、支持、参与帮扶工作的良好氛围。

5. 加强组织领导

各级政府要将防止规模性返贫作为重要政治任务来抓，建立健全工作机制，明确责任分工，确保各项工作有力有序推进。

6. 强化资金保障

加大财政投入力度，优化财政支出结构，确保返贫监测预警、精准帮扶和政策兜底保障等工作的资金需求得到有效满足。同时，要积极引导社会资本参与帮扶工作，形成多元化的资金筹措格局。

7. 加强宣传引导

通过多种渠道和形式，广泛宣传防止规模性返贫的重要意义和政策措施，提高社会各界对帮扶工作的认识和支持度。同时，要积极引导脱贫人口树立自力更生、艰苦奋斗的精神，激发他们的内生动力和发展潜力。

8. 加强监督检查

建立健全监督检查机制，定期对返贫监测预警、精准帮扶和政策兜底保障等工作进行监督检查和评估。对于发现的问题和不足，要及时进行整改和完善，确保各项工作取得实效。

（四）增强脱贫地区和脱贫群众内生发展动力

在脱贫攻坚战取得全面胜利后，如何进一步增强脱贫地区和脱贫群众的内生发展动力，成为巩固拓展脱贫攻坚成果、有效衔接乡村振兴的重要课题。为此，需要从提升脱贫地区产业发展水平、加强脱贫群众技能培训、激发脱贫群众内生动力等多个方面入手，推动脱贫地区和脱贫群众实现可持续发展。产业发展是脱贫地区实现自我发展的核心。为了提升脱贫地区的产业发展水平，需要采取一系列有效措施，增强其自我发展能力。

1. 培育特色优势产业

每个脱贫地区都有其独特的资源和优势，要深入挖掘这些资源和优势，培育具有地方特色的优势产业。通过科学规划、政策扶持、资金投入等措施，推动特色优势产业快速发展，形成产业集群效应，提高产业附加值和市场竞争力。

2. 推动产业升级转型

在培育特色优势产业的同时，要积极推动产业升级转型。通过引进先进技术、优化产业结构、提高产品质量等方式，推动传统产业向现代化、智能化、绿色化方向转型升级。同时，要积极发展新兴产业，如数字经济、生态旅游等，为脱贫地区产业发展注入新的活力。

3.加强产业融合发展

产业融合发展是提高产业效益的重要途径。要积极推动农业、工业、服务业等产业的融合发展，形成产业链条完整、产业配套完善的产业体系。通过产业融合发展，实现资源共享、优势互补、协同发展，提高脱贫地区的整体产业竞争力。

4.强化产业支撑体系

为了保障产业的持续发展，需要强化产业支撑体系。通过完善基础设施建设、优化营商环境、加强人才培养等措施，为产业发展提供有力的支撑和保障。同时，要积极引导社会资本投入产业发展，形成多元化的产业投资格局。

（五）加强脱贫群众技能培训，提高就业创业能力

技能培训是提升脱贫群众就业创业能力的重要途径。要根据脱贫群众的实际需求和市场需求，制定个性化的技能培训计划，提高他们的就业创业能力。

1.开展职业技能培训

针对脱贫群众的职业技能需求，要开展多层次、多形式的职业技能培训。通过组织专业培训课程、邀请行业专家授课、开展实地操作演练等方式，帮助脱贫群众掌握实用的职业技能和知识。同时，要积极引导他们参加职业技能鉴定和认证，提高他们的职业竞争力。

2.加强创业培训

创业是实现自我发展和增收的重要途径。要加强对脱贫群众的创业培训，引导他们了解创业政策、掌握创业技能、提高创业成功率。通过组织创业讲座、提供创业指导、搭建创业平台等方式，帮助脱贫群众实现自主创业和就业。

3. 推动技能培训与产业发展相结合

技能培训要与产业发展紧密结合,才能更好地发挥其作用。要根据当地产业发展需求和脱贫群众的实际技能水平,制定有针对性的技能培训计划。通过技能培训与产业发展的有机结合,推动脱贫群众实现就近就地就业和增收。

4. 建立技能培训长效机制

技能培训是一项长期而艰巨的任务。要建立技能培训长效机制,确保脱贫群众能够持续获得技能培训和提升的机会。通过政府引导、社会参与、市场运作等方式,形成多元化的技能培训格局,为脱贫群众提供持续、稳定的技能培训服务。

(六)激发脱贫群众内生动力,引导其主动参与

乡村振兴激发脱贫群众的内生动力是巩固拓展脱贫攻坚成果、推动乡村振兴的关键。要通过一系列措施,引导脱贫群众积极参与乡村振兴,实现自我发展和全面振兴。

1. 加强思想引导

思想引导是激发脱贫群众内生动力的基础。要通过宣传教育、典型示范等方式,引导脱贫群众树立正确的价值观和人生观,激发他们的自我发展意识和责任感。同时,要积极引导他们关注家乡发展、关心乡村振兴事业,形成积极参与乡村振兴的良好氛围。

2. 完善激励机制

激励机制是激发脱贫群众内生动力的重要手段。要通过制定优惠政策、提供资金扶持、给予荣誉奖励等方式,激励脱贫群众积极参与乡村振兴事业。同时,要积极引导社会资本投入乡村振兴领域,形成政府与社会共同推动乡村振兴的良好局面。

3. 搭建参与平台

搭建参与平台是引导脱贫群众主动参与乡村振兴的有效途径。要通过建立乡村振兴理事会、设立乡村振兴基金、开展乡村振兴志愿服务等方式,为脱贫群众搭建参与乡村振兴的平台和渠道。同时,要积极引导他们参与乡村

治理、公共设施建设、文化活动等事务，提高他们的参与度和归属感。

4. 注重典型示范

典型示范是激发脱贫群众内生动力的重要方法。要注重发现和培养一批在乡村振兴中表现突出的脱贫群众典型，通过他们的示范引领作用，激发更多脱贫群众的积极性和创造力。同时，要积极宣传他们的先进事迹和成功经验，形成全社会共同关注、支持、参与乡村振兴的良好氛围。

5. 加强组织领导

各级政府要将增强脱贫地区和脱贫群众内生发展动力作为重要任务来抓，建立健全工作机制，明确责任分工，确保各项工作有力有序推进。

6. 强化政策支持

要加大政策支持力度，优化政策环境，为脱贫地区和脱贫群众提供有力的政策保障。同时，要积极引导社会资本投入脱贫地区和乡村振兴领域，形成多元化的投资格局。

7. 加强宣传教育

通过多种渠道和形式，广泛宣传增强脱贫地区和脱贫群众内生发展动力的重要意义和政策措施，提高社会各界对乡村振兴事业的认识和支持度。

8. 加强监督检查

建立健全监督检查机制，定期对增强脱贫地区和脱贫群众内生发展动力的工作进行监督检查和评估。对于发现的问题和不足，要及时进行整改和完善，确保各项工作取得实效。

（七）稳定完善帮扶政策

在脱贫攻坚战取得全面胜利后，稳定和完善帮扶政策成为巩固拓展脱贫攻坚成果、有效衔接乡村振兴的重要任务。要以保持帮扶政策总体稳定为基础，不断优化帮扶政策，提高政策的针对性和实效性。同时，要加强政策的宣传解读工作，确保政策能够真正落地见效。通过这些措施的实施，可以为脱贫地区和脱贫群众提供更加精准、有效的帮扶支持，推动他们实现持续稳定的发展。

1. 保持帮扶政策总体稳定，持续巩固拓展脱贫攻坚成果

保持帮扶政策的总体稳定是巩固拓展脱贫攻坚成果的基础。在脱贫攻坚阶段，我国形成了一系列行之有效的帮扶政策，这些政策在脱贫过程中发挥了重要作用。因此，在脱贫攻坚战取得全面胜利后，需要继续坚持这些政策，确保脱贫地区和脱贫群众能够持续稳定地享受政策带来的红利。一是延续产业帮扶政策。产业帮扶是脱贫攻坚的重要手段，也是巩固拓展脱贫攻坚成果的关键。要继续坚持产业帮扶政策，通过资金扶持、技术支持、市场开拓等方式，帮助脱贫地区发展特色产业，提高产业附加值和市场竞争力。同时，要积极引导社会资本投入产业帮扶领域，形成多元化的产业帮扶格局。二是保持就业帮扶政策稳定。就业是脱贫群众实现稳定增收的重要途径。要继续坚持就业帮扶政策，通过提供职业技能培训、就业岗位推荐、创业扶持等方式，帮助脱贫群众实现稳定就业和增收。同时，要积极引导企业和社会组织参与就业帮扶，形成政府与社会共同推动就业帮扶的良好局面。三是巩固社会保障政策。社会保障是脱贫群众的基本保障。要继续巩固社会保障政策，确保脱贫群众在医疗、教育、住房等方面得到基本保障。同时，要积极推动社会保障制度的改革和完善，提高社会保障水平，增强脱贫群众的获得感和幸福感。四是保持金融帮扶政策稳定。金融帮扶是脱贫攻坚的重要支撑。要继续坚持金融帮扶政策，通过提供小额信贷、农业保险、扶贫再贷款等方式，帮助脱贫地区和脱贫群众解决资金难题。同时，要积极引导金融机构创新金融产品和服务方式，提高金融帮扶的针对性和实效性。

2. 优化帮扶政策，提高针对性和实效性

优化帮扶政策是提高帮扶效果的关键。在保持帮扶政策总体稳定的基础上，我们需要根据脱贫地区和脱贫群众的实际需求和市场变化，不断优化帮扶政策，提高政策的针对性和实效性。一是精准识别帮扶对象。精准识别帮扶对象是优化帮扶政策的前提。要通过建立健全的信息系统和大数据分析技术，对脱贫地区和脱贫群众进行精准识别，确保帮扶政策能够真正惠及到

需要帮助的群体。同时,要积极引导社会力量参与帮扶对象的识别和帮扶工作,形成多元化的帮扶格局。二是实施差异化帮扶措施。不同地区和不同群体在脱贫过程中面临的问题和需求是不同的。因此,我们需要根据实际情况实施差异化的帮扶措施。对于产业基础薄弱、就业机会少的地区,可以重点发展特色产业和劳动密集型产业;对于因病、因残等原因致贫的群体,可以提供医疗救助、康复服务等方面的帮扶;对于缺乏技能和知识的群体,可以提供职业技能培训和创业扶持等方面的帮扶。三是创新帮扶方式和手段。随着社会的发展和科技的进步,需要不断创新帮扶方式和手段。例如,可以利用互联网和信息技术发展电商、乡村旅游等新兴产业;可以利用金融科技和移动支付等手段提高金融帮扶的便捷性和覆盖面;可以利用社会组织和志愿者等力量推动公益帮扶和志愿服务等活动。四是加强帮扶政策的评估和反馈。为了不断优化帮扶政策,需要加强政策的评估和反馈机制。通过定期对帮扶政策进行评估和反馈,我们可以及时发现政策存在的问题和不足,并进行相应的调整和完善。同时,要积极引导社会力量参与政策的评估和反馈工作,形成多元化的政策监督格局。

(八)加强政策宣传解读,确保政策落地见效

加强政策宣传解读是确保帮扶政策落地的关键。为了让脱贫地区和脱贫群众更好地了解和享受政策带来的红利,需要加强政策的宣传解读工作。

1.开展政策宣传活动

要通过多种形式开展政策宣传活动,如举办政策宣讲会、发放政策宣传册、制作政策宣传视频等。通过这些活动,可以向脱贫地区和脱贫群众普及政策知识,提高他们的政策认知度和理解度。

2.加强政策解读工作

政策解读是帮助脱贫地区和脱贫群众更好地理解政策的重要途径。组织专业人员对政策进行解读和阐释,确保脱贫地区和脱贫群众能够准确理解政策的内涵和要求。同时,要积极引导媒体和社会力量参与政策的解读工作,形成多元化的政策解读格局。

3. 建立政策咨询和服务机制

为了方便脱贫地区和脱贫群众咨询政策问题，需要建立政策咨询和服务机制。通过设立政策咨询热线、建立政策咨询网站等方式，可以为脱贫地区和脱贫群众提供及时、准确的政策咨询和服务。同时，要积极引导社会力量参与政策咨询和服务工作，形成政府与社会共同推动政策落地的良好局面。

4. 加强政策执行的监督和评估

为了确保政策能够真正落地见效，需要加强政策执行的监督和评估工作。通过建立健全的监督机制和评估体系，可以对政策的执行情况进行全面、客观的监督和评估。同时，要积极引导社会力量参与政策的监督和评估工作，形成多元化的政策监督格局。对于政策执行过程中存在的问题和不足，要及时进行整改和完善，确保政策能够真正惠及到脱贫地区和脱贫群众。

第二节　推动农业特优发展

一、大力发展有机旱作农业

在当前全球气候变化和资源环境压力日益加大的背景下，发展有机旱作农业不仅是应对干旱缺水、提升农产品品质与安全的有效途径，也是推动农业可持续发展、促进农民增收的重要举措。因此，必须高度重视有机旱作农业的发展，通过推广节水灌溉技术、引入有机耕作模式、加强旱作农业技术研发与推广以及打造有机旱作农业品牌等多方面的努力，推动有机旱作农业不断迈上新的台阶。

（一）推广节水灌溉技术，提高水资源利用效率

在水资源日益紧缺的今天，推广节水灌溉技术对于发展有机旱作农业具有至关重要的意义。必须采取一系列有效措施，提高水资源的利用效率，为有机旱作农业的发展提供坚实保障。

1. 普及滴灌、喷灌等节水灌溉技术

滴灌、喷灌等节水灌溉技术具有节水、节能、省工等优点，能够显著提高水资源的利用效率。应大力推广这些技术，引导农民积极采用，并在技术上给予必要的指导和支持。同时，政府应加大对节水灌溉技术的投入力度，提供财政补贴和税收优惠等政策措施，降低农民采用节水灌溉技术的成本，提高其积极性。

2. 加强灌溉设施的建设和维护

灌溉设施是节水灌溉技术得以实施的重要基础。应加强对灌溉设施的建设和维护，确保其正常运行和长期使用。政府应加大对灌溉设施的投入力度，提高灌溉设施的覆盖率和灌溉效率。鼓励社会资本参与灌溉设施的建设和运营，形成多元化的投资主体和运营模式。建立健全灌溉设施的维护机制，定期对灌溉设施进行检查和维修，确保其长期发挥效益。

3. 推广雨水收集和利用技术

雨水是宝贵的自然资源，对于发展有机旱作农业具有重要意义。应推广雨水收集和利用技术，引导农民收集和利用雨水进行灌溉和农业生产。在农田周边建设雨水收集池或蓄水池，将雨水收集起来用于灌溉。推广雨水渗透技术，将雨水渗透到土壤中，提高土壤的保水能力和作物的抗旱能力。

（二）引入有机耕作模式，提升农产品品质与安全

有机耕作模式是一种注重生态平衡、追求可持续发展的农业耕作方式。引入有机耕作模式对于提升农产品品质与安全、推动有机旱作农业发展具有重要意义。

1. 加强有机耕作技术的研发和推广

有机耕作技术是实现有机耕作模式的关键。应加强对有机耕作技术的研发和推广力度，引导农民掌握和运用有机耕作技术。可以组织专家团队进行有机耕作技术的研发和创新，形成具有自主知识产权的有机耕作技术体系。通过举办培训班、现场示范等方式推广有机耕作技术，提高农民的认知度和接受度。

2.建立严格的农产品质量安全监管体系

农产品质量安全是消费者关注的焦点问题。在引入有机耕作模式的过程中，要建立严格的农产品质量安全监管体系，确保农产品的品质和安全。加强对农产品生产过程的监管力度，确保农民按照有机耕作的要求进行生产。建立健全农产品质量检测体系，对农产品进行定期检测和质量评估。对于不符合质量要求的农产品，应及时进行处理和整改。

3.培育有机农产品市场

有机农产品市场是推动有机耕作模式发展的重要动力。应积极培育有机农产品市场，提高消费者对有机农产品的认知度和购买意愿。通过举办有机农产品展销会、开展有机农产品宣传活动等方式，提高有机农产品的知名度和美誉度。加强与超市、餐饮企业等销售渠道的合作力度，推动有机农产品进入更广阔的市场领域。

4.加强旱作农业技术研发与推广，增强抗灾能力

旱作农业技术是提高农作物抗旱能力、保障农业生产稳定的重要手段。加强旱作农业技术研发与推广对于发展有机旱作农业具有重要意义。一是加大旱作农业技术的研发投入。旱作农业技术的研发是推动旱作农业发展的重要基础。应加大对旱作农业技术的研发投入力度，组织专家团队进行攻关和创新。针对不同地区的气候条件和土壤类型，研发适应性强的旱作农业技术。加强对旱作农业技术知识产权的保护力度，鼓励企业进行技术创新和成果转化。二是推广旱作农业技术成果。旱作农业技术成果的推广是将其转化为实际生产力的关键。应加强对旱作农业技术成果的推广力度，引导农民积极采用新技术。通过举办培训班、现场示范等方式推广旱作农业技术成果。加强与农业合作社、家庭农场等新型农业经营主体的合作力度，推动旱作农业技术成果在更大范围内得到应用。三是提高农民的抗灾意识和能力。农民的抗灾意识和能力是保障农业生产稳定的重要因素。在加强旱作农业技术研发与推广的同时，应注重提高农民的抗灾意识和能力。可以通过举办讲座、发放宣传资料等方式提高农民对旱灾等自然灾害的认识和应对能力。加强对

农民的技术培训力度，提高其运用旱作农业技术进行抗灾的能力。

（三）打造有机旱作农业品牌，拓宽市场销路

品牌是农产品走向市场、提高竞争力的重要支撑。打造有机旱作农业品牌对于拓宽市场销路、推动有机旱作农业发展具有重要意义。

1. 加强品牌策划和设计

品牌策划和设计是打造有机旱作农业品牌的第一步。应加强对有机旱作农业品牌的策划和设计力度，形成具有独特性和吸引力的品牌形象。邀请专业设计团队进行品牌策划和设计工作，确保品牌形象符合有机旱作农业的特点和市场需求。注重品牌名称、标志、包装等方面的设计细节，提高品牌的辨识度和美誉度。

2. 加强品牌宣传和推广

品牌宣传和推广是提高品牌知名度和影响力的关键。加强对有机旱作农业品牌的宣传和推广力度，提高消费者对品牌的认知度和购买意愿。通过电视、广播、报纸等传统媒体以及互联网、社交媒体等新媒体进行品牌宣传和推广工作。同时，加强与电商平台、超市等销售渠道的合作力度，推动有机旱作农产品进入更广阔的市场领域。

3. 加强品牌管理和维护

品牌管理和维护是保障品牌长期发展的重要保障。应加强对有机旱作农业品牌的管理和维护力度，确保品牌形象的稳定和持续发展。建立健全品牌管理制度和规范体系，对品牌的使用、宣传、推广等方面进行严格管理。同时，加强对品牌形象的监测和评估工作，及时发现和解决可能影响品牌形象的问题和隐患。此外，还应积极应对市场变化和消费者需求的变化，不断调整和优化品牌形象和营销策略，保持品牌的竞争力和市场地位。

二、推动乡村产业全链条升级

在当前乡村振兴战略深入实施的背景下，推动乡村产业全链条升级成为促进农村经济社会发展、提升农民生活水平的重要途径。为了实现这一目

标，需要从优化产业布局、强化产业链上下游协作、引入先进管理理念和技术以及加强质量监管与品牌建设等多个方面入手，全面提升乡村产业的竞争力和可持续发展能力。

（一）优化产业布局，促进一二三产业融合发展

优化产业布局是推动乡村产业全链条升级的首要任务。应根据乡村地区的资源禀赋、产业基础和市场需求，科学规划产业布局，促进一二三产业的融合发展，形成优势互补、协同发展的产业格局。一是因地制宜，发展特色产业。每个乡村地区都有其独特的资源禀赋和产业基础。在优化产业布局时，须因地制宜，充分发挥当地资源优势，发展特色产业。例如，对于拥有丰富农产品资源的地区，可以重点发展农产品加工业；对于拥有独特自然景观和文化遗产的地区，可以重点发展乡村旅游业。通过发展特色产业，可以形成具有竞争力的产业集群，带动乡村经济的整体发展。二是促进产业融合，打造全产业链条。一二三产业的融合发展是推动乡村产业全链条升级的重要方向。应通过促进农业与工业、服务业的深度融合，打造全产业链。例如，可以将农产品加工业与农业生产相结合，形成"公司+农户"的经营模式；将乡村旅游业与农产品销售相结合，形成"旅游+购物"的消费模式。通过产业融合，可以延长产业链，提高产业附加值，增加农民收入。三是培育新兴产业，拓展产业发展空间。在优化产业布局时，应该积极培育新兴产业，拓展产业发展空间。例如，可以发展农村电商、智慧农业等新兴产业，利用互联网、大数据等现代信息技术改造传统产业，提高产业效率和竞争力。同时，还可以鼓励农民创业创新，培育一批具有市场竞争力的乡村企业和品牌。

（二）强化产业链上下游协作，提升整体竞争力

强化产业链上下游协作是推动乡村产业全链条升级的关键环节。应通过加强产业链上下游企业之间的合作与协同，形成紧密的产业联盟，提升整体竞争力。一是建立产业链协作机制。为了加强产业链上下游企业之间的协

作，需要建立产业链协作机制。成立产业链协作组织或联盟，定期召开产业链协作会议，共同商讨产业发展策略、解决产业发展中的问题。建立信息共享平台，实现产业链上下游企业之间的信息共享和资源整合。二是促进产业链上下游企业之间的合作与协同。在建立产业链协作机制的基础上，要积极促进产业链上下游企业之间的合作与协同。鼓励上游企业为下游企业提供优质的原材料和半成品；鼓励下游企业为上游企业提供技术支持和市场反馈。通过合作与协同，可以形成紧密的产业联盟，共同应对市场风险和挑战。三是提升产业链整体竞争力。强化产业链上下游协作，提升产业链整体竞争力。优化资源配置、提高生产效率、降低生产成本等方式提升产业链的整体效益。同时，还可以通过技术创新、品牌建设等方式提升产业链的附加值和市场竞争力。

（三）引入先进的管理理念和技术，提高产业运营效率

引入先进的管理理念和技术是推动乡村产业全链条升级的重要手段。应该积极引进先进的管理理念和技术手段，提高乡村产业的运营效率和管理水平。一是引进先进的管理理念。为了提高乡村产业的运营效率和管理水平，需要引进先进的管理理念。引进精益生产、六西格玛等先进的管理理念和方法，优化生产流程和管理流程，提高生产效率和产品质量。引进现代企业管理理念和方法，完善企业治理结构和管理制度，提高企业整体运营水平。二是推广先进的技术手段。除了引进先进的管理理念外，还需要推广先进的技术手段。推广自动化、智能化等先进生产技术和设备，提高生产效率和产品质量。推广信息化、数字化等先进管理技术和手段，提高企业的信息化水平和数据分析能力。推广先进的技术手段，进一步提升乡村产业的运营效率和管理水平。三是加强人才培养和引进。为了更好地引进和应用先进的管理理念和技术手段，需加强人才培养和引进工作。加强对乡村企业家的培训和教育力度，提高他们的管理水平和创新能力。鼓励高校和科研机构与乡村企业合作开展人才培养和科研项目。制定优惠政策，吸引外部优秀人才来乡村地区创业就业。

（四）加强质量监管与品牌建设，保障产业链健康发展

加强质量监管与品牌建设是推动乡村产业全链条升级的保障措施。应建立完善的质量监管体系和品牌建设机制，保障乡村产业链的健康发展。一是建立完善的质量监管体系。为了保障乡村产业链的健康发展，需要建立完善的质量监管体系。制定严格的产品质量标准和检验检测规范，建立健全的产品质量追溯体系和责任追究机制，加强对乡村企业的质量监管和执法力度。通过完善质量监管体系，可以确保乡村产品的质量和安全水平。二是加强品牌建设。品牌建设是推动乡村产业全链条升级的重要支撑。应加强品牌建设力度，提升乡村产品的知名度和美誉度。鼓励乡村企业注册和使用自主品牌，加强对乡村品牌的宣传和推广力度，建立乡村品牌保护机制和维护机制。通过加强品牌建设，进一步提升乡村产品的市场竞争力。三是促进产业链上下游企业共同参与质量监管与品牌建设。为了加强质量监管与品牌建设的效果，需促进产业链上下游企业共同参与其中。建立产业链质量监管与品牌建设联盟或组织，制定共同的产业链质量标准和品牌建设规划，鼓励产业链上下游企业之间开展质量互认和品牌共建活动。通过共同参与质量监管与品牌建设活动，形成产业链上下游企业之间的良性互动和协同发展格局。

（五）做大做强农产品加工流通业

农产品加工流通业是连接农业生产与消费的关键环节，对于提升农产品附加值、促进农民增收、满足消费者多元化需求具有重要意义。为了做大做强农产品加工流通业，需要从扶持农产品加工龙头企业、完善农产品流通体系、推广冷链物流技术以及拓展农产品销售渠道等多个方面入手，全面提升农产品加工流通业的竞争力和可持续发展能力。一是扶持农产品加工龙头企业，提升其加工能力。农产品加工龙头企业是行业发展的引擎，具有资金、技术、市场等多方面的优势。扶持这些企业，不仅可以提升农产品的加工能力和附加值，还能带动整个产业链的协同发展。二是加大政府政策扶持力度。政府应加大对农产品加工龙头企业的政策扶持力度，包括财政补贴、税

收优惠、贷款贴息等，降低企业的经营成本，鼓励其扩大生产规模、提高加工技术水平。设立专项基金，支持企业进行技术改造和升级，引进先进的加工设备，提高农产品的加工精度和品质。三是加强产学研合作，推动技术创新与产品研发。加强农产品加工龙头企业与科研机构的合作，推动产学研结合，共同研发新技术、新产品。通过技术创新，提升农产品的加工深度和广度，开发出更多符合市场需求的高附加值产品。将传统的农产品加工成方便食品、保健品、化妆品等，满足消费者的多样化需求。四是建立稳定的原料供应基地，实现农企共赢。鼓励农产品加工龙头企业建立稳定的原料供应基地，与农户形成紧密的合作关系。通过订单农业、股份制合作等方式，确保原料的质量和供应的稳定性，同时也为农户提供稳定的市场和收益。这种合作模式有助于实现农业生产的标准化和规模化，提升农产品的整体质量。

（六）完善农产品流通体系，降低物流成本

农产品流通体系是连接生产者与消费者的桥梁，其效率和成本直接影响到农产品的市场竞争力和消费者的购买意愿。因此，完善农产品流通体系、降低物流成本是做大做强农产品加工流通业的重要一环。

一是加强农产品流通基础设施建设。加强农产品流通基础设施的建设包括仓储、运输、配送等环节。政府应加大对冷链物流、农产品批发市场等基础设施的投资力度，提高农产品的储存和运输能力。优化农产品流通网络布局，减少流通环节和中间成本，提高流通效率。

二是推动农产品流通的标准化和信息化建设。通过制定统一的农产品质量标准和包装规格，实现农产品的标准化生产和流通。利用现代信息技术手段和物联网、大数据等，建立农产品追溯体系和信息服务平台，提高农产品的透明度和可追溯性，增强消费者的信任度。

三是鼓励发展多元化的农产品流通模式。除了传统的批发市场和农贸市场外，还可以积极发展电子商务、直销配送等新型流通模式。通过线上线下相结合的方式，拓宽农产品的销售渠道，提高市场的覆盖率和便捷性。

（七）推广冷链物流技术，保障农产品新鲜度

冷链物流是确保农产品新鲜度和质量的关键技术之一。推广冷链物流技术，不仅可以提升农产品的市场竞争力，还能满足消费者对高品质农产品的需求。一是强化政策扶持与标准制定，推动冷链物流技术研发与推广。政府应加大对冷链物流技术的研发和推广力度，通过财政补贴、税收优惠等政策措施，鼓励企业引进和研发先进的冷链物流技术和设备。同时，要加强冷链物流标准的制定和实施，确保农产品在储存、运输和销售过程中的新鲜度和安全性。二是优化冷链物流基础设施，培养专业人才。加强冷链物流基础设施的建设和改造，在农产品主要产区、消费区和集散地建设一批现代化的冷链物流中心和配送中心，提高农产品的冷藏储存和运输能力。同时，要对现有的冷链物流设施进行改造和升级，提高其效率和利用率。三是深化产教融合，培养冷链物流专业人才。培养专业的冷链物流人才，通过与高校、科研机构等合作，开设冷链物流专业课程和培训项目，培养一批具备专业知识和实践经验的冷链物流人才。这些人才将成为推动冷链物流技术发展和应用的重要力量。

二、拓展农产品销售渠道，增加农民收益

拓展农产品销售渠道是增加农民收益、促进农产品加工流通业发展的重要途径。通过多元化、多渠道的销售模式，可以更好地满足市场需求，提高农产品的市场占有率。

（一）积极发展农产品电子商务

利用互联网平台，打造农产品线上销售平台，实现农产品的线上展示、交易和配送。通过电子商务模式，可以打破地域限制，将农产品销往更广阔的市场，提高农产品的知名度和销售量。

（二）加强农产品品牌建设

通过注册商标、申请地理标志等方式，打造具有地方特色和市场竞争力的农产品品牌。加大品牌宣传和推广力度，提高消费者对品牌的认知度和忠

诚度。品牌化经营有助于提升农产品的附加值和市场竞争力。

（三）积极开拓国际市场

鼓励农产品加工流通企业参与国际竞争，推动农产品出口。通过参加国际农产品展览会、建立海外营销网络等方式，拓展农产品的国际市场销售渠道。同时，要加强与国际农产品组织的合作与交流，学习借鉴国际先进经验和技术。

（四）探索发展农产品期货市场

期货市场的价格发现和风险管理功能为农产品生产者和经营者提供了有效的价格信号和风险管理工具，这有助于稳定农产品市场价格波动，保护生产者和经营者的利益。

三、加快发展现代乡村服务业

随着乡村振兴战略的深入实施，现代乡村服务业作为农村经济的重要组成部分，正逐渐成为推动农业农村现代化的新引擎。为了全面提升乡村服务业的发展水平，必须从多个维度出发，打造多元化、高品质的乡村服务体系，为农业农村的全面发展提供有力支撑。

（一）提高农村金融服务水平，支持农业农村发展

一是完善农村金融体系。建立健全适应"三农"特点的多层次、广覆盖、可持续的农村金融体系，增强金融服务乡村振兴的能力。鼓励商业性、合作性、政策性、开发性等各类金融机构加大涉农业务投入，形成多元化、竞争性的农村金融市场格局。二是创新金融产品和服务方式。针对农业农村发展的实际需求，创新金融产品和服务方式，如农村土地承包经营权抵押贷款、农民住房财产权抵押贷款等，满足农民多元化、个性化的金融需求。同时，推广农业保险，降低农业生产风险。三是优化农村支付环境。加强农村支付基础设施建设，推广非现金支付工具，提高农村地区支付服务的便捷性和安全性。推动移动支付、互联网支付等新型支付方式在农村地区的普及应用，缩小城乡支付服务差距。四是加强金融知识普及。通过举办金融知识讲

座、发放宣传资料等方式,提高农民的金融素养和风险意识,帮助他们更好地利用金融工具支持农业生产和改善生活。五是建立风险补偿机制。政府应建立农业贷款风险补偿机制,对涉农贷款给予一定的财政贴息或风险补偿,降低金融机构涉农业务的风险成本,提高其服务"三农"的积极性。六是强化金融监管。在推动农村金融创新的同时,也要加强金融监管,防范金融风险向农村地区蔓延。建立健全农村金融监管体系,确保农村金融市场的稳健运行。

(二)发展农村电子商务,拓宽农产品销售渠道

一是搭建电商平台。依托现有电商平台或自建电商平台,搭建农产品网络销售平台,为农产品上行提供便捷通道。鼓励农民和农业企业开设网店,拓展线上销售渠道。二是培育电商人才。通过举办电商培训、现场指导等方式,培育一批懂电商、会经营的农村电商人才。引导他们运用电商手段销售农产品,提高农产品的市场竞争力和附加值。三是完善物流体系。加强农村物流基础设施建设,完善县、乡、村三级物流网络体系。推动快递下乡工程,降低农产品上行的物流成本和时间成本。四是打造特色品牌。引导农民和农业企业注重品牌建设,打造具有地方特色的农产品品牌。通过电商平台的推广和营销,提高农产品的知名度和美誉度。五是加强质量监管。建立健全农产品质量追溯体系,确保农产品的质量和安全。加强对电商平台上农产品质量的监管力度,维护消费者的合法权益。六是促进跨界融合。推动农村电商与乡村旅游、休闲农业等产业的跨界融合,打造多元化的农村电商发展模式。通过电商平台的推广和营销,吸引更多游客前来体验乡村旅游和休闲农业的魅力。

(三)加强农村基础设施建设,改善农村生活环境

一是完善交通网络。加快农村公路建设和改造升级,提高农村公路的通达深度和通行能力。推动农村客运发展,方便农民出行和农产品运输。二是改善水利设施。加强农田水利设施建设和管理,提高农田灌溉效率和防洪排

涝能力。推广节水灌溉技术，降低农业生产成本。三是升级电网设施。推进农村电网改造升级工程，提高农村电力供应能力和供电质量。推广智能电表和节能电器，降低农民用电成本。四是优化通信网络。加快农村宽带网络和4G/5G移动通信网络建设，提高农村地区的网络覆盖率和传输速度。推动农村互联网应用普及，缩小城乡数字鸿沟。五是改善人居环境。加强农村人居环境整治工作，推进农村垃圾污水治理、厕所革命和村容村貌提升，打造宜居宜业的美丽乡村环境。六是提高公共服务水平。加强农村公共服务设施建设和管理，提高农村教育、医疗、文化等公共服务水平。推动城乡公共服务均等化发展，让农民享受到更多城市文明成果。

（四）培育乡村旅游与休闲农业，促进农村多元化发展

一是挖掘乡村旅游资源。挖掘乡村自然风光、民俗文化、历史遗迹等旅游资源，打造具有地方特色的乡村旅游产品。通过举办乡村旅游节庆活动、开发乡村旅游线路等方式，吸引更多游客前来体验乡村旅游的魅力。二是发展休闲农业产业。依托农业资源优势和生态环境优势，发展休闲农业产业。鼓励农民和农业企业开设休闲农庄、农家乐等休闲农业项目，提供采摘、垂钓、农耕体验等休闲活动，满足游客的多元化需求。三是加强规划引导。制定乡村旅游和休闲农业发展规划，明确发展目标、空间布局和重点任务。加强规划的实施和监管力度，确保乡村旅游和休闲农业健康发展。四是提升服务质量。加强对乡村旅游和休闲农业从业人员的培训和管理，提高他们的服务意识和专业技能。推动乡村旅游和休闲农业的标准化、规范化发展，提升整体服务质量。五是加强品牌宣传。加大对乡村旅游和休闲农业品牌的宣传力度，提高品牌的知名度和美誉度。通过电视、网络、社交媒体等多种渠道进行品牌推广和营销，吸引更多游客前来体验。六是促进产业融合。推动乡村旅游与休闲农业、文化产业、体育产业等产业的融合发展，打造多元化的乡村旅游产品体系。通过产业融合和创新发展，提升乡村旅游的综合效益和竞争力。注重保护乡村生态环境和文化遗产，实现乡村旅游可持续发展。

四、培育乡村新产业新业态

随着乡村振兴战略的深入实施,培育乡村新产业、新业态成为推动农村经济发展的重要引擎。为了全面促进农村产业的转型升级,需从鼓励创新创业、引入现代信息技术、发展绿色农业以及打造特色产业集群等多个方面入手,为乡村经济的持续发展注入新的活力。

(一)鼓励创新创业,支持农村新产业新业态发展

一是政策扶持与激励。政府应出台一系列扶持政策,为农村创新创业提供有力支持。设立农村创新创业专项资金,为有志于在农村发展的创业者提供资金补助和税收减免。优化农村营商环境,简化注册流程,降低创业门槛,吸引更多人才和资源流向农村。二是创新创业培训。针对农村创新创业者,开展系统的培训活动,提升他们的创新能力和经营管理水平。培训内容可以涵盖市场分析、品牌建设、营销策略等方面,帮助创业者更好地把握市场机遇,提高创业成功率。三是搭建创新创业平台。建立农村创新创业园区和孵化基地,为创业者提供物理空间和配套服务。这些平台可以集聚创新资源,促进产学研合作,推动农村新产业新业态的快速发展。设立"农村创新创业示范园"吸引了农业科技企业入驻,形成良好的创新创业氛围。四是引导社会资本投入。政府应鼓励社会资本参与农村创新创业,通过设立投资基金、提供贷款贴息等方式,引导更多资金流向农村新产业、新业态。加强对社会资本的投资引导和监管,确保其合规运营,为农村经济发展带来长期效益。五是典型案例示范与推广。积极发掘和宣传农村创新创业的成功案例,通过示范引领,激发更多农民的创新创业热情。通过发展乡村旅游,带动当地农产品的销售和手工艺品的发展,为村民提供了大量就业机会和收入来源。

(二)引入互联网、大数据等现代信息技术,推动农业智能化发展

一是建设农业信息化基础设施。加强农村互联网基础设施建设,提高网络覆盖率和网络速度,为农业智能化发展提供坚实的网络支撑。推广智能手机、电脑等终端设备的普及应用,让更多农民能够便捷地获取和利用信

息。二是应用大数据提升农业生产效率。通过收集和分析农业生产过程中的各种数据，如土壤湿度、气候条件、作物生长情况等，为农民提供精准的种植建议和管理方案。利用大数据分析技术，为农民提供个性化施肥建议和病虫害防治方案，有效提高农作物产量和品质。三是发展智慧农业。运用物联网、人工智能等现代信息技术，实现农业生产的自动化和智能化。通过智能温室、无人机植保等手段，提高农业生产的精准度和效率。建立农业大数据平台，为政府、企业和农民提供全面的农业信息服务。四是推广农村电商平台。鼓励农民和农业企业利用电商平台进行农产品销售和推广。通过电商平台，农民可以更直接地了解市场需求和消费者偏好，调整种植结构和销售策略。同时，电商平台还可以为农产品提供更广阔的销售渠道和品牌宣传机会。五是培养农业信息化人才。加强农业信息化人才的培养和引进工作。通过举办培训班、现场指导等方式，提高农民对现代信息技术的认知和应用能力。鼓励高校和科研机构开设农业信息化相关专业，为农村培养更多的专业人才。

（三）发展生态农业、循环农业等绿色发展模式

一是推广生态种植技术。鼓励农民采用生态友好的种植方式和技术手段，如有机肥料替代化肥、生物防治替代化学农药等。通过减少化学物质的使用量，降低对土壤和水资源的污染风险，提高农产品的品质和安全性。二是发展循环农业。推动农业废弃物的资源化利用和无害化处理。将畜禽粪便等有机废弃物转化为生物肥料或生物质能源，将农作物秸秆用于饲料加工或生物质发电等。通过循环农业的发展模式，实现农业生产的节能减排和可持续发展。三是加强农业生态环境保护与修复。加大对农业生态环境的保护和修复力度。通过实施退耕还林、水土保持等生态工程，改善农业生态环境质量。同时，加强对农业面源污染的治理和监管力度，确保农业生产活动的环境友好性。四是倡导绿色消费理念。通过宣传和教育活动，引导消费者关注农产品的品质和安全性问题，倡导绿色消费理念。鼓励消费者选择有机农产品、绿色食品等环保型产品，推动农业生产向绿色化、生态化方向发展。五

是政策支持与激励。政府应出台相关政策措施，支持生态农业和循环农业的发展。提供财政补贴、税收减免等优惠政策；设立专项基金支持相关技术研发和推广工作；加大对绿色农产品的认证和监管力度等。

（四）打造乡村特色产业集群，提升乡村经济活力

一是发掘乡村特色产业资源。深入挖掘乡村地区的特色产业资源，如传统手工艺、地方特色农产品、乡村旅游等。通过资源整合和产业升级，形成具有地域特色的产业集群。当地政府应因势利导，发展以乡村旅游为主导的特色产业集群，以独特的自然风光和民俗文化吸引大量游客。二是加强产业链整合与延伸。在发掘特色产业资源的基础上，加强产业链上下游的整合与延伸。通过引进龙头企业、培育本土品牌等方式，提升产业链的附加值和市场竞争力。当地政府以种植特色水果为主导产业，通过引进水果加工企业和建立销售网络，实现从种植到加工再到销售的完整产业链整合。三是创新产业融合发展模式。推动乡村特色产业与其他产业的融合发展，如农业与旅游、文化、教育等产业的深度融合。通过创新融合发展模式，拓展乡村产业的功能和内涵，提升乡村经济的综合效益。将传统手工艺与乡村旅游相结合，推出"手工艺体验游"项目，吸引大量游客前来体验和学习。四是加强品牌建设与营销推广。注重乡村特色产业的品牌建设和营销推广工作。通过打造地域品牌、参加农产品展销会等方式，提高乡村特色产业的知名度和美誉度。利用互联网和新媒体平台进行网络营销和推广活动，拓宽销售渠道和市场空间。五是完善产业配套服务体系。建立健全乡村特色产业的配套服务体系，包括金融服务、物流配送、人才培训等方面。通过完善配套服务体系，为乡村特色产业的发展提供有力支撑和保障。建立农产品电商平台和物流配送体系，为当地农民提供了便捷的农产品销售渠道和物流服务。

第三节　拓宽农民增收致富渠道

一、促进农民就业增收

农民是乡村的主体，其就业增收问题直接关系到乡村振兴的成败。为了全面促进农民的就业增收，我们需要从多个方面入手，形成一套系统、全面的策略与实施路径。

（一）加强职业技能培训，提升农民就业竞争力

一是明确培训目标。职业技能培训的目标是提高农民的职业技能和就业竞争力，使其能够更好地适应市场需求，实现稳定就业和增收。因此，我们需要根据市场需求和农民的实际需求，制定具体的培训目标和计划。二是丰富培训内容。培训内容应涵盖现代农业技术、农村电商、手工艺制作、家政服务等多个领域，以满足不同农民的需求。同时，我们还要注重培训内容的更新和升级，确保农民能够掌握最新的职业技能和知识。三是创新培训方式。除了传统的面授课程外，我们还可以利用现代信息技术手段，如远程教育、在线学习平台等，为农民提供更加便捷、灵活的学习方式。此外，我们还可以通过实地考察、案例分析、模拟演练等方式，增强培训的实践性和针对性。四是整合培训资源。政府、企业、社会组织等应共同参与农民的职业技能培训，提供资金、师资、场地等方面的支持。同时，我们还要注重培训资源的优化配置和共享，避免资源的浪费和重复建设。五是强化培训效果评估。建立健全的培训效果评估机制，对参训农民的学习成果进行定期考核和评价。通过评估结果，我们可以及时了解培训效果，发现存在的问题和不足，并对培训内容和方式进行相应的调整和优化。六是建立持续的培训机制。职业技能培训是一个长期的过程，我们需要建立持续的培训机制，为农民提供终身学习的机会。通过定期更新培训内容和方式，我们可以确保农民能够不断适应市场需求的变化，实现持续就业和增收。

（二）发展乡村特色产业，创造更多本地就业岗位

一是挖掘乡村资源。乡村拥有丰富的自然资源、历史文化和民俗风情等独特资源。要对这些资源进行深入挖掘和整理，形成具有地方特色的产业基础。通过发展特色产业，我们可以为农民提供更多的本地就业机会，促进其增收。二是培育特色产业。在挖掘乡村资源的基础上，要选择具有发展潜力的产业进行重点培育。这包括提供政策支持、资金投入、技术引进和人才培养等方面的帮助，推动特色产业从小到大、从弱到强地发展壮大。通过特色产业的发展，我们可以创造更多的本地就业机会，提高农民的就业质量和收入水平。三是延长产业链。特色产业的发展需要形成完整的产业链条，包括生产、加工、销售等多个环节。要注重产业链的延长和完善，鼓励农民参与各个环节的工作，提高其就业增收的机会。同时，我们还可以通过引进龙头企业、建立合作社等方式，推动产业的规模化、品牌化发展。四是加强产业融合。乡村特色产业的发展需要与其他产业融合，形成多元化的产业格局。将特色产业与乡村旅游、文化创意、健康养生等产业相结合，打造具有综合竞争力的产业集群。通过产业融合，我们可以为农民提供更多的就业机会和增收渠道。五是注重品牌建设。品牌是特色产业的核心竞争力。要注重品牌的建设和推广，提高特色产业的知名度和影响力。通过打造具有地方特色的品牌形象，我们可以吸引更多消费者和投资者关注，推动特色产业的持续发展。六是推动产业创新。创新是特色产业发展的动力源泉。我们需要鼓励农民和企业进行产业创新，包括技术创新、产品创新、营销创新等。通过创新，我们可以提高特色产业的竞争力和市场占有率，为其创造更多的就业机会和增收空间。

（三）引导农民参与乡村旅游与服务业，拓宽收入来源

一是挖掘乡村旅游资源。乡村旅游是农民就业增收的重要途径。要对乡村的旅游资源进行深入挖掘和整理，包括自然景观、历史文化、民俗风情等。通过开发乡村旅游产品，可以吸引更多的游客前来消费，为农民创造更多的就业机会和收入来源。二是发展乡村服务业。除了乡村旅游外，还可以

引导农民参与乡村服务业的发展。这包括餐饮、住宿、娱乐、购物等多个领域。通过发展乡村服务业，我们可以为农民提供更多的经营性收入和就业机会。三是提升服务质量。乡村旅游与服务业的发展需要注重提升服务质量。对农民进行服务技能培训，提高其服务意识和能力。同时，还要注重旅游环境的整治和提升，为游客提供更加舒适、便捷的旅游体验。四是加强市场推广。市场推广是乡村旅游与服务业发展的关键。需要利用多种渠道进行市场推广，包括互联网、社交媒体、旅游平台等。通过市场推广，可以提高乡村旅游与服务业的知名度和影响力，吸引更多的游客前来消费。五是注重游客体验。游客体验是乡村旅游与服务业的核心竞争力。需要注重游客的需求和体验，提供个性化的旅游产品和服务。通过满足游客的多元化需求，可以提高游客的满意度和忠诚度，为乡村旅游与服务业的持续发展奠定基础。六是推动产业融合发展。乡村旅游与服务业的发展需要与其他产业融合。可以将乡村旅游与特色产业、文化创意产业等相结合，打造具有综合竞争力的旅游产品和服务。通过产业融合发展，可以为农民提供更多的就业机会和增收渠道。

（四）建立农民就业服务平台，优化就业信息服务

一是构建就业信息服务体系。需要构建一套完善的就业信息服务体系，包括就业政策宣传、招聘信息发布、职业培训信息等。通过整合各类就业信息资源，可以为农民提供全面、及时的就业信息服务。二是建立线上线下服务平台。线上线下服务平台是农民就业服务的重要载体。建立线上就业服务平台，提供在线求职、招聘、咨询等服务；同时，我们还要建立线下就业服务中心，为农民提供面对面的就业指导和帮助。通过线上线下相结合的方式，可以为农民提供更加便捷、高效的就业服务。三是优化信息推送机制。信息推送机制是农民就业服务平台的关键环节。根据农民的就业需求和实际情况，优化信息推送机制，确保农民能够及时、准确地获取适合自己的就业信息。同时，还要注重信息的更新和维护，确保信息的时效性和有效性。四是加强信息监管与审核。在提供就业信息服务的过程中，加强信息的监管和

审核工作。这包括对招聘信息的真实性进行核实、对职业培训机构的资质进行审查等。通过加强信息监管与审核工作，可以确保农民获取的就业信息真实可靠，避免其受到虚假信息的误导。五是提供个性化的就业建议。每个农民的就业需求和实际情况都是不同的。因此，需要根据农民的个体差异，提供个性化的就业建议和指导。这包括根据农民的技能水平、工作经验、兴趣爱好等因素，为其推荐适合的岗位和培训机会等。通过提供个性化的就业建议和指导，可以帮助农民更好地实现就业增收的目标。六是建立反馈与评价机制。为了不断优化农民就业服务平台的服务质量，要建立反馈与评价机制。这包括对农民的使用体验进行调研、对服务效果进行评估等。通过反馈与评价机制，我们可以及时了解农民的需求和意见，对服务平台进行不断地改进和完善，以提供更加优质、高效的就业服务。同时，我们还可以将农民的反馈和评价作为改进就业政策和服务的重要参考依据，推动农民就业增收工作的持续发展。

二、促进农业经营增收

农业作为国家的基石，其经营增收的实现对于提升农民生活水平、推动乡村经济振兴具有重要意义。为了有效促进农业经营增收，需要从多个层面出发，制定并实施一套全面、系统的策略。

（一）推广现代农业技术，提高农业生产效率

现代农业技术是农业生产效率提升的关键。为了推广现代农业技术，提高农业生产效率，需要采取以下措施：一是加强农业技术研发与创新。加大对农业技术研发的投入，鼓励科研机构和企业进行创新，研发出更加高效、环保的农业新技术。引进国际先进的农业技术，加快技术更新换代的速度，确保农业技术始终与国际接轨。二是推广智能农业技术。将物联网、大数据、人工智能等智能农业技术应用于农业生产的全过程，实现精准化、智能化的管理。通过智能农业技术的应用，提高农业生产效率，降低生产成本，增加农民收益。三是提升农民的技术素养。加强对农民的技术培训，提高其掌握和应用现代农业技术的能力。通过技术培训，帮助农民更好地适应现代农业的发展需求，提高其农业生产效率。四是完善农业技术推广体系。建立健全的技术推广网络，确保现代农业技术能够及时、有效地传播到广大农村地区。注重技术推广的针对性和实效性，根据不同地区、不同作物的实际需求，提供个性化的技术推广服务。五是加大政策扶持力度。政府应加大对现代农业技术的政策扶持力度，包括财政补贴、税收优惠、贷款贴息等。通过政策扶持，降低农民采用现代农业技术的成本，提高其积极性，推动现代农业技术的广泛应用。六是建立农业技术示范基地。建立一批农业技术示范基地，通过示范引领，带动周边地区农民学习和应用现代农业技术。示范基地应定期举办农业技术交流活动，为农民提供学习和交流的平台，推动现代农业技术的普及和应用。

（二）发展农业合作社与家庭农场，实现规模化经营

一是培育农业合作社。积极培育农业合作社，鼓励农民自愿组成农业合作社，共同开展农业生产、加工、销售等活动。通过合作社的形式，实现农业资源的优化配置和共享，提高农业生产的组织化程度。二是发展家庭农场。鼓励有条件的农民发展家庭农场，通过扩大生产规模、提高生产效益来实现增收。注重家庭农场的规范化管理，确保其健康、可持续发展。三是提供政策与资金支持。政府应为农业合作社和家庭农场提供政策和资金支持，包括财政补贴、税收优惠、贷款贴息等。通过政策和资金的支持，降低农业合作社和家庭农场的经营成本，提高其市场竞争力。四是加强合作社与家庭农场之间的合作。鼓励农业合作社和家庭农场之间形成紧密的合作关系，共同开展农业生产、加工、销售等活动。推动合作社与家庭农场形成产业联盟，实现资源共享、优势互补，提高整体竞争力。五是注重人才培养与引进。加强农业合作社和家庭农场的人才培养工作，提高其管理水平和技术实力。引进高素质的人才，为农业合作社和家庭农场提供专业化、高素质的人才队伍支持。六是推动农业社会化服务体系建设。完善农业社会化服务体系，为农业合作社和家庭农场提供全方位的服务支持。包括提供技术指导、市场信息、金融服务等，降低其经营风险，提高其市场竞争力。

（三）调整农业产业结构，发展高附加值

农产品一是进行市场调研与需求分析。充分了解市场需求和消费者偏好，为调整农业产业结构提供科学依据。通过市场调研和需求分析，确定具有市场潜力的农产品种类和产量。二是发展特色优势产业。根据当地的自然资源、气候条件等因素，发展具有地方特色的优势产业。如绿色蔬菜、有机水果、特色养殖等，提高农产品的附加值和市场竞争力。三是推广农产品深加工技术。鼓励农民和企业对农产品进行深加工，开发出更加多样化、高品质的农产品。通过农产品深加工，延长产业链条，提高农产品的附加值和市场占有率。四是加强农产品质量安全管理。建立健全农产品质量安全监管体系，确保农产品的质量和安全。通过加强农产品质量安全管理，提高消费者的信任度和满意度，为农产品开拓更广阔的市场空间。五是培育农产品品牌。注重农产品品牌的培育和推广工作，打造出具有地方特色和市场影响力的农产品品牌。通过品牌培育和推广，提高农产品的知名度和美誉度，增加其市场占有率和附加值。六是推动农业产业化发展。鼓励农民和企业通过股份制、合作制等形式组建农业产业化龙头企业或集团。通过农业产业化发展，实现农业生产的标准化、规模化和集约化经营，提高农业的整体效益和竞争力。

三、强化农产品品牌建设与市场营销，提升产品价值

（一）明确品牌定位与目标市场

在进行农产品品牌建设之前，明确品牌的定位和目标市场。通过深入了解消费者的需求和偏好，确定农产品的品牌形象、核心价值以及目标消费群体。

（二）提升农产品品质与特色

注重提升农产品的品质和特色，确保农产品的高品质和独特性。通过采用先进的农业技术、优化种植结构、加强质量安全管理等措施，提高农产品的品质和口感。同时，注重农产品的包装和设计，使其更加符合消费者的审美和购买需求。

（三）加强品牌宣传与推广

通过广告、公关、促销等多种方式，对农产品品牌进行全方位的宣传和推广。利用互联网、社交媒体等新媒体平台，扩大农产品品牌的传播范围和影响力。举办农产品展销会、品鉴会等活动，让消费者亲身体验农产品的品质和口感，增强品牌认知度和美誉度。

（四）建立完善的销售渠道与网络

建立完善的销售渠道和网络，包括传统农贸市场、超市、电商平台等，确保农产品能够顺畅地到达消费者手中。拓展新型销售模式，如发展直销、定制等，满足消费者的个性化需求，提高农产品的市场占有率。

（五）注重口碑营销与用户体验

注重口碑营销，通过提供优质的服务和产品，赢得消费者的信任和好评。关注用户体验，了解消费者在使用农产品过程中的需求和反馈，不断优化产品和服务质量。建立完善的客户服务体系，及时响应消费者的投诉和建议，提高消费者满意度和忠诚度。

（六）加强品牌保护与管理

加强品牌保护与管理，建立健全品牌管理制度和法律法规体系，打击假冒伪劣产品和侵权行为。注重品牌文化的塑造和传播，提升农产品品牌的文化内涵和社会价值。通过品牌文化的传播和推广，增强消费者对农产品品牌的认同感和归属感，提高品牌的忠诚度和市场占有率。

四、赋予农民更加充分的财产权益

农民作为农村经济的主体，其财产权益的保障与提升是实现乡村振兴、农村现代化的关键。

（一）深化农村土地制度改革，保障农民土地权益

土地是农民最基本的生产资料，也是其最重要的财产。深化农村土地制度改革，保障农民土地权益，是赋予农民更加充分的财产权益的首要任务。

一是稳定和完善农村土地承包关系。保持土地承包关系稳定并长期不变，给农民吃上"定心丸"。完善土地承包经营权登记制度，确保农民的土地承包经营权得到法律保障。二是推进农村承包地"三权分置"改革。落实集体所有权，稳定农户承包权，放活土地经营权。明确土地经营权流转的规则和程序，保障流转双方的合法权益。三是探索土地经营权入股农业产业化经营。鼓励农民以土地经营权入股农业产业化经营，分享产业发展的红利。建立健全土地经营权入股的利益分配机制，确保农民获得合理的收益。四是改革农村宅基地制度。探索农村宅基地所有权、资格权、使用权"三权分置"的具体实现形式。保障农户宅基地用益物权，探索农民增加财产性收入的渠道。五是加强农村土地监管与保护。建立健全农村土地监管机制，防止土地被非法流转和滥用。加强土地保护，防止土地退化和污染，保障农民的土地权益不受损害。

（二）完善农村集体产权制度，增加农民财产性收入

农村集体产权制度是农民财产权益的重要组成部分。完善农村集体产权制度，增加农民财产性收入，是赋予农民更加充分的财产权益的重要途径。一是全面开展农村集体资产清产核资工作。对农村集体资产进行全面清查、核实和登记，摸清家底，明确集体资产的权属关系，为产权制度改革奠定基础。二是确认农村集体成员身份。制定农村集体成员身份确认的标准和程序，确保每个集体成员都能享受到应有的权益。三是推进农村集体经营性资产股份合作制改革。将农村集体经营性资产以股份或份额形式量化到成员个人。明确集体资产股份的占有、收益、有偿退出及抵押、担保、继承权等权能。四是发展新型农村集体经济。鼓励农村集体利用自身资源和优势，发展特色产业和集体经济。通过集体经济的发展，增加农民的财产性收入。五是加强农村集体资产监督管理。建立健全农村集体资产监督管理机制，防止集体资产流失和滥用。加强对集体资产运营情况的审计和监督，确保集体资产的安全和增值。

（三）推动农村金融创新，拓宽农民融资渠道

农村金融是农民获得财产性收入的重要渠道。推动农村金融创新，拓宽农民融资渠道，是赋予农民更加充分财产权益的必要手段。一是发展农村普惠金融。扩大农村金融机构的覆盖面和服务范围，提高金融服务的可得性和便利性。降低金融服务的门槛和成本，让更多农民能够享受到金融服务。二是创新农村金融产品和服务方式。根据农民的需求和特点，创新金融产品和服务方式，如开发适合农民的理财产品、贷款产品等，满足其多样化的金融需求。三是完善农村金融风险防控机制。建立健全农村金融风险防控机制，防范农村金融风险的发生和传播。加强对农村金融机构的监管和管理，确保其稳健运营。四是推动农村征信体系建设。建立健全农村征信体系，提高农民的信用意识和信用水平。通过征信体系的建设，为农民提供更多的信用贷款等金融服务。五是拓宽农民融资渠道。除了传统的银行贷款外，还应积极拓宽农民的融资渠道，如发展农村股权融资、债券融资等，为农民提供更多的融资选择和可能性。

（四）加强农民财产权益保护，构建法治化保障体系

农民财产权益的保护是赋予其更加充分的财产权益的保障。加强农民财产权益保护，构建法治化保障体系，是确保农民财产权益不受侵害的重要措施。一是完善相关法律法规。制定和完善保护农民财产权益的相关法律法规。明确农民财产权益的法律地位和保护范围，为农民提供法律保障。二是加大执法力度。加大对侵害农民财产权益行为的执法力度。严厉打击非法侵占、挪用、破坏农民财产的行为，维护农民的合法权益。三是建立健全农民财产权益保护机制。建立健全农民财产权益保护机制，如设立农民财产权益保护基金等。为农民提供财产权益受损时的救助和补偿，降低其风险损失。四是提高农民的法律意识和维权能力。加强农民的法律教育和培训，提高其法律意识和维权能力。鼓励农民在自身权益受到侵害时，积极寻求法律途径进行维权。五是构建多元化的纠纷解决机制。构建多元化的农民财产权益纠纷解决机制，如调解、仲裁和诉讼等。为农民提供便捷、高效的纠纷解决渠道，降低其维权成本和时间成本。

第四节 扎实推进宜居宜业和美乡村建设

一、加强村庄规划建设

村庄规划建设是乡村振兴战略的基石，是实现农村现代化、提升农民生活质量的重要途径。为了打造宜居宜业和美乡村，必须高度重视并切实加强村庄的规划建设工作。

（一）编制村庄发展规划，明确发展定位

村庄发展规划是指导村庄未来发展的重要文件，必须科学编制、合理布局。

1. 深入调研，摸清村庄底数

在编制村庄发展规划前，要进行深入的调研工作，全面了解村庄的自然资源、人口结构、经济发展状况、文化传承等基本情况。通过数据分析、村民访谈等方式，摸清村庄的"家底"，为规划编制提供翔实的基础资料。

2. 明确发展定位，突出特色优势

根据村庄的实际情况和发展潜力，明确村庄的发展定位，如农业观光村、文化旅游村、生态宜居村等。同时，要突出村庄的特色优势，如独特的自然景观、丰富的历史文化、特色的农产品等，将这些元素融入村庄发展规划中，形成独特的村庄品牌。

3. 科学规划，注重长远发展

村庄发展规划要注重科学性、前瞻性和可持续性。要合理规划村庄的空间布局，明确各类用地的功能和规模，确保村庄发展与生态保护相协调。同时，要考虑村庄的长远发展，预留足够的发展空间，为村庄未来的产业升级、人口增长等预留足够的承载能力。

4. 广泛征求意见，增强规划认同感

在编制村庄发展规划的过程中，要充分听取村民的意见和建议，让村民参与到规划的编制中来。通过召开村民大会、座谈会等方式，广泛征求村民对村庄发展的看法和建议，增强村民对村庄规划的认同感和归属感。

(二)强化规划执行,确保蓝图落地

村庄发展规划的制定只是第一步,更重要的是要确保规划的有效执行,让蓝图变为现实。

1.建立健全规划执行机制

要建立健全村庄规划执行的监督机制,确保村庄规划的各项任务和目标得到有效落实。可以成立由村民代表、村干部、专业规划师等组成的规划执行监督小组,定期对规划执行情况进行检查和评估。

2.加强规划宣传和培训

要通过多种渠道和形式加强村庄规划的宣传和培训,提高村民对村庄规划的认知度和执行力。可以制作规划宣传册、举办规划讲座、开展规划知识竞赛等活动,让村民了解规划的内容和意义,积极参与规划的执行。

3.分阶段实施规划项目

村庄发展规划的实施需要时间和资源的投入,因此要分阶段进行。可以根据规划的优先级和资金状况,制定详细的实施计划和时间表,逐步推进规划项目的实施。同时,要确保每个阶段的项目都能够得到有效执行和监管。

4.引入社会力量参与规划执行

为了增强村庄发展规划的执行力度,可以积极引入社会力量参与。比如与高校、研究机构等合作,引入专业的规划团队为村庄发展提供技术支持;与企业合作,吸引社会资本投入村庄建设;与志愿者组织合作,开展村庄环境整治、文化活动等志愿服务活动。

(三)挖掘地域特色,打造差异化村庄

每个村庄都有其独特的地域特色和资源优势,挖掘这些特色并打造差异化的村庄是提升村庄竞争力的重要途径。

1.深入挖掘历史文化资源

每个村庄都有其独特的历史文化背景和传承,这是村庄宝贵的文化财富。要深入挖掘村庄的历史文化资源,如古建筑、民俗活动、传统手工艺

等。通过保护、传承和创新，将这些元素融入村庄的发展中，形成独特的文化品牌。

2. 突出自然景观和生态环境优势

很多村庄拥有优美的自然景观和生态环境，这是村庄发展的重要资本。要突出这些自然景观和生态环境的优势，通过生态旅游、休闲农业等方式，将生态资源转化为经济优势，带动村庄的发展。

3. 发展特色农业和农产品加工业

农业是村庄经济的基础，发展特色农业和农产品加工业是提升村庄经济实力的重要途径。要根据村庄的自然条件和资源禀赋，发展适合当地的特色农业产业，如有机蔬菜、特色水果、中药材等。同时，要积极引进和培育农产品加工业，延长产业链条，提高农产品的附加值和市场竞争力。

4. 注重村庄风貌和建筑风格的塑造

村庄的风貌和建筑风格是村庄形象的重要组成部分，也是吸引游客和投资者的重要因素。要注重村庄风貌和建筑风格的塑造，保持村庄的传统特色和风貌。同时融入现代元素和创新设计，打造具有独特魅力的村庄形象。

5. 加强村庄品牌建设和营销推广

在挖掘地域特色和打造差异化村庄的过程中，要注重村庄品牌的建设和营销推广。可以通过注册商标、申请地理标志产品等方式保护村庄品牌的知识产权；通过举办文化节庆活动、开展旅游营销等方式提高村庄的知名度和美誉度；通过网络平台、社交媒体等渠道进行广泛地宣传和推广，吸引更多的游客和投资者关注村庄的发展。

（四）扎实推进农村人居环境整治

提高农村人居环境整治水平是乡村振兴战略的重要组成部分，对于改善农民生活质量、提升乡村形象、促进乡村经济社会发展具有重要意义。

开展农村生活垃圾治理行动。农村生活垃圾治理是农村人居环境整治的重要内容之一。为了有效解决农村生活垃圾问题，需要开展专门的治理行动。

一是完善农村生活垃圾收集、转运和处置体系。建立健全农村生活垃圾收集、转运和处置体系，确保生活垃圾得到及时、有效的处理。可以设置固定的垃圾收集点，配备专业的垃圾转运车辆，确保垃圾能够定期、定量地被转运至处理场所。

二是推广垃圾分类制度。在农村地区推广垃圾分类制度，提高农民对垃圾分类的认识和参与度。可以通过开展垃圾分类宣传教育活动，引导农民将生活垃圾分为可回收物、有害垃圾、湿垃圾和干垃圾等类别，并分别进行投放和处理。

三是加强农村生活垃圾资源化利用。鼓励和支持农村地区开展生活垃圾资源化利用工作，将可回收物进行回收再利用，将有机垃圾进行堆肥化处理等，实现生活垃圾的减量化、资源化和无害化处理。

四是建立农村生活垃圾治理长效机制。为了确保农村生活垃圾治理工作的持续性和有效性，需要建立长效机制。可以制定相关法规和政策，明确各级政府和相关部门的职责和任务，形成齐抓共管的局面。同时，还可以引入市场机制，吸引社会资本参与农村生活垃圾治理工作。

二、实施农村生活污水治理工程

农村生活污水治理是农村人居环境整治的重要方面。为了改善农村水环境质量，我们需要实施农村生活污水治理工程。

（一）建设农村生活污水处理设施

在农村地区建设生活污水处理设施，对农村生活污水进行集中处理。可以选择适合农村地区的污水处理技术，如生物处理、生态处理等，确保处理后的水质达到排放标准。

（二）推广分散式污水处理模式

针对农村地区人口分散、污水排放量小的特点，可以推广分散式污水处理模式。即在农户家中或附近建设小型污水处理设施，对生活污水进行就地处理，减少污水排放对环境的影响。

（三）加强农村生活污水排放监管

建立农村生活污水排放监管机制，对农村地区的污水排放进行定期检测和评估。对于超标排放的行为，要依法进行处罚和整治，确保农村水环境质量得到有效改善。

（四）开展农村水环境综合治理工作

除了生活污水治理外，还需要开展农村水环境的综合治理工作。包括治理农村河流、湖泊等水域的污染问题，恢复水生态系统的健康和稳定。同时，还可以结合乡村旅游的发展，打造具有特色的水乡景观，提升乡村的吸引力和竞争力。

三、推进农村"厕所革命"，改善农村卫生条件

农村"厕所革命"是改善农村人居环境的重要举措之一。为了提升农民的生活品质和健康水平，我们需要大力推进农村"厕所革命"。

（一）改造传统农村厕所

对传统农村厕所进行改造升级，提高厕所的卫生条件和使用便捷性。可以推广使用水冲式厕所或干式厕所等新型厕所类型，替代传统的旱厕或露天厕所。

（二）加强农村厕所建设和管理

制定农村厕所建设和管理标准，确保农村厕所的建设质量和使用效果。同时，加强对农村厕所的日常维护和管理，定期清理和消毒，保持厕所的清洁卫生。

（三）推广农村厕所粪便资源化利用

鼓励和支持农村地区开展厕所粪便资源化利用工作，将粪便进行无害化处理后用于农田施肥或生物质能源开发等。这不仅可以减少粪便对环境的影响，还可以实现资源的循环利用。

（四）加强农村厕所革命的宣传和教育

通过开展宣传教育活动，提高农民对厕所革命的认识和参与度。引导农

民养成良好的卫生习惯，提高健康意识和生活品质。

四、加强村容村貌整治，提升乡村颜值

村容村貌整治是提升乡村形象、改善人居环境的重要手段。为了打造美丽宜居的乡村环境，我们需要加强村容村貌整治工作。

（一）制定村容村貌整治规划

根据乡村的实际情况和发展需求，制定科学合理的村容村貌整治规划。明确整治的目标、任务和时间节点，确保整治工作有序进行。

（二）整治农村地区乱搭乱建现象

对农村地区的乱搭乱建现象进行整治，拆除违法建筑和临时搭建物，恢复乡村的整洁和美观。同时，加强对建筑风貌的引导和控制，确保新建建筑符合乡村整体风貌要求。

（三）改善农村道路和交通状况

对农村道路进行硬化、拓宽和绿化等改造工程，提高道路的通行能力和舒适度。同时，加强交通管理，规范车辆停放和行驶秩序，减少交通拥堵和安全事故的发生。

（四）提升农村绿化美化水平

在乡村地区大力开展绿化美化工作，种植树木、花草等植物，增加乡村的绿色植被覆盖率。同时，还可以结合乡村文化特色，打造具有地方特色的绿化景观和小品设施。

（五）加强农村环境卫生管理

建立健全农村环境卫生管理机制，对农村地区的环境卫生进行定期清扫和保洁。可以设置固定的垃圾收集点和环卫设施，确保乡村环境的干净整洁。同时，还可以加强对环境卫生的宣传和教育，提高农民的环境保护意识。

（六）推动乡村特色风貌保护和发展

在村容村貌整治过程中，要注重对乡村特色风貌的保护和发展。可以保

留和修复具有历史价值的建筑和景观，传承和弘扬乡村文化。同时，还可以结合乡村旅游和产业发展，打造具有特色的乡村风貌和品牌形象。

五、持续加强乡村基础设施建设

乡村基础设施建设是乡村振兴的基石，对于改善农村生活环境、提升农民生活质量、促进农村经济社会发展具有重要意义。在新时代背景下，我们必须持续加强乡村基础设施建设，为乡村振兴提供有力支撑。

（一）提升农村道路建设质量，畅通出行网络

农村道路是乡村基础设施的重要组成部分，也是农民群众出行、农产品运输的重要通道。在乡村治理中，我们必须注重提升农村道路建设质量，畅通出行网络，为农民群众提供更加便捷、安全的出行条件。

一是加强农村道路规划与设计。要根据乡村的地形地貌、人口分布、产业布局等因素，科学合理地规划农村道路网络。同时，要注重道路设计的科学性和实用性，确保道路能够满足农民群众的出行需求和农产品运输需求。

二是提高农村道路建设标准。要严格按照国家相关标准和规范进行农村道路建设，确保道路的质量和安全。重点要加强道路的路基、路面、排水等关键部位的建设，提高道路的承载能力和使用寿命。

三是加强农村道路养护与管理。要建立完善的农村道路养护与管理机制，确保道路能够长期保持良好的通行状态。要加强对道路的巡查和检测，及时发现和修复道路损坏问题；同时，也要加强对道路沿线环境的整治和管理，营造整洁、美观的道路环境。

四是推进农村道路绿化与美化。要注重农村道路的绿化与美化工作，提升道路的整体形象和使用体验。可以在道路两侧种植树木和花草，增加道路的绿色植被覆盖率；也可以在道路沿线设置景观小品和休闲设施，为农民群众提供更加宜人的出行环境。

五是加强农村道路与城乡交通网络的衔接。要注重农村道路与城乡交通网络的衔接问题，确保农民群众能够便捷地出行和运输农产品。可以加强与

周边城市和乡镇的交通联系，开通公交线路和客运班车；也可以在农村道路与主要交通干线的交会处设置交通枢纽和物流中心，方便农产品的集散和运输。

（二）加强农村饮水安全保障，提升供水能力

饮水安全是农民群众最基本的生活需求之一，也是乡村治理的重要任务之一。在乡村治理中，我们必须注重加强农村饮水安全保障工作，提升供水能力，确保农民群众能够喝上干净、卫生的自来水。

一是加强农村饮水水源保护与治理。要注重对农村饮水水源的保护与治理工作，确保其水质安全。要加强对水源地的巡查和监测，及时发现和处理水源污染问题；同时，也要加强对水源地周边环境的整治和管理，防止水源受到污染和破坏。

二是提高农村饮水工程建设标准。要按照国家相关标准和规范进行农村饮水工程建设，确保工程的质量和安全。重点要加强饮水工程的净水处理、消毒杀菌等关键环节的建设和管理，提高饮用水的卫生质量；同时，也要注重饮水工程的节能环保和可持续发展问题。

三是加强农村饮水工程运行管理与维护。要建立完善的农村饮水工程运行管理与维护机制，确保工程能够长期稳定运行并提供优质的饮用水服务。要加强对饮水工程的巡查和检测工作，及时发现和处理工程运行中的问题；同时，也要加强对工程管理人员和操作人员的培训和管理，提高他们的专业素养和服务能力。

四是推进农村饮水安全信息化建设。要注重农村饮水安全信息化建设工作，提高农村饮水安全管理的科学化和智能化水平。可以建立农村饮水安全信息平台和数据库，实现饮水安全信息的实时采集、传输和处理；也可以利用物联网、大数据等现代信息技术手段，对饮水工程进行远程监控和智能管理。

五是加强农村饮水安全宣传与教育。要注重对农村饮水安全的宣传与教育工作，提高农民群众的饮水安全意识和自我保护能力。可以通过举办饮水安全知识讲座、发放宣传资料等方式，向农民群众普及饮水安全知识和法律法规；也可以通过开展饮水安全示范创建活动等方式，引导农民群众积极参与饮水安全保障工作。

六是加强农村饮水安全应急能力建设。要注重农村饮水安全应急能力建设，提高应对突发饮水安全事件的能力。可以建立农村饮水安全应急预案和应急机制，明确应急响应程序和处置措施；也可以加强应急物资储备和应急队伍建设工作，提高应急处置的效率和效果。

（三）推动农村电网改造升级，保障用电需求

农村电网是乡村基础设施的重要组成部分，直接关系到农民群众的日常生活和农业生产。随着农村经济社会的发展，农民群众对电力的需求日益增长，对电力供应的质量和稳定性也提出了更高的要求。因此，我们必须积极推动农村电网的改造升级，以满足农民群众的用电需求。

一是加大农村电网投资力度。政府应加大对农村电网建设的投资力度，提高农村电网的建设标准和质量。通过增加资金投入，可以加快农村电网的改造升级速度，提高电网的供电能力和稳定性。

二是优化农村电网结构。针对当前农村电网存在的结构不合理、供电半径过大等问题，我们应进行优化改造。通过合理布局变电站、配电线路等设施，缩短供电半径，提高电网的供电效率和稳定性。同时，还应加强对电网设备的维护和检修，确保设备处于良好运行状态。

三是推广智能电表和用电管理系统。智能电表和用电管理系统可以提高电力计量的准确性和用电管理的便捷性。我们应积极推广这些先进技术在农村的应用，帮助农民群众更好地掌握用电情况，合理安排用电计划，提高用电效率。

四是加强农村电力安全管理。电力安全是农村电网改造升级的重要方面。我们应加强对农村电力设施的安全检查和维护，及时发现和处理安全隐患。同时，还应加强对农民群众的安全用电教育，提高他们的安全意识和自我保护能力。

五是推动农村新能源发电项目的发展。为了进一步提高农村电网的供电能力和稳定性，我们可以积极推动农村新能源发电项目的发展。例如，利用太阳能、风能等可再生能源进行发电，既可以为农村提供清洁的电力来源，又可以减轻对传统电网的依赖。

（四）完善信息网络建设，缩小数字鸿沟

信息网络是现代社会的重要基础设施之一，对于推动经济社会发展、提高人民生活水平具有重要意义。然而，在当前乡村地区，信息网络建设相对滞后，数字鸿沟问题较为突出。因此，我们必须完善乡村信息网络建设，缩小数字鸿沟，让农民群众也能享受到便捷的信息服务。

一是加快乡村信息网络基础设施建设。政府应加大对乡村信息网络基础设施建设的投入力度，提高乡村地区的网络覆盖率和网络质量。通过建设光纤网络、移动通信网络等设施，为农民群众提供高速、稳定的网络服务。

二是推动乡村信息化应用的发展。在完善信息网络基础设施的同时，我们还应积极推动乡村信息化应用的发展。例如，可以开发适合农民群众使用的农业信息化平台、农村电商平台等，帮助农民群众更好地获取市场信息、提高生产效率、拓宽销售渠道。

三是加强乡村信息网络人才培养。信息网络建设需要专业人才的支持。我们应加强对乡村信息网络人才的培养和引进力度，提高乡村地区的信息网络技术水平和管理能力。可以通过开展培训、设立奖学金等方式，鼓励更多的年轻人投身乡村信息网络建设事业。

四是推动乡村数字经济的发展。数字经济是现代经济社会发展的重要方向之一。我们应积极推动乡村数字经济的发展，利用信息网络技术推动农业产业升级和转型。例如，可以发展智慧农业、农村电商等新兴产业，提高农业生产的智能化水平和农产品的市场竞争力。

五是加强乡村信息网络的安全管理。随着信息网络技术在乡村地区的广泛应用，信息网络安全问题日益凸显。我们应加强对乡村信息网络的安全管理，建立健全的信息网络安全保障体系。可以通过加强网络安全宣传教育、

提高农民群众的网络安全意识等方式，共同维护乡村信息网络的安全稳定。

六是促进城乡信息网络的融合发展。为了缩小城乡数字鸿沟，我们还应积极推动城乡信息网络的融合发展。可以通过建设城乡一体化的信息网络体系、推动城乡信息网络资源的共享和互通等方式，促进城乡之间的信息交流与合作，推动乡村地区的经济社会发展。

六、提升基本公共服务能力

提升基本公共服务能力是乡村振兴战略的重要组成部分，也是实现乡村全面发展的重要保障。在乡村治理中，必须注重加强农村教育、医疗、养老等公共服务体系建设，提高基本公共服务能力，为农民群众提供更加优质、高效的服务。

（一）加强农村教育资源配置，提高教育质量

教育是乡村发展的基石，也是农民群众最为关注的问题之一。在乡村治理中，我们必须注重加强农村教育资源配置，提高教育质量，为农民子女提供更好的教育条件。一是优化农村学校布局。要根据乡村人口分布和流动趋势，合理规划农村学校布局，确保每个村庄都有学校或教学点，方便农民子女就近入学。同时，要注重学校规模的适度性，避免资源浪费和效率低下。二是加强农村教师队伍建设。要提高农村教师的待遇和地位，吸引更多优秀人才投身乡村教育事业。同时，要加强农村教师的培训和学习，提高他们的教学水平和专业素养。此外，还可以鼓励城市教师到乡村支教，为农村学校带来新鲜血液和先进的教学理念。三是改善农村学校办学条件。要加大对农村学校基础设施建设的投入力度，改善学校的校舍、操场、图书馆等硬件设施。同时，要注重学校信息化建设，为农村学校配备必要的信息技术设备和教学资源，提高信息化教学水平。四是推进农村教育改革创新。要鼓励和支持农村学校进行教育改革创新，探索适合乡村实际的教学模式和课程设置。例如，可以开展乡土文化教育，让学生更加了解乡村的历史和文化；也可以

开设实用技能课程，提高学生的就业竞争力。

（二）完善农村医疗卫生体系，保障群众健康

医疗卫生是农民群众最为关心的公共服务之一。在乡村治理中，我们必须注重完善农村医疗卫生体系，提高医疗服务水平，保障农民群众的健康权益。一是加强农村医疗卫生设施建设。要加大对农村医疗卫生机构的投入力度，改善农村医疗设施条件。重点要加强乡镇卫生院和村卫生室的建设，提高医疗服务的可及性和便利性。二是提高农村医疗服务水平。要加强农村医生的培训和学习，提高他们的医疗技术和服务能力。同时，要注重引进城市优质医疗资源，通过远程医疗、专家坐诊等方式，为农民群众提供更加优质的医疗服务。三是完善农村医疗保障制度。要建立健全农村医疗保障体系，确保农民群众能够享受到基本的医疗保障。重点要加强新农合的推广和实施，提高参合率和报销比例，减轻农民群众的医疗负担。四是加强农村公共卫生管理。要注重农村公共卫生环境的改善和管理，加强疾病预防和控制工作。例如，可以定期开展健康宣传和教育活动，提高农民群众的卫生意识和健康素养；也可以加强农村环境卫生整治，改善农民群众的生活环境。

（三）建立健全农村养老服务体系，关爱老人生活

随着乡村老龄化的加剧，养老问题日益成为乡村治理的重要议题。我们必须注重建立健全农村养老服务体系，关爱老人生活，让老年人能够安享晚年。一是加强农村养老服务设施建设。要根据乡村老年人口的分布和需求，合理规划养老服务设施布局。重点要加强农村养老院、老年人活动中心等设施的建设和管理，为老年人提供舒适、便捷的养老服务环境。二是提高农村养老服务水平。要注重对农村养老服务人员的培训和管理，提高他们的专业素养和服务能力。同时，要鼓励和支持社会力量参与农村养老服务体系建设，为老年人提供更加多元化、个性化的养老服务。三是完善农村养老保障制度。要建立健全农村养老保障体系，确保老年人能够享受到基本的养老保障。例如，可以加大农村养老保险的推广力度，提高养老保险的覆盖率和待

遇水平；也可以探索建立农村老年人福利制度，为老年人提供更多的生活补贴和关爱服务。四是弘扬尊老敬老的传统美德。要注重乡村尊老敬老文化的传承和弘扬，营造关爱老年人的社会氛围。例如，可以定期开展尊老敬老宣传教育活动，提高农民群众的尊老意识；也可以鼓励和支持乡村社会组织开展关爱老年人的志愿服务活动，为老年人提供更多的精神慰藉和生活帮助。

（四）强化乡村社会治理，构建和谐乡村环境

乡村社会治理是提升基本公共服务能力的重要保障。在乡村治理中，必须注重强化乡村社会治理，构建和谐乡村环境，为农民群众提供更加安定、有序的生活空间。一是加强乡村基层组织建设。要注重乡村基层组织的建设和管理，提高基层组织的凝聚力和战斗力。重点要加强村委会、村民小组等基层组织的建设，完善基层民主制度，让农民群众更加积极地参与到乡村治理中来。二是推进乡村法治建设。要加强乡村法治宣传教育，提高农民群众的法治意识和法律素养。同时，要注重乡村法律服务的完善和创新，为农民群众提供更加便捷、高效的法律服务。此外，还要加强乡村治安管理和矛盾纠纷调解工作，维护乡村社会的稳定和安宁。三是培育乡村社会组织。要鼓励和支持乡村社会组织的发展壮大，发挥它们在乡村治理中的积极作用。例如，可以培育和发展乡村文化、体育、慈善等社会组织，丰富农民群众的精神文化生活；也可以引导和支持乡村经济合作组织的发展，推动乡村经济的繁荣和发展。四是加强乡村环境保护和治理。要注重做好乡村环境的保护和治理工作，改善农民群众的生活环境。例如，可以加强乡村垃圾分类和污水处理工作，提高乡村环境的卫生水平；也可以加强乡村绿化和美化工作，打造宜居宜业的美丽乡村环境。

第五节　健全党组织领导的乡村治理体系

一、强化农村基层党组织的政治功能和组织功能

农村基层党组织作为党在农村全部工作和战斗力的基础，是贯彻落实党的方针政策和各项工作任务的战斗堡垒。在新的历史时期，面对乡村振兴、

社会治理等多重挑战，进一步强化农村基层党组织的政治功能和组织功能，显得尤为重要和迫切。

（一）深化党建引领，夯实政治基础

深化党建引领，是强化农村基层党组织政治功能和组织功能的关键所在。农村基层党组织必须始终坚持党的全面领导，确保党的路线方针、政策在农村得到全面贯彻落实。

1. 加强政治引领

农村基层党组织要始终把政治建设摆在首位，引导广大党员干部增强"四个意识"、坚定"四个自信"、做到"两个维护"，确保在政治立场、政治方向、政治原则、政治道路上同党中央保持高度一致。通过定期开展政治理论学习、组织生活会、民主评议党员等活动，不断提升党员干部的政治素养和理论水平。

2. 强化思想引领

农村基层党组织要注重思想建设，通过深入开展思想政治教育，引导党员干部树立正确的世界观、人生观和价值观。要结合农村实际，创新宣传方式，利用广播、电视、网络等多种媒体，将党的声音传递到每一个角落，确保党的理论和路线方针政策在农村深入人心。

3. 发挥组织优势

农村基层党组织要充分发挥组织优势，将党的组织资源转化为推动农村发展的强大动力。要通过建立健全党的组织体系，完善党的组织制度，确保党的组织和工作实现全覆盖、无死角。同时，要注重发挥党组织的战斗堡垒作用和党员的先锋模范作用，引领和带动广大农民群众共同投身农村建设和发展。

（二）优化组织结构，提升组织力

优化组织结构，提升组织力，是强化农村基层党组织政治功能和组织功能的重要保障。农村基层党组织要适应新时代农村发展的需要，不断优化组织结构，提升组织力，确保党组织始终充满生机与活力。

1.完善组织设置

农村基层党组织要根据农村人口流动、产业布局、社会治理等实际情况，灵活设置党的组织。在坚持按地域、建制村为主设置党组织的基础上，可以探索在农民专业合作社、专业协会、产业链、外出务工经商人员相对集中的领域和群体中设置党组织，确保党的组织和工作有效覆盖。

2.优化干部队伍

农村基层党组织要注重选拔培养优秀年轻干部，将那些政治素质高、业务能力强、群众基础好的年轻党员选拔到领导岗位上来。同时，要加强党员干部的培训和教育，提升他们的综合素质和领导能力。通过优化干部队伍，为农村基层党组织注入新的活力和动力。

3.创新组织活动方式

农村基层党组织要根据农村实际和党员群众的需求，创新组织活动方式。可以开展形式多样的主题党日活动、志愿服务活动、文化娱乐活动等，增强党组织的凝聚力和向心力。同时，要注重利用现代信息技术手段，如建立网上党支部、开展在线学习等，拓宽党组织活动的渠道和平台。

（三）创新治理方式，激发组织活力

创新治理方式，激发组织活力，是强化农村基层党组织政治功能和组织功能的重要途径。农村基层党组织要积极探索新的治理方式和方法，激发党组织的内在活力和创造力。

1.推行民主治理

农村基层党组织要坚持和完善民主集中制，保障党员和群众的民主权利。要建立健全党内民主制度，如党员大会、党内选举等，确保党员和群众能够充分参与党内事务的讨论和决策。同时，要注重发挥村民自治的作用，引导农民群众积极参与农村社会治理，形成共建共治共享的良好格局。

2.强化法治保障

农村基层党组织要注重法治建设，引导党员干部和农民群众尊法学法守法用法。要加强农村法治宣传教育，提升农民群众的法治意识和法律素养。

同时，要建立健全农村法律服务体系，为农民群众提供便捷高效的法律服务，维护他们的合法权益。

3. 运用科技手段

农村基层党组织要积极运用现代科技手段提升治理效能。可以建立农村信息化平台，实现农村党务、村务、财务的公开透明和在线管理。同时，可以利用大数据、云计算等先进技术对农村社会治理进行精准分析和科学决策，提高治理的针对性和实效性。

4. 培育社会组织

农村基层党组织要注重培育和发展农村社会组织，如农民专业合作社、农村志愿服务组织等。这些社会组织可以作为党组织联系和服务农民群众的桥梁和纽带，帮助党组织更好地了解农民群众的需求和诉求，同时也可以为农民群众提供更多的服务和帮助。通过培育社会组织，可以进一步拓展党组织的工作领域和覆盖面。

5. 激发内在动力

农村基层党组织要注重激发党员干部和农民群众的内在动力，引导他们积极参与农村建设和发展。可以通过建立激励机制、开展表彰奖励等方式，激发党员干部的积极性和创造性。同时，要注重培养农民群众的自我发展意识和能力，引导他们通过自己的努力和奋斗实现脱贫致富和乡村振兴。

二、提升乡村治理效能

乡村治理是国家治理的基石，也是实现乡村振兴的重要保障。在新时代背景下，提升乡村治理效能，对于推动乡村全面振兴、促进农村经济社会全面发展具有重要意义。

（一）完善治理体系，促进多方共治

完善乡村治理体系是提升乡村治理效能的基础。当前，乡村治理面临着诸多挑战，如人口流失、资源匮乏、环境污染等。因此，必须构建一套科学、合理、高效的治理体系，以应对这些挑战。

1. 建立健全乡村治理组织架构

要明确乡村治理的主体和责任，形成政府、社会、市场等多元主体共同参与的治理格局。政府应发挥主导作用，制定乡村治理的规划和政策，提供必要的公共服务和支持；社会组织和市场力量则应积极参与，发挥各自的优势，共同推动乡村治理的进步。

2. 完善乡村治理制度机制

要建立健全乡村治理的法律法规体系，明确各方主体的权利和义务，规范乡村治理的行为和程序。同时，要加强乡村治理的监督机制，确保各项制度和政策得到有效执行。

3. 促进多方共治

要鼓励和支持政府、社会、市场等多元主体共同参与乡村治理，形成治理合力。政府应加强与社会组织和市场力量的沟通和协作，共同解决乡村治理中的问题和挑战；社会组织和市场力量则应积极响应政府的号召，发挥自身作用，为乡村治理贡献力量。

（二）加强法治建设，维护乡村秩序

法治是乡村治理的重要保障。在乡村治理中，必须加强法治建设，维护乡村秩序，保障农民群众的合法权益。

1. 加强乡村法治宣传教育

要通过多种形式和渠道，向农民群众普及法律知识和法治观念，提高他们的法律意识和法治素养。同时，要加强对乡村干部和执法人员的法治培训，提高他们的法律素养和执法能力。

2. 完善乡村法律服务体系

要建立健全乡村法律服务机构，为农民群众提供便捷、高效、优质的法律服务。同时，要加强对乡村法律服务的监管和评估，确保服务质量和效果。

3. 严厉打击乡村违法犯罪行为

要加强对乡村社会治安的整治和管理，严厉打击各种违法犯罪行为，维

护乡村社会的稳定和安宁。同时，要加强对农民群众的法治教育和引导，增强他们的法律意识和自我保护能力。

（三）推进乡村振兴战略，提升经济水平

经济是乡村治理的基础。在乡村治理中，必须注重经济发展，推进乡村振兴战略，提升乡村经济水平。

1.制定科学合理的乡村经济发展规划

要根据乡村的实际情况和资源禀赋，制定科学合理的经济发展规划，明确发展的目标和路径。同时，要注重规划的实施和评估，确保规划的有效性和可行性。

2.培育乡村特色产业

要根据乡村的资源和条件，培育具有地方特色的产业，如农产品加工业、乡村旅游业等。同时，要注重产业的创新和升级，提高产业的竞争力和附加值。

3.加强乡村基础设施建设

要加大对乡村基础设施建设的投入力度，改善乡村的生产生活条件。重点要加强农村道路、水利、电力、通信等基础设施建设，提高乡村的通达性和便利性。

4.推动乡村创新创业

要鼓励和支持乡村创新创业，激发乡村经济的活力和潜力。政府应提供必要的政策支持和资金扶持，引导社会资本投入乡村创新创业领域；同时，要加强创新创业人才的培养和引进，为乡村创新创业提供有力的人才保障。

5.促进乡村经济多元化发展

在注重传统农业发展的同时，也要积极探索乡村经济多元化发展的路径。可以发展乡村工业、服务业等非农产业，增加农民收入来源；同时，也要注重乡村文化的传承和创新，发展乡村文化产业，提升乡村文化的软实力。

（四）加强农村精神文明建设

农村精神文明建设是乡村振兴的重要组成部分，它关乎农村社会的文化繁荣、道德提升和民众精神面貌的改善。为了加强农村精神文明建设，必须从弘扬社会主义核心价值观、加强农村公共文化服务体系建设以及推进移风易俗、树立文明新风入手，全面提升乡村文化的软实力。

1.弘扬社会主义核心价值观，引领乡村文化振兴

社会主义核心价值观是中国特色社会主义文化的核心，是新时代坚持和发展中国特色社会主义的基本方略之一。在农村精神文明建设中，弘扬社会主义核心价值观具有引领乡村文化、提升农民精神风貌的重要作用。一是通过多种渠道和形式，将社会主义核心价值观融入乡村文化的各个方面。这包括在乡村学校、文化活动中心、公共场所等设置社会主义核心价值观的宣传栏、标语牌，以及通过广播、电视、网络等媒体进行广泛传播。同时，还可以结合农村的传统节庆、民俗活动等，开展以社会主义核心价值观为主题的文艺演出、讲座、展览等活动，让农民群众在参与中感受到社会主义核心价值观的魅力。二是注重发挥乡村文化能人、道德模范等先进典型的示范引领作用。这些先进典型是农村社会的榜样和标杆，他们的言行举止对农民群众具有很强的影响力和感染力。因此，要积极发掘和培养乡村文化能人、道德模范等先进典型，通过他们的示范引领，带动更多的农民群众践行社会主义核心价值观。三是加强乡村学校的德育，将社会主义核心价值观融入课堂教学和校园文化。乡村学校是农村精神文明建设的重要阵地，也是培养新一代农民的重要场所。因此，要注重在乡村学校中加强德育，将社会主义核心价值观融入课堂教学和校园文化，引导学生树立正确的世界观、人生观和价值观。

2.加强农村公共文化服务体系建设

农村公共文化服务体系是农村精神文明建设的重要支撑，也是满足农民群众精神文化需求的重要途径。一是加大投入力度，完善农村公共文化设

施网络。这包括建设乡村图书馆、文化站、文化活动中心等公共文化设施，以及完善广播、电视、网络等传媒设施，为农民群众提供丰富多样的文化产品和服务。同时，还要注重公共文化设施的维护和管理，确保其长期发挥效益。二是注重提升农村公共文化服务的质量和水平。这包括加强公共文化服务人才的培养和引进，提高公共文化服务人员的专业素养和服务能力；加强公共文化服务的创新和发展，推出更多符合农民群众需求的文化产品和服务；加强公共文化服务的基层建设，建立健全乡村文化志愿者队伍，开展形式多样的文化活动和服务。三是加强农村公共文化服务的制度化建设。这包括制定和完善农村公共文化服务的法律法规和政策措施，明确各级政府在农村公共文化服务中的责任和义务；建立健全农村公共文化服务的评估机制和监督机制，确保公共文化服务的质量和效果；加强农村公共文化服务的宣传和推广，提高农民群众对公共文化服务的认知度和参与度。

3. 推进移风易俗，树立文明新风

移风易俗是农村精神文明建设的重要内容之一，也是提升农民群众文明素质、树立文明新风的重要途径。一是注重发挥乡村文化的传承和创新作用。要注重挖掘和传承乡村文化的优秀传统和特色元素，同时结合时代发展的新要求和新挑战进行创新和发展，形成具有时代特色和地方特色的乡村新文化。二是加强乡村社会的道德建设和法治建设。要注重加强乡村社会的道德建设和法治建设，引导农民群众树立正确的道德观念和法治意识，自觉遵守社会公德、职业道德和家庭美德等道德规范，同时依法维护自己的合法权益和乡村社会的公共利益。三是注重培育乡村社会的文明风尚和良好习惯。要注重培育乡村社会的文明风尚和良好习惯，引导农民群众养成文明礼貌、勤俭节约、爱护环境、遵纪守法等良好习惯和行为方式；同时积极开展各种形式的文明创建活动，如"文明家庭""文明村庄"等评选活动，激发农民群众的积极性和创造力。四是加强乡村社会的文化治理和舆论引导。要注重加强乡村社会的文化治理和舆论引导工作，建立健全乡村文化治理机制和舆论引导机制；同时积极开展各种形式的文化宣传和教育活动，如文化讲座、文艺演出等，提高农民群众的文化素养和审美能力；加强乡村社会的舆论监督和引导工作，及时发现和纠正不良风气和陋习。

第六节　强化政策保障和体制机制创新

一、健全乡村振兴多元投入机制

在乡村振兴的进程中，确保充足的资金投入是关键。为此需要健全乡村振兴的多元投入机制，以政府投入为引导，金融投入为支撑，社会投入为补充，形成多元化的资金投入格局。

（一）加大政府投入力度

坚持把农业农村作为一般公共预算优先保障领域，压实地方政府投入责任。稳步提高土地出让收益用于农业农村的比例，将符合条件的乡村振兴项目纳入地方政府债券支持范围。

（二）创新金融投入方式

用好再贷款再贴现、差别化存款准备金率等政策，推动金融机构增加乡村振兴相关领域贷款投放。支持以市场化方式设立乡村振兴基金，健全政府投资与金融、社会投入联动机制，鼓励将符合条件的项目打包由市场主体实施，撬动金融和社会资本投向农业农村。

（三）引导社会资本积极参与

通过政策优惠、税收优惠等方式，引导社会资本积极参与乡村振兴。鼓励企业通过投资、捐赠、技术支持等多种形式，参与乡村产业、基础设施和公共服务建设。

二、加强乡村人才队伍建设

乡村人才是乡村振兴的第一资源。加强乡村人才队伍建设，是有效推进乡村全面振兴的重要支撑。

（一）实施乡村振兴人才科技支持计划

组织引导教育、卫生、科技、文化、社会工作等领域人才到基层一线服务，支持培养本土急需紧缺人才。实施高素质农民培育计划，提升农民专业技能和综合素质。

（二）拓宽引才渠道

建立健全人才引进机制，坚持引才与引智并重。围绕产业振兴、科技振兴、文化振兴、生态振兴等重点领域，开展人才引进活动，吸引各类人才到乡村创业就业。

（三）优化人才发展环境

加强乡村人才振兴投入保障，支持涉农企业加大乡村人力资本开发投入。推进农村金融产品和服务创新，为乡村人才提供金融支持。通过政策支持、环境优化等措施，营造良好的营商环境，吸引和留住乡村人才。

三、推进县域城乡融合发展

县域城乡融合发展是实现乡村振兴的重要途径。推进县域城乡融合发展，有助于打破城乡二元结构，促进城乡要素自由流动和平等交换，实现城乡经济、社会、文化、生态等方面的协同发展。

（一）统筹规划城乡发展

制定县域城乡融合发展规划，明确城乡发展目标、空间布局和重点任务。加强城乡基础设施和公共服务设施建设，提高城乡一体化水平。

（二）促进产业协同发展

加强农业与二三产业的融合发展，延伸农业产业链，发展农村新产业新业态。引导产业向园区集中，形成城乡产业协同发展格局。

（三）推动人才和资源流动

制定优惠政策，吸引人才向县域和农村流动。加强农村人才培养和引进工作，提高农民素质和技能水平。推动土地、资金、技术等要素向农村流动，为乡村振兴提供有力支撑。

（四）加强生态环境保护

统筹城乡生态环境保护工作，加大农村生态环境整治力度。推进农业污染防治和农业废弃物资源化利用工作，改善农村人居环境。建立生态补偿机制，实现城乡生态共建共享。

第七节　科技创新赋能乡村振兴

一、加强农业科技创新能力建设，鼓励原创性、引领性科技成果的研发

（一）构建开放协同的农业科技创新体系

首先，应构建以企业为主体、市场为导向、产学研深度融合的农业科技创新体系。鼓励和支持农业科技企业、高等院校、科研机构等创新主体加强合作，形成协同创新机制。其次，通过建立联合实验室、研发中心等平台，共享科研资源，共同攻克农业领域的关键技术难题。最后，加强与国内外先进农业科技机构的交流合作，引进、消化吸收再创新，不断提升我国农业科技的国际竞争力。

（二）加大农业科技研发投入，支持原创性研究

加大农业科技研发投入是提升农业科技创新能力的重要保障。政府应逐年增加农业科技研发经费，并优化经费使用结构，重点支持原创性、基础性、前沿性农业科技研究。通过设立专项基金、奖励机制等方式，激励科研人员投身于农业科技原创性研究。鼓励企业和社会资本投入农业科技研发领域，形成多元化投入格局。

（三）强化农业科技知识产权保护，激发创新活力

农业科技知识产权保护是保障科研人员权益、激发创新活力的重要手段。应完善农业科技知识产权保护体系，加强农业科技知识产权的创造、运用、保护和管理。建立健全农业科技知识产权申请、审查、授权、维权等制度，提高知识产权保护的效率和水平。加大对侵犯农业科技知识产权行为的打击力度，维护良好的创新生态。

（四）培育农业科技创新领军企业，发挥示范带动作用

农业科技创新领军企业在推动农业科技发展中具有举足轻重的地位。应加大对农业科技创新领军企业的培育和支持力度，通过政策扶持、资金奖励等方式，帮助企业做大做强。鼓励领军企业牵头组建产业技术创新联盟或技术创新中心，带动产业链上下游企业协同创新。发挥领军企业的示范带动作用，推动农业科技成果的转化应用和产业化发展。

（五）营造良好创新氛围，激发全社会创新热情

创新氛围的营造是提升农业科技创新能力的重要因素。应加强对农业科技创新的宣传和推广工作，提高全社会对农业科技创新的认识和重视程度。通过举办农业科技创新大赛、科技成果展示会等活动，激发广大科研人员和农民群众的创新热情。加强对农业科技创新典型的表彰和奖励力度，树立榜样示范效应，引领全社会形成崇尚创新、支持创新的良好风尚。

二、紧密结合农业生产实际需求，提高科技成果的转化率和实用性

（一）建立农业科技成果供需对接机制

应建立农业科技成果供需对接机制，加强科技成果与农业生产实际的紧密联系。通过组织科技成果发布会、供需对接会等活动，搭建科技成果供需双方交流平台。鼓励农业科技企业、高等院校、科研机构等创新主体深入了解农业生产实际需求，开展有针对性的科技研发工作。引导农民和农业企业积极参与科技成果的转化应用过程，实现科技成果与生产实践的深度融合。

（二）加强农业科技成果的中试熟化工作

中试熟化是科技成果从实验室走向田间地头的重要环节。应加大对农业科技成果中试熟化工作的支持力度，建设一批中试熟化基地和平台。通过中试熟化工作，对科技成果进行进一步的验证和完善，提高科技成果的稳定性和可靠性。加强与农业技术推广体系的衔接配合，推动中试熟化成功的科技成果快速转化为现实生产力。

（三）完善农业科技成果转化服务体系

完善的科技成果转化服务体系是推动科技成果快速转化的重要保障。应建立健全农业科技成果转化服务体系，包括技术评估、法律咨询、融资支持等服务内容。通过提供全方位、一站式的服务支持，帮助科技成果持有者解决在转化过程中遇到的各种问题。加强与金融机构的合作对接，为科技成果转化提供有力的金融支持。

（四）推广先进适用的农业技术和装备

先进适用的农业技术和装备是提高农业生产效率和质量的重要手段。应大力推广先进适用的农业技术和装备，如智能农机具、精准施肥灌溉系统等。通过示范引领和政策扶持等方式，鼓励农民和农业企业采用新技术、新装备进行农业生产。加强农业技术培训和指导服务工作，提高农民的技术水平和应用能力。

（五）建立农业科技成果转化激励机制

建立农业科技成果转化激励机制是激发科研人员转化科技成果积极性的重要措施。应制订完善的科技成果转化收益分配制度，明确科研成果转化收益的分配比例和方式。通过股权激励、奖励金等方式激励科研人员积极参与科技成果转化工作。加强对科技成果转化成效的评估和考核工作，将科技成果转化成效纳入科研人员考核评价体系中。

三、加大农业科技人才培养和引进力度，建立多层次、多类型的人才培训体系

（一）加强农业科技人才队伍建设

应加强农业科技人才队伍建设工作。通过优化人才结构、提升人才素质等方式提高农业科技人才的整体水平。加大对农业科研人员的培养和支持力度，鼓励其开展原创性、引领性科技研究。加强农业技术推广人员的培训和指导工作，提高其服务农业生产的能力和水平。此外，还应注重培养一批懂技术、善经营、会管理的复合型农业科技人才，为农业科技创新和乡村振兴提供有力的人才支撑。

（二）引进高层次农业科技人才

引进高层次农业科技人才是提升地方农业科技创新能力的重要途径。应制定优惠政策，吸引国内外高层次农业科技人才来地方创新创业。通过提供科研经费支持、住房保障、子女教育等优惠政策措施，吸引人才落户。同时加强与国内外知名高校和科研机构的合作交流，引进先进的科研成果和技术团队为地方农业科技发展服务。

（三）建立多层次、多类型的人才培训体系

为了满足不同层次、不同类型农业科技人才的需求，应建立多层次、多类型的人才培训体系。针对不同层次和类型的人才制定不同的培训计划和方案。对于农业科研人员应重点培养其创新意识和科研能力；对于农业技术推广人员应重点培养其服务农业生产的能力和水平；对于农民和农业企业应重点培养其掌握新技术新装备的能力和应用能力。通过分层次、分类别的培训方式提高培训效果和质量。

（四）加强农业科技人才的交流合作

加强农业科技人才的交流合作是推动农业科技发展的重要手段。应鼓励和支持农业科技人才之间的交流合作活动，如学术交流会、技术研讨会等。通过交流合作活动促进农业科技知识的传播和共享，激发科研人员的创新灵感和思维碰撞，推动科技成果的转化和应用。同时还应加强与国内外知名农业科技机构和专家的交流合作，引进先进的科研成果和技术经验为地方农业科技发展服务。

（五）完善农业科技人才激励机制

完善农业科技人才激励机制是激发农业科技人才积极性和创造力的重要措施。应制定完善的薪酬激励制度和职业发展通道规划，为农业科技人才提供良好的工作环境和发展空间。通过提供具有竞争力的薪酬待遇和职业发展机会来吸引和留住人才；通过设立科研奖励和荣誉称号等方式激励科研人员积极开展科技研发工作；通过完善职称评定和职务晋升制度等方式为农业科技人才提供更多的发展机会和晋升空间。通过完善的人才激励机制激发农业科技人才的创新活力和工作热情，推动农业科技事业蓬勃发展。

四、推动科技与农业产业深度融合，构建现代农业产业体系

（一）强化农业科技研发与农业产业需求的精准对接

要实现科技与农业产业的深度融合，首要任务是确保农业科技研发紧密贴合农业产业的实际需求。这要求我们在科研立项、项目实施和成果评价等各个环节，都充分考虑农业产业的转型升级和市场需求。通过建立农业科技需求征集机制，定期向农业企业、农民合作社等主体征集技术难题和研发需求，为科技研发提供明确的方向和目标。同时，鼓励农业科技人员深入田间地头，了解农业生产一线的真实情况，确保科研成果的实用性和针对性。

（二）培育农业科技创新型企业，引领产业升级

农业科技创新型企业是推动科技与农业产业深度融合的重要力量。政府应加大对农业科技创新型企业的扶持力度，通过政策引导、资金支持、税收优惠等措施，帮助企业解决发展过程中的困难和问题。鼓励企业加大研发投入，开展具有自主知识产权的核心技术研发，形成一批具有国际竞争力的农业科技企业。同时，支持企业与高等院校、科研机构建立产学研合作关系，共同开展农业科技创新和成果转化工作，引领农业产业升级。

（三）推广智慧农业技术，提高农业智能化水平

智慧农业是现代农业发展的高级阶段，也是科技与农业产业深度融合的重要体现。应加快推广物联网、大数据、人工智能等现代信息技术在农业生产中的应用，构建智慧农业管理体系和服务平台。通过智能化监测、精准化作业、科学化管理等手段，提高农业生产效率和资源利用率，降低生产成本和环境污染程度。加强智慧农业技术的培训和推广，提高农民对智慧农业技术的认识和应用能力，推动智慧农业技术在广大农村地区的普及和应用。

（四）发展农产品加工业和乡村特色产业，延长产业链

农产品加工业和乡村特色产业是农业产业体系的重要组成部分，也是推动科技与农业产业深度融合的重要途径。应大力发展农产品加工业，提高农

产品的附加值和市场竞争力。通过引进先进技术和设备，提升农产品加工水平；加强品牌建设和市场营销，提高农产品的知名度和美誉度。深入挖掘乡村特色资源，发展乡村旅游、休闲农业等新兴产业，延长农业产业链和价值链，促进农村一二三产业的融合发展。

（五）构建现代农业产业联盟，促进产业协同发展

现代农业产业联盟是推动科技与农业产业深度融合的有效组织形式。应鼓励和支持农业企业、高等院校、科研机构等主体组建现代农业产业联盟，共同开展科技研发、成果转化、市场开拓等工作。通过联盟内部的资源共享、优势互补和协同创新，形成推动农业产业发展的强大合力。加强联盟与外部市场的联系和合作，拓展农业产业的发展空间和市场份额，促进农业产业的持续健康发展。

五、完善农业科技服务体系，提高农业科技服务的覆盖面和有效性

（一）加强农业科技服务基础设施建设

农业科技服务基础设施建设是完善农业科技服务体系的基础。应加大对农业科技服务基础设施的投入力度，建设一批功能齐全、设施完备的农业科技服务站点和平台。这些站点和平台应具备信息咨询、技术培训、成果展示、市场推广等多种功能，为农民提供全方位、一站式的农业科技服务。同时，加强农业科技服务设施的维护和更新工作，确保其长期稳定运行和有效服务。

（二）建立多元化的农业科技服务供给体系

多元化的农业科技服务供给体系是满足农民多样化需求的重要保障。应鼓励和支持各类主体参与农业科技服务供给工作，形成政府主导、市场运作、社会参与的多元化供给格局。政府应发挥引导作用，通过政策扶持、资金奖励等方式激励各类主体积极参与农业科技服务供给工作；加强监管力度，确保农业科技服务的质量和效果。市场和社会力量则应发挥主体作用，根据农民的实际需求提供有针对性的农业科技服务。

（三）提升农业科技服务人员的专业素质和技能水平

农业科技服务人员的专业素质和技能水平直接关系到农业科技服务的质量和效果。应加强对农业科技服务人员的培训和教育工作，提高其专业素质和技能水平。通过举办培训班、研讨会等形式，加强对农业科技服务人员的专业知识和技能培训；鼓励其深入农业生产一线实践锻炼，提高其解决实际问题的能力。此外，还应建立农业科技服务人员的激励机制和评价体系，激发其工作积极性和创造力。

（四）创新农业科技服务模式和服务机制

创新农业科技服务模式和服务机制是提高农业科技服务效果的重要途径。应根据不同地区、不同产业的实际情况，创新农业科技服务模式和服务机制。例如，可以采用"互联网+农业科技服务"的模式，利用现代信息技术手段提供远程咨询、在线培训等服务；也可以采用"农业科技服务超市"的模式，将各类农业科技服务资源整合在一起供农民选择购买等。建立健全农业科技服务的评价和反馈机制，及时了解农民的需求和意见，不断改进和完善农业科技服务工作。

（五）加强农业科技服务的宣传和推广工作

加强农业科技服务的宣传和推广工作是提高农业科技服务覆盖面和有效性的重要手段。应充分利用各种媒体渠道和宣传手段，加强对农业科技服务的宣传和推广工作。通过电视、广播、报纸等传统媒体以及互联网、手机等新兴媒体，向农民普及农业科技知识，宣传农业科技服务的重要性和优势；组织农业科技服务进乡村、进田间地头等活动，让农民亲身体验农业科技服务的实际效果和好处，从而激发其使用农业科技服务的积极性和主动性。

六、建立健全科技成果转化机制，缩短转化周期，提高转化效率

（一）明确科技成果转化的目标和方向

明确科技成果转化的目标和方向是建立健全科技成果转化机制的前提。

应根据国家和地方的经济社会发展需求以及农业产业的实际需求，明确科技成果转化的重点领域和关键技术。通过制定科技成果转化规划和计划，明确科技成果转化的目标和方向，确保科技成果转化工作的有序开展和有效推进。

（二）完善科技成果转化的法律法规和政策体系

完善的法律法规和政策体系是保障科技成果转化顺利进行的重要保障。应加强对科技成果转化相关法律法规和政策的研究和制定工作，明确科技成果转化的权利归属、利益分配和风险承担等问题；制定一系列优惠政策和激励措施，鼓励和支持企业、高等院校、科研机构等主体积极参与科技成果转化工作。此外，还应加强对科技成果转化工作的监管力度，确保其合法合规进行。

（三）建立科技成果转化的服务平台和中介机构

科技成果转化的服务平台和中介机构是连接科技成果与市场需求的重要桥梁。应加大对科技成果转化的服务平台和中介机构的支持力度，建设一批功能完善、服务高效的科技成果转化服务平台和中介机构。这些平台和机构应具备信息咨询、技术评估、融资支持等多种功能，为科技成果的转化提供全方位的服务和支持；加强与其他相关机构和组织的合作与交流，形成推动科技成果转化的强大合力。

（四）加强科技成果转化的市场导向作用

加强科技成果转化的市场导向作用是提高科技成果转化效率的关键所在。应充分发挥市场在资源配置中的决定性作用，通过市场机制的作用，促进科技成果的转化和应用。鼓励企业根据市场需求开展科技成果的研发和转化工作；加强科技成果的市场推广和营销工作，提高科技成果的知名度和美誉度，从而吸引更多的投资者和用户参与科技成果的转化和应用工作。

（五）加强科技成果转化的评估和反馈机制

加强科技成果转化的评估和反馈机制是及时发现问题并不断改进和完善科技成果转化工作的重要手段。应建立健全科技成果转化的评估和反馈机制,定期对科技成果转化的过程和效果进行评估和反馈,加强对科技成果转化工作的监督和检查工作,确保其合法合规进行。通过评估和反馈机制,及时发现问题,并采取措施加以解决,不断提高科技成果转化的效率和质量。

七、加强农业科技宣传普及力度,提高农民的科技意识和应用能力

(一)构建多元化农业科技宣传渠道

要实现农业科技知识的广泛传播,首先需要构建多元化的宣传渠道。传统的电视、广播、报纸等媒体仍具有不可忽视的作用,应继续发挥其覆盖面广、传播速度快的优势,定期推出农业科技专题节目和专栏,向农民普及农业科技知识。同时,充分利用互联网、移动互联网等新兴媒体,通过微信公众号、短视频平台、农业科技APP等渠道,以图文并茂、生动有趣的形式展现农业科技的新成果、新技术,提高农民获取农业科技信息的便捷性和趣味性。此外,还可以探索建立农业科技信息进村入户工程,通过设立农业科技服务站、发放农业科技资料、举办农业科技讲座等方式,将农业科技知识送到田间地头,直接面向农民进行宣传普及。

(二)强化农业科技教育培训

教育培训是提高农民科技意识和应用能力的有效途径。应加大对农业科技教育培训的投入力度,建立完善的农业科技教育培训体系。一方面,可以依托农业院校、科研院所等机构的师资力量和教学资源,定期举办农业科技培训班和研修班,邀请专家学者为农民讲解农业科技知识,传授农业技术技能。另一方面,可以发挥农村成人文化技术学校、农业广播电视学校等教育机构的作用,开展灵活多样的农业科技教育培训活动,如夜校、远程教育等,满足不同层次、不同需求农民的学习需求。此外,还可以鼓励和支持农业企业、农民合作社等主体开展内部培训和技术交流活动,提升农民的实践能力和创新能力。

(三)推广农业科技示范项目

农业科技示范项目是展示农业科技成果、推广农业技术的重要载体。应

大力推广农业科技示范项目，通过建设农业科技示范园区、农业科技示范基地等方式，将先进的农业科技成果和农业技术引入农业生产中，让农民亲眼看到、亲手摸到科技带来的实惠和效益；加强对农业科技示范项目的宣传报道，通过组织现场观摩、经验交流等活动，让农民深入了解农业科技示范项目的建设情况、运行机制和经济效益，激发他们的学习热情和参与动力；建立农业科技示范项目与农民合作社、农业企业等主体的对接机制，促进农业科技成果的转化应用和产业化发展。

（四）创新农业科技服务模式

创新农业科技服务模式是提高农业科技服务效率和质量的重要手段。应积极探索和创新农业科技服务模式，为农民提供更加便捷、高效、个性化的农业科技服务。一方面，可以建立农业科技服务专家团队，组织农业科技专家深入农业生产一线开展技术指导、咨询服务等工作，为农民解决实际问题提供有力支持。另一方面，可以推广农业科技服务"一站式"模式，将农业科技咨询、技术培训、成果展示、市场推广等多种服务功能集成在一起，为农民提供全方位、全链条的农业科技服务。此外，还可以利用现代信息技术手段创新农业科技服务模式，如建立农业科技服务云平台、开发农业科技服务APP等，实现农业科技服务的智能化、精准化和个性化。

（五）建立农业科技宣传普及长效机制

农业科技宣传普及工作不是一蹴而就的，需要建立长效机制来保障其持续深入开展。应加强对农业科技宣传普及工作的组织领导和制度建设，明确工作职责和任务分工，形成上下联动、齐抓共管的工作格局；建立健全农业科技宣传普及工作的考核评价机制，将农业科技宣传普及工作纳入农业农村工作考核体系，作为评价农业农村工作成效的重要指标之一；加强对农业科技宣传普及工作的资金保障和政策支持，为农业科技宣传普及工作提供坚实的物质基础和政策环境。通过建立长效机制来推动农业科技宣传普及工作的深入开展和持续创新，不断提高农民的科技意识和应用能力，为乡村振兴提供有力的科技支撑。

八、推广科技创新示范成功案例，发挥示范带动作用，激发农民参与科技创新的热情

（一）精心筛选典型案例

要推广科技创新示范成功案例首先需要精心筛选具有代表性的典型案例。这些案例应涵盖不同领域、不同类型、不同层次的科技创新成果和经验做法，能够充分展示科技创新在乡村振兴中的重要作用和显著成效。在筛选过程中要注重案例的真实性、可行性和可复制性，确保案例能够真正起到示范带动作用；要注重案例的多样性和代表性，以满足不同地区、不同产业、不同需求的农民的学习需求。

（二）深入剖析案例内涵

在推广科技创新示范成功案例的过程中需要深入剖析案例的内涵和精髓。这包括对案例的背景、目标、措施、成效等方面进行全面深入的剖析和解读，让农民了解案例的成功之处和关键要素；要注重挖掘案例背后的科技创新理念、方法和精神，引导农民树立科技创新意识，培养创新思维和创新能力。通过深入剖析案例内涵，让农民认识到科技创新在推动农业发展、促进农民增收等方面的重要作用和巨大潜力，从而激发他们的学习热情和参与动力。

（三）广泛宣传成功案例

广泛宣传科技创新示范成功案例是推广成功案例的重要手段。应充分利用各种媒体渠道和宣传手段对成功案例进行广泛宣传报道。通过电视、广播、报纸等传统媒体以及互联网、移动互联网等新兴媒体发布成功案例的新闻报道、专题报道和深度访谈等内容；通过举办成功案例展览、展示会等活动让农民近距离感受成功案例的魅力和成效；通过组织成功案例宣讲团深入农村地区进行巡回宣讲等方式将成功案例的传播范围扩大到更广泛的农民群体中去。通过广泛宣传成功案例，让更多的农民了解科技创新在乡村振兴中的重要作用和巨大潜力，从而激发他们的学习热情和参与动力。

（四）建立示范带动机制

建立示范带动机制是推广科技创新示范成功案例的重要保障。应建立健全示范带动机制，通过政策引导、资金扶持、技术支持等多种方式，支持成功案例的复制推广和示范应用。一方面，可以出台相关政策措施，鼓励和支持农民学习借鉴成功案例的经验做法，开展科技创新活动；另一方面，可以设立专项资金，支持成功案例的复制推广和示范应用项目；同时加强技术指导和培训服务为农民提供全方位的技术支持和服务保障。通过建立示范带动机制，促进成功案例的复制推广和示范应用，发挥其在推动农业发展、促进农民增收等方面的示范带动作用，从而激发农民参与科技创新的热情和动力。

（五）激发农民参与热情

激发农民参与科技创新的热情是推动乡村振兴的重要动力源泉。在推广科技创新示范成功案例的过程中，应注重激发农民的参与热情和积极性。通过举办科技创新竞赛、评选活动等方式，鼓励农民积极参与科技创新活动展示自己的创新成果和才华；通过建立科技创新激励机制，对在科技创新中取得显著成效的农民给予表彰奖励和物质奖励；加强农民之间的交流与合作，促进农民之间的互相学习和共同提高。通过激发农民的参与热情和积极性，让农民在参与科技创新的过程中感受到成就感和自豪感，从而更加积极地投身到乡村振兴的伟大事业中去。

结　语

　　在迈向第二个百年奋斗目标的新征程中，新时代乡村振兴承载着亿万农民对美好生活的热切向往，更肩负着中华民族伟大复兴的千钧重任，是关乎全局与长远发展的重大战略部署。回溯历史，从"农业学大寨"时万众一心艰苦奋斗开启农业新篇章，到家庭联产承包责任制如春风化雨破冰而来释放农村生产力，从脱贫攻坚的全面胜利彰显了制度优势，让无数贫困家庭摘掉穷帽、挺起脊梁，到乡村振兴的崭新画卷徐徐铺展，乡村大地旧貌换新颜。站在新的历史方位，新时代乡村振兴绝非仅仅是物质财富的简单积累，而是全方位的深刻变革，是在广袤田野上探索人与自然和谐共生的现代化道路，关乎国家的稳定繁荣与永续发展。

　　展望未来，科技将深度赋能农业生产，物联网传感器精准布局在田野边缘，实时监测土壤墒情、气象变化，为农作物生长提供最精准的数据支持；卫星遥感与大数据分析如同"天眼"，全天候守护每一寸土地，精准预警灾害、科学指导种植；无人农机在绿浪金波间自主穿梭作业，提高效率、降低成本，让传统农业迈向智能化、高效化。乡村文化也将借助数字化浪潮重焕光彩，非遗传承人跨越地域限制在线带徒授艺，让古老技艺薪火相传；古村落数字化档案全球共享，千年农耕智慧与现代科技交相辉映，吸引世界目光聚焦中国乡村。面向2035年，乡村振兴战略持续发力，推动城乡要素加速自由流动，形成了以工促农、以城带乡的良性互动的新格局。城市资金、技术、人才源源不断涌入乡村，乡村的生态优势、资源优势转化为发展优势，绿水青山真正成为金山银山，乡村成为创新创业的热土、人才汇聚的高地，农业成为富有吸引力的产业，最终实现农业强、农村美、农民富的全面振兴，为全球可持续发展贡献"中国乡村模式"的智慧与力量，让古老而年轻的中华大地在新时代焕发出永恒的生命力与蓬勃的朝气，稳稳托举起中华民族伟大复兴的壮丽梦想，让乡村成为中华民族永续发展的坚实根基与温暖底色，在人类文明进步的征程中书写浓墨重彩的中国乡村篇章，向着更加辉煌灿烂的未来阔步前行，不断创造新的历史伟业。

参考文献

[1]张文丽.乡村振兴理论与实践研究——山西乡村发展新路径[M].北京：社会科学文献出版社·城市和绿色发展分社,2022.

[2]张孝德.乡村振兴探索创新典型案例[M].北京：东方出版社,2022.

[3]魏旺拴.山西实施乡村振兴战略[M].太原：山西科学技术出版社,2021.

[4]刘丹.乡村振兴案例选编[M].北京：国家行政学院出版社,2022.

[5]白皓.新时代乡村振兴案例选编文化篇[M].北京：中共中央党校出版社,2023.

[6]编写组编著.中华人民共和国简史[M].北京：人民出版社·当代中国出版社,2021.

[7]山西省乡村振兴局.巩固拓展脱贫攻坚成果有效衔接乡村振兴政策文件汇编[M].太原：山西省乡村振兴局,2023.

[8]彭海红.中国共产党百年乡村政策的历史演进及其启示[J].世界社会主义研究,2023(4).

[9]彭海红.中国共产党发展农村集体经济的实践历程和历史经验[J].毛泽东邓小平理论研究,2023(5).

[10]宋洪远,雷刘功,李永生,等.中国共产党百年农政史记[J].农村工作通讯,2021(7).

[11]杜君,张学凤.社会主义革命和建设时期党的农民思想政治教育的历史考察[J].理论学刊,2012(2).

[12]赵铁桥.办好农民合作社走好共同富裕路——中国共产党领导下的农民合作社百年变迁与启示[J].中国农民合作社,2021(8).

[13]张晖.中国共产党领导农村发展的百年历程与基本[J].社会科学家,2023(1).

[14]刘明松,曹席.从乡村振兴战略总要求看党的初心和使命[J].湖北社会科学,2020(3).

[15]姜培春,张宗伟.毛泽东批示"黎明社"的背景和经过[J].山东档案,2000(10).

[16]刘颖.中共创建及大革命时期的作风建设探究[J].攀登,2018(4).

[17]周珺.中共早期领导人与广州农民运动讲习所[J].世纪风采,2024(7).

[18]杜俊芳.试论建国初期中国农村的教育实践——基于晋东南N村的调查与研究[J].教育理论与实践,2008(7).

[19]张培刚,方齐云.中国的农业发展与工业化[J].江海学刊,1996(2).

[20]张培刚,方齐云.工业化进程中的中国农业[J].求是学刊,1996(1).

[21]齐宏亮.中国共产党的领导力从何而来?[J].政工学刊,2021(10).

[22]麻健敏.铸牢中华民族共同体意识,奋力建设民族团结进步窗口[J].福建论坛(人文社会科学版),2022(12).

[23]祁广森."一五"时期党对社会主义工业化问题的探索[J].长白学刊,1993(6).

[24]唐伯藩.纪念湘赣边界秋收起义70周年[J].毛泽东思想论坛,1997(7).

[25]郑维.井冈山斗争时期中国共产党应急处突的历史经验和时代启示研究[J].华东交通大学,2022(5).

[26]彭海红.中国共产党百年乡村政策的历史演进及其启示[J].世界社会主义研究,2023(4).

[27]郭跃文,邓智平.中国共产党乡村经济政策的百年演变和历史逻辑[J].广东社会科学,2021(7).

[28]刘晓明.我国中部地区城乡融合的比较分析与策略选择[J].生产力研究,2020(4).

[29]周立.乡村振兴战略与中国的百年乡村振兴实践[J].理论参考,2018(4).

[30]刘祚祥.城乡融合：农村创新发展的新格局[J].中国乡村发现,2021(8).

[31]焦金波.毛泽东与人民公社体制的调整[J].南都学坛,2005(7).

[32]黄承伟.有力有效推进乡村全面振兴的行动指南[J].红旗文稿,2024(1).

[33]庾新顺.广西在全面建设中探索前进[J].文史春秋,2011(6).

[34]王怀禹,刘强,刘鉴峰.乡村振兴内源式发展的动力机制和路径选择研究——基于阆中市五龙村的案例考察[J].江西农业,2020(3).

[35]郑之欣,袁为海.以加快农业农村现代化更好推进中国式现代化建设[J].党课参考,2024(2).

[36]程军.共性引导与分类推进:新型村庄共同体的重构[J].云南社会科学,2019(9).

[37]萧洪恩,姜芳.理论观照与实践反思:乡村振兴道路背景下产业融合探究[J].长安大学学报(社会科学版),2020(10).

[38]付豫珏.乡村治理的CiteSpace计量分析：研究演化、前沿趋势与展望[J].经营与管理,2022(4).

[39]车晓阳.地市电视新闻联播更应关注"三农"[J].新闻前哨,2011(4).

[40]张晓辉,张献.社会主义新农村建设模式变迁评述[J].东北师大学报(哲学社会科学版),2013(11).

[41]郑磊,杨春娥,王平.乡村振兴视域下民族特色村寨的价值分析与建设路径——基于鄂西南民族地区的考察[J].民族学刊,2022(3).

[42]李占昌.加快村级供销合作社建设步伐努力成为乡村振兴的重要力量[J].中国合作经济,2019(9).

[43]余文鑫.马克思土地肥力论视阈下农民职业吸引力的逻辑分析[J].中共福建省委党校(福建行政学院)学报,2021(11).

[44]朔辰.向着农业现代化大步迈进[N].山西日报,2017-09-04.

[45]袁小峰."九个聚焦"抓乡村振兴[N].中国改革报,2023-02-19.

[46]王薇.在建设农业强国中大显身手[N].昌吉日报(汉),2023-12-26.

[47]孟德才,刘知宜.脱贫群众内生发展动力需要常态化激励[J].农民日

报,2022-11-3.

[48]朔辰.向着农业现代化大步迈进[N].山西日报,2017-9-4.

[49]余腾飞.大学生就业政策与市场需求的匹配度研究[N].中国多媒体与网络教学学报(中旬刊),2024-1-11.

[50]贺立龙.陈向阳.可持续脱贫的治贫理念与策略[N].华南农业大学学报(社会科学版),2024-1-10.

[51]梁金池.今年全省乡村振兴将围绕"九个聚焦"抓落实[N].黑龙江日报,2023-2-13.

[52]袁小峰."九个聚焦"抓乡村振兴[N].中国改革报,2023-2-19.

[53]石珍英.走稳"仙草路"开出"致富花"[N].铜仁日报,2023-9-30.

[54]陈海秋.改革开放前中国农村土地制度的演变[N].绥化师专学报,2003-3-30.

[55]刘星翔,张永年. 土地改革运动让耕者有其田[N].人民政协报,2009-9-20.

[56]赵宇霞,刘芳. 毛泽东农民合作组织思想探析[N].山西大学学报(哲学社会科学版),2014-11-15.

[57]周利生.井冈山斗争时期我们党践行群众路线的基本经验[N].江西日报,2014-8-25.

[58]王薇.在建设农业强国中大显身手[N]. 昌吉日报(汉),2023-12-26.

[59]刘明君, 张红玲. 我国基层群众自治的困境与对策[N].三峡大学学报(人文社会科学版),2011-7-25.

[60]孙翠翠.长春探寻美丽乡村建设新路径[N].吉林日报,2018-3-10.

[61]郑维.井冈山斗争时期中国共产党应急处突的历史经验和时代启示研究[D].南昌:华东交通大学,2022.

后　记

党的十九大首次提出实施乡村振兴战略，描绘出"产业兴旺、生态宜居、乡风文明、治理有效、生活富裕"的美好图景，为新时代"三农"工作指明了方向。乡村振兴是关乎国家发展全局的系统工程，绝非单一的经济推进，而是经济、政治、社会、生态、文化等多维度的深度融合与协同共进，更是夯实民族复兴和国家繁荣根基的关键布局。

在撰写本书过程中，我走访了多地乡村，见证新时代中国乡村的深刻蝶变，目睹无数奋斗者的无私奉献：扎根乡土的企业家以创新盘活资源，心系桑梓的乡贤回乡引领致富，坚守一线的基层干部为发展奔走。这些平凡而伟大的身影，汇聚成乡村振兴的强大力量，也让我深知作为记录者的责任，以笔为桥，传递乡土奋进的温度与力量。

产业振兴是根基，立足乡土资源禀赋，培育特色产业集群，让"土字号""乡字号"成为市场青睐的金名片，激活乡村经济"造血"功能；生态振兴是底色，守护绿水青山，推动生态价值转化，留住田园风光，释放生态富民活力；文化振兴是灵魂，传承红色基因，激活优秀传统农耕文化，以文化滋养铸魂，塑就乡风文明的精神内核；人才振兴是引擎，吸引乡贤回归，培育新型职业农民，汇聚各方智慧为乡村注入源头活水；组织振兴是保障，建强基层战斗堡垒，完善治理体系，护航乡村行稳致远。

乡村振兴是久久为功的系统工程，需全社会锚定总目标，凝聚共识。不同乡村禀赋各异，承载独特文化基因，又蕴含发展潜力。我们既要坚定战略方向，又要因势利导、精准施策，让"千村千面"找到适配路径，实现五位协同，激活内生动力。

愿与各界携手，在党的引领下，以系统思维深耕产业繁荣、守护生态宜居、厚植文化昌盛、夯实治理有序，让乡村成为诗意栖居地，让农民共享发展红利。相信在全社会同心奋进中，中华民族伟大复兴的中国梦必将在广袤乡村扎根壮大，结出累累硕果，让乡土绽放幸福光芒。

本书在编写过程中，参考和引用了不少专家、学者的学术成果和观点以及媒体上的资料，在此致以衷心的感谢，同时感谢我的家人对我的支持。此外，由于时间仓促，本书难免存在不足之处，敬请广大读者批评指正！